除了野蛮国家，整个世界都被书统治着。

后读工作室
诚挚出品

女性是一束光

上

时间的力量

《人物》杂志 著

人民东方出版传媒
People's Oriental Publishing & Media

东方出版社
The Oriental Press

图书在版编目（ＣＩＰ）数据

女性是一束光. 上 /《人物》杂志著. -- 北京：
东方出版社，2023.7
ISBN 978-7-5207-3394-6

Ⅰ.①女… Ⅱ.①人… Ⅲ.①女性-人物-事迹-中
国-现代 Ⅳ.①K828.5

中国国家版本馆CIP数据核字（2023）第051446号

女性是一束光. 上
（NÜXING SHI YISHU GUANG）

作　　者：《人物》杂志
策　　划：姚　恋
责任编辑：王赫男
出　　版：东方出版社
发　　行：人民东方出版传媒有限公司
地　　址：北京市东城区朝阳门内大街 166 号
邮　　编：100010
印　　刷：北京联兴盛业印刷股份有限公司
版　　次：2023 年 7 月第 1 版
印　　次：2023 年 7 月第 1 次印刷
开　　本：660 毫米 × 960 毫米　1/16
印　　张：23.5
字　　数：300 千字
书　　号：ISBN 978-7-5207-3394-6
定　　价：69.90 元
发行电话：(010) 85924663 85924644 85924641

目录

不服

戴锦华 / 上野千鹤子 / 素素
周沫 / 梁宁 / 张伟丽

人生的每个阶段，都会总有小狗跟在后面咬你的脚后跟，你如果停下来缠斗，你就留在这里了。要继续向前走，很快你就看不到它们了。当你进入了新的阶段，当然会有新一群小狗……

戴锦华

在场

文＼卢美慧
编辑＼槐杨

关于统摄着每个人的现实，她觉得现在的年轻人，"他不比你知道得少，他不比你痛得轻，然后你再一次告诉他，你怎么不痛，我觉得是一种残忍。"

同时，她也开始琢磨，自己是否还能多做一些，是否能够留下些什么。

衰老

春天北京疫情最紧张的时候①，戴锦华收拾出一个小包，"时刻准备"。

包里是90多岁的妈妈可能用到的东西，老太太年初突发脑梗，

---
① 本文首发于2022年。——编者注

造成半身不遂，精神状况也变得很不稳定，每天要靠镇静类药物才能平静下来。辗转医院多次，医生也没说出个所以然，戴锦华把妈妈接回家中照料，母亲成了"苍老巨婴"，起居衣食，药物康复，一切都要替她操心打点。

妈妈生病最直接的影响是，戴锦华要被动去接触"社会面"，年轻时，她觉得北大的院墙足够厚，到了这个阶段，走出校门几百米，外面就是中国人的人情、面子、关系社会，她能以学者的身份去研究它、批判它，但不能以一个女儿的身份去躲避它、逃离它。

一些全新的生活经验敲打着戴锦华，比如怎么给老太太找医生，怎么跟来而复去的各种护工打交道，私立医院可能是种思路，但价格远不是一个教书匠能够承受的。她用过来人的疲惫跟《人物》分享经验，在北京，认识一个半个医生是没用的，她有一种深深的无助。

今年是她从教第40个年头。漫长的40年光阴中，高校的院墙，老师的身份，成全着戴锦华生活的相对平静。在这样的平静当中，很长一段时间，烟不离口的戴锦华是北大的移动地标。她的课堂，以电影作为切口，连缀起20世纪遗产和后革命的幽灵，女性主义的前世今生，全球化危机与第三世界，新技术革命与结构性弃民。

最近几年，经由网络，她的几门关于电影的课程被广泛传播，她也被越来越多的年轻人认识。在大众眼中，她始终是睿智的，有力的。人们发现，这位学者思考的领域如此开阔，不管面对什么困惑，似乎都可以寻找她，获得答案，也获得力量。

但是2022年，生活对戴锦华而言呈现出不同的面貌。

妈妈从医院回到家中不久，北京疫情形势再度严峻，戴锦华并不认为自己娇贵，但想到完全失去自理能力的妈妈，由常识、自尊、基本的思考能力构成的砝码顷刻间失去效力，更糟糕的是，她不知道什么时候会有人敲门，不知道会被送何处集中隔离，不知道一路要怎么安置妈妈。

最终，虽然四周不时传来封控的消息，她所在的小区幸免于难，但不安和疲惫并没有消失。

目光从眼前转向远处，一种"一生中没有过的不确定感"折磨着戴锦华，仅在《人物》采访期间，俄乌战争持续，美国最高法院通过反堕胎法案，日本前首相安倍晋三遇刺，台海局势不断升级，世界不由分说地崩裂，戴锦华觉得自己失去了判断未来的参数。

此前，她并不惮于接受采访，对公众发表言论，但《人物》的这次采访，她一开始是拒绝的。

"这个世界再一次被仇恨、被偏见、被烽火、被战争所包围了。可是面对这样的东西的时候，我们能做什么？这个问题真的是我很想逃避的。也许现代人类走到今天，我们已经没有办法给自己提供解救的方案了。"

当一个有力的人陷入前所未有的无助，她还能说些什么？

华南师范大学文学院教授滕威是戴锦华的第一个毕业的博士，知道戴锦华的妈妈生病的消息后，滕威一直都很着急，疫情严重，飞到北京并不现实，几次跟老师说，要不要打电话，她就说不想聊，不想说。

做了戴锦华20多年学生，滕威完全明白她不想麻烦别人的固执。同样作为老师和人文学者，滕威也能体会戴锦华有多么焦灼，"我就非常担心，担心她一直不开心，一直都是自己在那儿撑着，我就怕把她撑坏，但是我除了旁观似乎能帮上的非常少。"

博士毕业后，滕威南下任教，在广州待了十几年，没有交到能够"毫无保留地分享彼此的思考、彼此的困惑、彼此的心结、彼此的疑虑、彼此的愤怒的朋友"，习惯了从老师身上汲取力量、辨析方向，戴锦华是她认定的人生之锚——"这么多年我在南方很孤单，所以感觉自己一直没完全毕业，一直在啃老师，有时候跟老师聊几句，心就能沉稳下来好些天。"

所以戴锦华的那段"自我封闭"尤其让滕威心慌，她意识到，在老师无助的时候，她没有办法替老师分忧。

几年前，滕威就广场舞大妈群体展开过研究，当时"大妈"作为一个负面词语持续经历着公共空间的污名，"戴老师就会说，那就是我啊，我现在就是大妈啊。"滕威突然从老师带着戏谑的自嘲中意识到，老师也要面临退休、老年这样的情境，此前似乎老师在她心目中一直是三十六七岁她们相识时的状态。

但衰老是一种处境。

戴锦华对自己很骄傲的优点是"能吃又能睡"，旅途当中，但凡看到什么吃的，"每一点都吃光"。北美的学者朋友说她是没有时差的人，下了飞机就能直奔讲台和会场。她总是很"放肆"，一本30万字的小说，她如果喜欢，就要一口气读完。但最近几年，她发现，放肆需要付出代价：读完一本小说仍然会在该醒来的时候醒来，但她非常疲惫。

遗忘也在增加，备课时要做很多资料查询与核对。以前，"说照相机有点夸张，但说过目不忘不算夸张"，但最近两年，"你看完一部电影，很喜欢它，它就很快地变成了一种调子，一种情绪的调子，一种色彩的调子了"。

但她又很快转换了话语气氛，"即使如此，我的精力也比大多数人要好"。这一生她有信条：拒绝悲情，拒绝自怜。60岁那年的生日，学生们给她举办了一场party，高潮是大家在台上一起给她唱朴树的 *Forever Young*，根据学生们的回忆，当时的戴锦华，"有点感动，有点幸福，又有点嫌弃，可能一身鸡皮疙瘩"。她没有"永远年轻"的幻梦。

她在独自应战人生此刻的仓皇。整个春天，唯一的情绪出口，是北大隔壁的圆明园。戴锦华听一些摄影爱好者说起圆明园的水面上栖居着一个黑天鹅家庭，一共六只，父母之外，四只鹅宝宝里面有一只曾是孤儿，后来被这一家接纳。这是个有着生命基本善意的故事。每隔一段时间，她就拎着卡片机去圆明园，拍摄那些毛茸茸的小家伙。妈妈的情况渐渐稳定，糟糕的春天结束了。

不服

最终让戴锦华打起精神的是工作，武器依然是思考与言说。

她出现在北京大学为2022届毕业生录制的短片中。40年来绝大多数年份，6月是一年中她最快乐的日子，往年这个时候，又一批年轻人离开校园，喜悦和不舍混合成一种望向明天的甜蜜，那是戴锦华迷恋的感觉，"就会觉得你值得，这段生涯，你的所有努力，你的快乐、悲伤都是那样值得。"

短片中，她说，"我想这一届的毕业生，他们非常幸运和不幸地有机会意识到他们置身大时代，而非小时代，就是因为现代文明登顶，那么我们向何处去？这一代人，不论他们是否自觉，他们是作答者。"

这里面有一种深沉的期望。她知道自己在青年群体中受到的喜爱，在最近的表达中，她有意掩盖自己内心的灰霾，增加了相对积极的表述。面对《人物》这是否是一种《美丽人生》式的善意欺人的问题，戴锦华给出了否定的回答。关于统摄着每个人的现实，她觉得现在的年轻人，"他不比你知道得少，他不比你痛得轻，然后你再一次告诉他，你怎么不痛，我觉得是一种残忍。"

同时，她也开始琢磨，自己是否还能多做一些，是否能够留下些什么。

2017年左右，活字文化找到戴锦华，想要为她制作线上课程，首部电影课在豆瓣上线，此后又在B站上线了《性别与凝视》和《中国电影50部》两门课。课程中也会有一些回答用户提问的视频，她谈论过"逃回北上广"，也回答过"疫情结束，还回得到疫情前吗？"，这期视频因为强烈的当下性而广泛传播。

活字文化创始人、被戴锦华视作"人生偶像"的出版人董秀玉记得20世纪90年代活跃在各种研讨会上的戴锦华，"就是觉得这个女生好厉害，表达能力那么强。"正值思想界自由派与新左派大论战时期，董秀玉印象中的戴锦华，像个女战士一样在会场阐述自己认定的真理，"她跟这里头很多人是好朋友，但她绝不说我跟你好，我就跟你（立场一致），完全是自己的、独立的看法和认知"。

81岁的董秀玉见证了中国知识分子群体超过半个世纪的浮沉，潮水来而复去，一代人风流云散之后，许多学者转身回到书斋，或者跃入市场的大流，戴锦华选择了另外的道路，这是董秀玉觉得她作为知识分子珍贵的一面，"就是跟着时代在发展，她是一个不断学习，愿意跟民众接近，跟年轻人接近的人"。

董秀玉干了一辈子出版，以她的经验，年轻时会有人说你太年轻缺少经验，中间会说一个女人是否能够成事，70多岁出来创业，又会说一个老太太还折腾什么。但董秀玉就是不信邪，在这一点上，她相信戴锦华跟自己是一类人。

她们总想做点什么，她们从不会真正停下来。

回到最初对这个采访的拒绝，戴锦华谈及对是否还能给出回答的疑惑，但很快，她又回到一个朴素的答案上来：

"我每次觉得自己已经颓到不行的时候，就再回到这句话上去。我曾经在印度访问一个老的英国建筑师，他说，印度独立的时候，他跑到印度，找到甘地，问，需要我做什么？甘地说，你会做什么？他说，我是建筑师。甘地说，你盖房子去，你干吗来问我你能做什么呢？可能到毁灭发生，到灾难夺走一切之前，大概我也就只能做我会做的、我能做的事情。"

她讲起自己刚到电影学院执教时的一个故事。当时学校有个阿姨特别喜欢她，邀请她到家里做客。到了人家里，少不经事的她"胡说八道、口出狂言"，阿姨的丈夫，一位老成的伯伯，出于好意，跟她讲了一个典故，说的是秦灭六国的时候，秦军对待战俘，"史书上就这么几个字，叫'悉数坑杀之'"。

"他说5万人的命运（注：此处应指长平之战，一说秦灭赵俘40万人），就是史书上这样一句话，他说你怎么知道你不是这5万人里的一个？"当时的戴锦华给出了一个不知天高地厚的回答，"我如果是这5万人中的一个，我就会挣扎到最后一分钟，我就会试一试，我能不能从万人坑里爬出来，我不会等死，而且反过来说，即使我知道（结局），我也要寻找最后一线生机。"

40年前的那个回答再度清晰，"支撑我走到今天的是三个字，叫'我不服'，我不服，就是不论我沦落到什么地步，心里那个不服我是不放弃的。"

任性

"不服"大约是理解戴锦华最为有效的符码。

幼年时代，体弱多病，走在平地也能磕到门框一身青紫，同龄孩子无人待见，只能靠疯狂阅读填充童年寂寞。

7岁，在"血洗黑胡同"的红小将旁瑟瑟发抖，贪生怕死之际更本能地躲进书本的世界。

12岁，身高超过一米七三，大人们在身后皱着眉头为她发愁，"以后怎么嫁人"。

最终是疯狂的阅读解救了为自己的身高自卑的戴锦华，有一年作为文学爱好者的父亲去香港出差，省吃俭用给她买回一本《简·爱》，读到简·爱那句"你以为我矮小、贫穷、不美，我就没有灵魂、没有心吗？"少女的内心掀起一场海啸。她悄悄把"矮小"替换为"高大"，从此将这个19世纪英国荒原上的倔强少女引作知己。

她也读《钢铁是怎样炼成的》，更欣赏保尔而非冬妮娅，她为那种质朴的、燃烧一般的热诚而共鸣。直到现在她仍然承认，这本后来被认为过时的书，还在她的生命底层。

她身上，交织着"时代儿女"的壮怀激烈和不合时宜少女的敏感。1978年，她考入北大，大二大三时上过乐黛云老师的课。那时，乐老师和汤一介先生刚从国外回来，什么大件儿都没带，带回来的全是书，他们的家对年轻人完全敞开，许多人登门，哪怕是摸一摸那些书呢，但是戴锦华从来没去过。

"我比较矫情，"回忆起当年，她笑起来，"不管我多想下课提问，我也不会去，我也根本没有勇气去敲老师的门。"一个黄昏，她看见乐老师和汤先生在未名湖边散步，她远远地站住，看着他们走过去，看着他们的背影，看了好久。"那个时候我就突然有一个特别明确的念头，就是我要在大学里教书，我要一生围绕校园，我要老了的时候像他们一样。"

"他们"是什么样？

"就是那份安然，你知道他们经历过什么，眼见他们经历过什么，但是你看到那份无法被剥夺的精神的拥有，我就觉得这特别特别值得，这样的人生特别值得。"

1982年，北大毕业，她进入北京电影学院任教，当时同学的选择以报社、出版社为最佳，那是文科生介入现实的最好途径，学院则显得太封闭、离现实太远。但她坚持要做个老师。在电影学院，她总是穿长裙，戴长长的耳环，面容清秀，纪录片《彼岸》留下了她当时的影像——但这样一个女性，一旦说起话来，立刻显示出一种坚硬与笃定。她的语言具备某种召唤属性，钟鼓铿锵，汪洋恣肆，讲桌即广场。

用戴锦华自己后来的分析，"狂热的革命者"和"文化小布尔乔亚"构成了她成长年代的双重人格。这种人格一方面给了她无惧、无畏、坚决果断的行事作风，一方面也让天真、敏感、浪漫的性情内化为一种本能。

到电影学院的第一年，在学校放映厅，戴锦华创造过一天连看11部伯格曼的纪录，在之后的生命中她重复过许多次与电影陷入热恋的故事，看完戈达尔的《筋疲力尽》安东尼奥尼的《奇遇》，走到大街上欢喜得想要狂喊，"这是'我的'电影，我找到'我的'电影了！"

当时的电影学院位于朱辛庄的荒草丛中，正如电影学在国内也是一片空白。1986年前后，戴锦华向时任院长沈嵩生提出创建电影理论专业的构想，得到了"毫无保留的全力支持"。

学院一群志同道合的年轻教师日日聚集在戴锦华的宿舍，后来大家给宿舍起了诨号，"801-802酒吧"，往来酒吧的"有名流显贵、贩夫走卒、气功大师……三教九流齐备"，更重要的是业务讨论，初生牛犊的戴锦华经常跟周传基吵到脸红脖子粗，在这样的氛围中，戴锦华牵头建立起中国第一个电影史论专业。她事事亲力亲为，专业第一个班的招生，是她跑遍了全国各考区，一个一个面试挑回来的。遇到挫折，就去办公室找沈嵩生，拍桌子瞪眼睛。一种实干主义的浪漫充盈着她的青年时代，她梦想着建立自己的"国中之国"，世界是崭新的，她可以创造任何可能。

这种横冲直撞以27岁时的一场大病被按下暂停键，肺结核三期引发多器官衰竭，少女时代盼着小说女主角的悲惨命运落到自己身上，真的发生了，一点都不浪漫。深夜里听着运送尸体的平车推过，死亡就在眼前。沈嵩生提着一罐蜂王浆坐几小时的车去看她，安慰她，自己也得过结核，现在不是照样当院长。戴锦华调侃对方，要是不得结核，现在大概是总统了。被逗乐的沈嵩生问戴锦华是不是想当总统，沉湎于实干冲动中的她在那时确信了自己一生的道路，她只想当个好老师。

在医院躺了八个月，"从与死的贴身搏斗中，多少长大成人"。进入90年代，一部分朋友出国，一部分朋友下海，她曾经接到老朋友的电话，第一句就问她能不能拿到一车皮钢材的批条。那10年她感受到强烈的孤独，还有现实的困窘。1993年前后，家里买块肉也要再三掂量。她去其他地方讲课贴补家用，出租车司机听说她是教书的，说北京城里捡破烂的也比教书强。

但她没有想过转换轨道。往后这些年，潮流又经过多少变迁，但戴锦华把一部分的自己永远封存在了她认定的年代。过了将近30年，在一场活动上为董秀玉颁奖，谈及董秀玉一辈的跋涉，谈及自己一生的选择，她借用《一代宗师》中的句子，"大时代无非是一种选择，我选择留在属于我自己的时代。"

1993年10月，由于乐黛云老师的反复邀请，戴锦华返回北大任教。回去之前，她坦陈自己的所有顾虑：北大论资排辈，自己师出无门，学历又这么低，不想重新进入一个秩序中去。乐黛云说，我们有自己的小气候，在这个小气候里，保证你能够更好地发展。回北大不到一年，戴锦华去了美国，待了一年多，这是她第一次有相对长期的国外生活经验。

20世纪80年代，乐黛云在国内开创了比较文学这一学科，任北大比较文学所所长，挂靠在中文系。1988年左右，由共同的朋友介绍，戴锦华成为乐家的常客。乐黛云从不掩饰对她的欣赏，在戴锦华任教北大后，从副教授升任教授举行的投票会上，因为一人未投票，没有达到"全票通过"的结果，一贯温煦的乐黛云发了脾气，摔门而去。乐黛云希望戴锦华参与管理，戴锦华说，她不愿。

乐黛云找她谈过话，"小戴，你知人的能力没问题，但知人和用人是两回事，你是知人代替了用人，这样将来不行。"戴锦华说，有什么不行？她知道老师的意思，乐黛云宽厚，对人有几乎无限的包容与耐心，但戴锦华会觉得，"那种分明没底线的人，不交结也罢。"

那种"不愿"，其实就是一种任性。"我不耐烦，不耐烦经营一个机构、维系一个圈子所必须做的那些事情，我甚至就不耐烦养护人与人之间的关系。我对朋友，此生问心无愧，但是我不会去寄个贺卡啊，送个礼物啊，来养护这个关系，我们多少年不见面，见面的时候就是亲如手足，因为所有的好朋友都是出自相互由衷的欣赏，这样的朋友根本无须去养护，需要去养护的大概就流逝了，太多太多的人就从你身边流逝了。"

她曾经因为发烧，被学生强行送到医院，但她又不耐烦无尽的化验检查，跑出去抽烟，脑袋里构思出一篇小散文 ——《不耐烦》，虽然最终也没有写完，"我觉得我这一辈子都特别任性，我这辈子，特别特别任性。"

不变

任性的另一面，是顽固。

滕威对戴锦华的"顽固"的印象，源自一件小事。多年之前，戴锦华去美国参加会议，中间在纽约一家影院看了2011版的《简·爱》，她很喜欢，跟滕威通电话，觉得那是最忠实于原著的一版改编。

"我说那有什么好看的，一个玛丽苏，然后我也很纳闷，我说你是中国最早最知名的女性主义批评家，你怎么会喜欢《简·爱》这种被解构掉很多回的作品呢？"滕威说。她历数学界对《简·爱》的批判，戴锦华一点也不认同，说滕威压根没把《简·爱》读明白，是理论先行。她们前前后后打了十几个小时的电话，从电影聊到19世纪英国文学，从勃朗特姐妹聊到女性的历史命运，谁也没说服谁，最后聊出了一本《简·爱的光影转世》。

过了10多年，《性别与凝视》课程当中，2011版《简·爱》被纳入片单，戴锦华特别提到跟滕威的这次争执。学生们嘲笑她心里住着一个小女孩儿，戴锦华笑着辩驳，"我心里住着一个小女孩儿，我很骄傲这一点。其实每个老妇心里都有一个小女孩儿，只不过她们是闷着她们，压着她们。"

那些自幼年时代开始的看待世界的方法几乎伴随了她的整个人生。《红楼梦》《资本论》《战争与和平》《共产党宣言》《野草》至今仍是她的枕边书，林黛玉的剔透和纯真是永恒的，马克思对剥削和压迫的诅咒是永恒的，及至当下种种，戴锦华最常想起的，仍是鲁迅那句，"绝望之为虚妄，正与希望相同"。

胡亮宇和王雨童分别是戴锦华去年和今年毕业的博士生。两个年轻人都觉得，围绕着戴锦华有诸多标签，但对她本人来说，最珍视的身份，始终是一名老师——也只是一名老师。

"戴老师她从来不玩学术、学界这套游戏。她不拉帮结派，不参与任何项目，不靠什么学术评审委员会的title给自己加光环，也不靠这些东西去垄断任何权力，她也不在身边安插自己的学生，她没有任何一次用这些东西给自己牟利。"胡亮宇说。

20世纪90年代初，她上过不少电视节目，有机会获得更多名望，但一次在餐厅吃饭时，被人认了出来。这之后颇长一段时间，她很少出现在大众媒体。一位男性朋友好心提醒，你跟某某起点一样高，如今他在不断升值你在不断贬值。在学院内部，有很多次，填几张表格，签个字，钱也有了，地位也有了，名声也有了，但戴锦华没有。经常有朋友怒其不争，关系更好些的干脆说她愚蠢、冥顽不灵。每当这个时候，戴锦华都理直气壮，"我真心地说，他们为他们收获的东西付出的代价是我不想付的，也可以说是我付不起的。因为我要是付那个代价的话，我的生活也被毁了，我的状态也被毁了，我拒绝付那个代价。"

滕威20年前到广州教书，戴锦华叮嘱她，"人生的每个阶段，都会总有小狗跟在后面咬你的脚后跟，你如果停下来缠斗，你就留在这里了。要继续向前走，很快你就看不到它们了。当你进入了新的阶段，当然会有新一群小狗……"她对滕威分享了两则学院生存法则，一是"老师这个职业一定要认真对待"，二是"尽早解决职称，这样你就可以做自己确信有价值的工作了"。

她自己也是这么做的。获得基本保证，然后任性。

这些年许多社会上的邀请、名流聚会，或者电影站台活动，戴锦华通常避之不及。但影展或电影节，或是创作论坛，她又一副义不容辞的架势。有一年被贾樟柯邀请到平遥，大家一起露天看电影，结果回到北京肺部感染，前前后后打了一个多月点滴。

王雨童有时候觉得戴锦华习惯了用一种理想人格要求自己，或者是她已经成为一种理想人格本身。王雨童本科时，所在社团邀请戴锦华就娄烨的《浮城谜事》做分享，戴锦华洋洋洒洒讲了两个多小时。如果回答什么人邀请戴锦华最容易成功，答案永远是，"一脸真挚的学生"。一位多次邀约她的学生回答"要带着什么去邀请戴老师"：就是一群人把她簇拥到讲台上，再有一群人把她簇拥出去，如果需要的话，帮她挡一下围上来的人群 —— 就这些。

戴锦华有个差不多从小一起长大的朋友，有一回问她，"你知道你很特别吗？"戴锦华跟对方开玩笑说，当然知道自己很特别。

那位朋友否定了她的回答，"他说你不知道，就是因为大家小时候是一个样子，长大以后就完全变成了另外一个样子，他说只有你从来没变。"

叙述停在这里就是个常怀赤子之心的故事，但戴锦华顿了顿，抖了包袱：当她激怒了这位朋友的时候，表述就成了"说得好听是你有坚持，说得不好听，你就是一个偏执狂"。

任性和偏执，都需要付出代价。回首自己40年来的学术道路，戴锦华同《人物》说起人生中一些失去，空间在失去，现场在失去，朋友在失去，甚至记忆也在失去。

那一天，《人物》和她约在了圆明园，看看天鹅，也看看刚开的荷花。望着水面的皱纹，她说，不觉得这是多么值得惆怅的事，这只是更接近于一种人生现实，"难道不是我们每分钟都在失去吗？我们每分钟都在失去，而且我们一直在成功地强迫自己把这个失去视为（平常），接受和适应了这个失去。大概就是这样。"

身体性

关于戴锦华的"不变"，与滕威同届的孙柏提供了另一种视角。

2008年前后，两人一起在宋庄参加日本导演小川绅介的纪录片展映，观看讲述1967年高崎经济大学学生运动的《压制的森林》时，孙柏坐在戴锦华旁边，纪录片中有许多对抗镜头，军警用军棍、拳头、水龙镇压抗议学生，"就那样直直地砸下来，雨点般地落在那些非常瘦弱的，也很天真的男女学生的身上。"

孙柏至今记得，银幕上出现那些场景的时候，"戴老师呼吸变得沉重，身体开始起伏。"

作为曾经的学生、如今的同行，孙柏最为羡慕戴锦华的一点是，"她始终具备高度的身体性"，孙柏觉得，正是这种"身体性"，让戴锦华成为极为不同的学者，"绝大部分的学者、知识分子早就已经丧失了身体性，包括我自己，但是戴老师这儿是不一样的。"

孙柏记得有一次戴锦华说起自己在20世纪90年代初期的创伤性体验，整个社会开始狂热的金钱崇拜，全面的市场化导致人文理想丧失流逝，"夜里从睡梦中惊醒，听到外面的流沙声，痛哭失声。"

另外一次是在香港，当时看一部关于智利大火的纪录片，戴锦华回忆片中那些劫后余生的女工，许多女工被烧掉了四肢，面容尽毁，她本能地回避那些恐怖的画面，"但她就想到，在那个时候，一定要睁开眼睛去看一看，直接地去面对这种残酷现实给女性的、底层的弱势群体留下的伤痕。"

在孙柏看来，这种用自己的身体和生命观照社会现实的立场，某种程度上也决定了戴锦华的不可复制，"就是她的社会立场，她的现实关切，都是直接地呈现在她的身体性的反应上，她从来不是理念先行，更不要说什么预设立场，她不是通过理性的思考去到达，她的身体完全是浸没在这样一个现实当中，而且能够非常迅速地、及时地去做出反应。"

所以她全球旅行，一年几乎有一半时间在路上，她需要用身体"在场"。有一年她漫游巴黎，遇到一位"诚挚而独特"的中年妇女，后来朋友告知，那是法国"五月风暴"时代的激进人物之一。但戴锦华眼前只是一位简朴的寻常女人，一个普通的中学教员。

中学教员给戴锦华当了一天导游，游览的不是枫丹白露等风景名胜，而是巴黎的街角小巷。对方告诉她，100多年前的巴黎街巷就是那个样子，非常狭窄，这成就了法国小说中跳窗幽会的浪漫，也成就了街垒战的胜利。但巴黎公社被镇压后，统治者改造了整个巴黎，最彻底的改造是几乎拓宽了所有街道，将充满火药和反抗的空间扫入历史。

时代浮沉，反抗与遗忘交替。很多人在商业化大潮来袭的时候讴歌自由的胜利，但戴锦华告诉《人物》，关于20世纪90年代，自己始终忘不了这样一则新闻报道，一个东北下岗工人的孩子在店里说想吃香肠，妈妈兜里的钱只能买切下来的一节，店家不卖给他们。回家以后，妈妈吊死了孩子，然后自杀了。

这样的悲剧迫使戴锦华思考中国社会进步的代价，"因为原来你还是想的是大伙一块过好日子，大伙别拿18块钱了，大伙都拿80块钱，都过好日子好不好，最后你发现有人连1块钱也没有。"

2000年前后，戴锦华、温铁军、刘健芝等学者从书斋走出，开启了持续数年的第三世界考察，他们的足迹遍布巴西、委内瑞拉、墨西哥、秘鲁、印度、肯尼亚等地。20多年过去，温铁军向《人物》总结，"大家走了大量的不同国家，走访了不同的社会团体，接触了各色人等，最终形成的是我们现在的这样一个相对比较成体系的思想。这是大家的共同努力的结果。"

团队中，温铁军年龄最大，戴锦华最小，温铁军对"小戴"的印象是"很痛快，直来直去，爱憎分明"。如今回忆起来，那实在是一段充实、欢乐的旅程。温铁军定下规矩，每天考察结束，无论时间多晚，大家都要把当天的见闻互相交流一番，"没有任何芥蒂，没有任何隔阂地交流"。这些思想碰撞后来形成了一系列学术成果，并在很大程度上，影响了这批学者而后观照世界的角度。多年后接受采访，温铁军谈及自己的信条，给出了一个集体和理想色彩浓厚的回答，"吾辈之目的乃在于建设人类世界"。

20多年后，当初忧虑的，演化成如今蔓延全球的危机，温铁军相信以戴锦华的性格，内心会承受许多煎熬。作为经济学家，温铁军可以用一系列数据佐证当下的各种危机，但说到支撑自己和戴锦华这批学者几十年来对现实社会介入和关注的动力，他回答得很感性，"我觉得只是一种不忍吧。你看到的规律是天地不仁以万物为刍狗，你看到以后，无外乎就是不忍。但我们也达不到那个高度，我们自己是身处于百姓之中，因此就有作为百姓的那个不忍百姓为刍狗的心态。"

一直到现在，戴锦华仍会在课堂上问台下的天之骄子们，酷暑的烈日之下，是否能够体认那些高温下谋生的劳动者？她总是用"体认"这个词，它是身体的，直接的，做不得假。

"我一生为之自豪的东西就是，我基本坚持了我最初的（信念），我最初那些最基本的原则始终没有改变。我憎恶不平等，我憎恶歧视和偏见，我憎恶恃强凌弱，我尽一切的可能和这种东西去抗争，并且坚持实践平等，我没有变过。"

一生的"不确定"

与这种表达上的坚决相对应的，是戴锦华常常被外界忽略的一个特质——她经常处于一种徘徊之中。

在北京外国语大学外国文学研究所教授王炎看来，这种徘徊，构成了戴锦华的底色，"她不是一个被观念所左右的人，她相信经验。有好多学者，他如果觉得某一个思想、某一种主义是对的，他会放弃自己的一切去捍卫主义。"王炎很早就意识到，任何主义一旦落到实处，同现实碰撞，"会变成各种各样奇奇怪怪的东西，它会有各种各样的变形，各种各样的荒诞出来。"

跟戴锦华吵了无数架，王炎觉得本质上戴锦华更加相信经验，"戴老师是有自我的人，她相信最属于自己的东西，也就是本真。我喜欢戴锦华是作为一个真人的戴锦华，她有一个本真性在那儿。"

最早观察到戴锦华身上这种徘徊的是她的老师洪子诚，在洪子诚的最初记忆当中，他这个学生"如此的口若悬河，天上地下无所不知，而且香烟一支接着一支……"接着是她强势的文字风格，"果断自信，立场、观点的犀利、确定，咄咄逼人。"但随着阅读的深入，洪子诚发现，"她的论著中，与'确定性'并存的，还有某种'自反'因素，某些不确定的，自我限制的，让强度得到削弱的一面。"

在洪子诚看来，"戴氏长难句"恰恰是这种自反的结果，因为不确定，所以有许多缠绕、许多游离，所以在自己的表述中下意识地加入许多限定词，洪子诚进而概括戴锦华的生活与学术态度，是"在不确定中寻找'位置'"。

沿着这种不确定，洪子诚觉察到戴锦华无法被归类的事实，"戴锦华属于哪个派别？她自己好像没有公开说明。自由主义？古典自由主义？新左派？学院左翼？……我也曾想过要将她归入某一类，最终却总是不得要领。"

某种意义上，这也许是戴锦华自己的选择。

很长一段时间，冷战是她建构自己言说的重要坐标，冷战思维强调二元对立，非此即彼，但她常提"第三"，第三世界，第三种选择。对她个体生活而言，"第三"仍然具备重要的意义，她总说，你不能根据对手来确定自己的位置——不要自证，不要辩护，而要去建立。

一个明显的例子是，作为最早将女性主义研究引入国内的学者，近年来舆论中每每因性别议题吵得天翻地覆，戴锦华却有意压低了自己的声音。

胡亮宇的观察是，几乎内化为自身一种道德要求的反思精神羁绊着戴锦华，"所以她会警惕，某种程度这其实是一个马克思主义女性主义者最朴素的反思，她觉得女性的议题不应该仅仅是女性的议题，它应该是关联着更大的社会变革和阶层问题。"

所以她不站队，而是发问：为什么经过漫长的反抗之后，只有性别议题硕果仅存？

"所有的反抗必须是建构性的，否则，当敌手的不义稍有削弱的时候，你的正义性就崩解了，丧失了。你必须首先建构性地确认你自己的正义性，也就是说你必须跟人们分享的是你要什么，而不是你不要什么。"

在网络战争前，她是谨慎的，她始终没有社交媒体账号，哪怕在早前的BBS年代、博客年代，她都坚持不触网。一直到现在，她也没有勇气去看B站弹幕，因为惧怕"非理性恶意"。很早之前，她就告诉学生，不要陷入任何论战，"因为一旦进入论战，你就会把自己的立场极端化"。

但她仍然会因为2016年一堂公开课的截图引发争议——几十小时的课中的几分钟，被截成一张张字幕图——典型的网络时代传播方式，又是其中的一句引起波澜。

胡亮宇觉得最近这些年，戴锦华的内心经常会陷于一种拧巴。一些时候，她会觉得作为学者有些发言十分必要；另一些时候，她自己又会反思，是不是说得太多。在胡亮宇看来，这既是戴锦华本人的纠结，也是当代知识分子共同的现实处境，"知识分子已经很难找到一种特别体面的，或者百分之百体面有效的方式去进入到这个社会。"

20世纪80年代，她曾有一种去政治化的激情，"我们不管政治，政治也别来管我们"，但她逐渐发现，自己不可能作壁上观，于是她不断出走，不断寻找，不断发言，呼号点什么，预警点什么。

对那段走访第三世界国家的时光，戴锦华的描述是，她希望使自己心安，也希望找到全球化之外的、精神的原乡。但"其实也没有找到，哪有什么地方是原乡？"但这些旅途使她真正拥有了国际化视野。2006年，她将墨西哥萨帕塔运动的领袖、副司令马科斯的公报、信函结集成书《蒙面骑士》，书里面提到马科斯讲的一个故事，在此后被她多次引述。

"从前有一对非常穷的农家夫妇，他们已经穷到家徒四壁、一无所有，全部的拥有是一只瘦鸡、一头瘸猪和一匹枣红马。当一无所有被饥饿所逼迫的时候，他们杀了那只瘦鸡，煮了一锅瘦汤，暂时平复了饥饿。但是很快饥饿又来了，他们又杀了那只瘸猪，炖了一锅瘸肉，暂时延缓了饥饿和饥饿所必然延伸到的死亡威胁。"

故事写到这儿的时候，就轮到枣红马了，但马科斯说，"枣红马不想等到故事自然的结局，枣红马逃跑了，它逃跑到另外一个故事当中去了。"

对戴锦华来说，这个问题才是她寻找的核心：未来的可能性在哪儿？我们还能不能找到一个新故事？

人跟人的连接

在北大，戴锦华的办公室在中文系小楼的二层，在好几个有着中式红门的房间外，你很容易辨认出哪个是她的：门口有古朴的砖石地垫，窗内有猫玩偶，有插瓶的草花。这间小小的办公室，连沙发几乎都要被填满，她拥有无数小玩意儿，茶，咖啡，因为爱猫而收获的学生从世界各地带来的猫玩偶，胶带，书，帆布包……每晚睡前的半小时，和很多想要放松的人一样，她打开淘宝，买些无用而便宜的小东西。有一回，她想买一个桌上用的粗陶小花瓶，没看尺寸，结果东西送来，是个巨大的粗陶花盆，她只好又买了一束高高的芦苇去配它。早年间，北京还有批发市场的时候，天意小商品市场是她常逛的地方，她会一早去，装作拿货，一口气买20条丝巾，而后，这些丝巾会在节日里学生们的聚会中，当作游戏的奖品分发下去。

她有诸多无用的爱好，买精油，穿手链，甚至打造银饰。办公桌旁的墙上挂着一块软木板，木板上钉着打印出来的照片：很多张切·格瓦拉。她自诩中文世界最了解切·格瓦拉的人，有时，说起切，她的语气和表情像是一个描述心上人的少女。一度，她定制了一个带着切的照片的手机壳。作为一名学者，切·格瓦拉及其所代表的20世纪60年代一直是她重要的叩访对象和思想资源；作为一个女性，她喜欢把日子过得蓬勃而有琐碎的趣味。

此前多年，除了上大课，戴锦华还会组织自己的学生开设"文化研究工作坊"，2018年下半年的工作坊在中文系地下一层一间会议室里举行，时间是每周四的下午3点。进入会议室要穿过两道近乎20厘米厚的门，这里于是有了防空洞的气质。会议室有窗，但不开，外面是黑的，人在其中，隔绝了地面上的一切。戴锦华总会提前一会儿到场，坐在前面的桌子旁，掏出保温杯。她有各种颜色的保温杯。她坐在那儿，笑盈盈地，看着到场的学生在两列相向的红桌子旁渐次排开。按照流程，一位同学会先就某个议题、某本书做报告，其他同学讨论，戴锦华随时加入其中，并在最后做出点评。

在这个会议室里，她和学生谈论短视频平台上的非洲黑人祝福视频，谈论耽美小说、人工智能，也谈论福柯、德勒兹和朱迪斯·巴特勒。博士生的讨论常常进入理论的深处，而戴锦华总会把讨论拉回现实，拉回那个地面之上的、广阔的世界。

那是没有边界的漫游。她提及北美、拉美、非洲的遥远国度，也谈及北京小区里的地下室。理论是学术的工具，但她警惕的，是把理论直接拿来操练，去框定今日中国的现实。按照课表设置，工作坊应该在6点结束，但说到兴起，戴锦华会忘记时间。

博士期间，胡亮宇最珍惜的就是这个工作坊。一部分人员是固

定的 —— 戴锦华的学生，还有一部分是流动的。这也是工作坊的传统，从1993年开始，30年中，不光北大学生，媒体圈、文化圈或是慕名而至的社会人士，来者不拒，"以前真的是一个开放的教室，里边充满了各种各样的闲杂人跟社会人士，那样一个大门，被历史性地在2020年9月份关上了，疫情来了。"

疫情之初，戴锦华跟学生们发过一次很大的脾气，那是一次"不得不上"的网课，不少学生选择关闭摄像头听课，戴锦华对着电脑屏幕上的整齐排列的黑框，觉得自己简直面对着一排排电子墓碑。人们总觉得新技术的发展会令生活越来越轻松，但对戴锦华而言，上网课是更累的，她发现自己总想要穿过屏幕，触达屏幕另一端的人。

她珍惜人与人之间的物理性相遇，就像她执拗地认为，不去电影院，就不算看过一部电影，因为人们聚在同一个空间内、让光束从身后打来，是"电影"这个艺术形式的应有之义。

一个可以与之呼应的故事是，滕威一直记着1998年12月31号那天，本该有古代文学课，但同学们24号的课上就跟老师商量，"下周不要上课了吧，谁还来上课呀，大家都要跨年去了。"

老师跟他们约定，如果31号那天下雪，就不上课了。那天真的下起了雪，"特别有默契，没有人去上课，老师也不来，我们也不去。"滕威和同学后来一起去了圆明园，大家一起打雪仗，疯玩疯跑，以青春的欢乐送别了一年的最后一天，"没有人去举报，也没有人去投诉，也没有教务处的人来督导来骂，说什么这算重大教学事故，这可能是我们文学专业独有的浪漫和随性，可能不合规矩，却是我们难忘的大学时光。"

但这种缝隙，连同师生之间可能发生的情感连接，都在规矩和秩序逐步建立的过程中，成为了历史陈迹。今天的大学校园，一切都很规矩，几点几分要进入教室，摄像头里要看到所有人。老师有没有做PPT，PPT是否标准。"我们所有的教学过程当中每一个步骤都是严格遵守各种各样教学文件上的规定，这又能教出什么？"

年纪小上许多的王雨童在自己周边观察到一种无所适从，这些年每当新生入校，师弟师妹找到她，通常的开场白是"他会一上来就问你说，学姐，我怎么去选双学位？我怎么刷绩点？"

王雨童觉得戴锦华内心最大的创痛在于，世界的动荡加上疫情影响，"大家集体过上了一种毫无想象力的生活"。

此前，她们认为的世界不是这样。滕威怀念跟戴锦华一起旅行的日子，过去20年，参加学术会议、电影论坛，或是没有任何目的说走就走，师徒俩结伴走过了许多地方，滕威的性格丢三落四，不过没关系，需要什么东西，戴锦华一定有。

2013年，滕威到哈佛访学，当时她带着孩子一起，每天过得兵荒马乱，其间戴锦华要在加州参加一个会议，"我就特别没分寸地跟她哼唧，说老师，你能不能来波士顿看看我们俩啊？"

加州飞到波士顿要穿越大半个美国，滕威只当是自己习惯性的撒娇，结果戴锦华真的买票飞到了波士顿，那阵子阿特伍德在哈佛有个演讲，师徒两个悄悄溜进教室，混在众人中间听了这场演讲。

那时，她们相信一切都是有可能的。

"爱过，思考过，行动过"

50 岁那年，戴锦华意识到了自己的"幸运"。

她说起那一年，出现了"一种非理性的、自己也不能解释的豁然开朗的感觉"，这种豁然开朗给她带来了许多解放，"此前那种无论如何都难以排遣的、耿耿于怀的、个人生命的被伤害经验和伤痛感突然就消失了"。

那年她形成一种知觉，后来跟许多同龄的朋友讨论，大家有了一致的意见，"就觉得我们是现代历史当中少有的、幸运的一代人。因为我们都出生在匮乏的、动荡的年代，但是到我们成长和我们开始进入到——夸张一点说——创造的时候，把自己的能量投入到社会事物当中的时候，我们赶上了一个黄金时代。"

她有了一种很深的感激之情，她提到爱伦堡在《人·岁月·生活》中写过的一个女诗人的故事，女诗人死于 19 岁，爱伦堡读文学史的时候，书上写她就活了 19 岁，所以她没什么可写。

爱伦堡反驳道，"一个姑娘 19 岁，她已经爱过、恨过、生过、死过、创造过，这是多了不起的一个故事。"

戴锦华 50 岁的时候，对这个故事有了深深的共鸣，"我可以对自己说，我爱过、恨过、思考过、行动过、书写过，我觉得我真的没有那种不能放弃的遗憾，我的生命当中没有那种悔不当初，我也不想时光重来。"

是在这种感激和释然中，戴锦华走到了自己的60岁。

围绕着她的诸多标签之下，胡亮宇觉得戴锦华是一个始终如一的批评与自我批评者。两人聊到李沧东的电影《薄荷糖》，主角是一个光州事件参与镇压的士兵，他不仅是一个时代的受害者，同时也是一个施害者。戴锦华认为李沧东呈现出一种特别可贵的姿态，"他也会把自己想象为或者主动认作是这一切的结果。而不仅仅是说，好，这些都怪你们，我一点问题都没有。"

最近几年，随着对年轻一代佛系、躺平、内卷等一系列现象的讨论，指责年轻人成为一种流行，"她就不会特别轻易或者廉价地去指责年轻人，把这个时代所有的问题都归结到年轻人身上。她从来不把自己择出去。"

经历过年初的仓皇，最近，她加快了工作节奏，像是跟时间赛跑。

衰老和死亡本身并不是问题，戴锦华跟《人物》聊到她一以贯之的生死观，"我始终觉得死亡，到了我这个年龄，死亡已经是一个恩赐了，死亡是归宿，死亡是休憩，所以这不是问题。"

她几年前读到一个年轻女孩的遗书，里面的一句话是，"谁能给我一个活下去的理由呢？"

这封遗书让她感到了强烈的痛感，某种程度上，这也支撑起她一直以来不断言说，她再度提到那句"我不服"，"我是想跟大家分享这份不服，你要想能撑住这口气，还能凭一口气点一盏灯的话，你还得不服后面得有点什么，得有点什么你爱的、你信的东西。"

20世纪90年代中期，她和当时一些肝胆相照的朋友聊起这个话题：什么是对你来说神圣的东西？有人说是阶级，有人说是民主，她想了很久，最后给的答案，是"尊重生命"。"这个对我来说，是平等的真正内涵，或者说是最朴素的平等，每个生命都有活下去的权利，都有活得好的权利，没有任何人可以审判谁是废人，谁是多余人。"

近30年过去了，她发现自己仍然没有走出这个回答。

圆明园的那个下午，阳光猛烈，水波安宁。那天戴锦华原本不是很高兴，她觉得媒体总是有没完没了的问题，还给她"设置情境"，但溜达了一会儿，准确地说，是黑天鹅一家从荷花丛中钻出来后，她来了兴致。从池塘边到湖心岛上，她追着天鹅的影子。

没完没了的问题终于结束。戴锦华拿出手机，展示她拍下的小天鹅。时间退到5月，小家伙们只是几团软绵绵的小小的毛球儿，在接下来的时间里渐次长大，慢慢有了天鹅的样子。端详着这些照片，她的脸上露出近来少见的柔情，"这个春天也没有白过"。

暮色从水面上波荡开来，圆明园内的游人少了，路灯渐次亮起来。我们一起往外走。

"悲观和乐观是一样虚妄的，当你意识到这点的时候，你就可以选择了，你就不会觉得所谓悲观是一种真实的态度，而乐观是一种积极的和理想的态度，这根本不成立。因为那个绝望本身忽略掉的东西，也许是可以放置希望的地方。总有人要生存下去，你就会意识到重要的不是悲观和乐观，重要的是你怎么去选择和放置你自己和你的工作。"

那段时间，她在为《中国电影50部》备课，某天晚上，又重新看了一遍侯孝贤的《悲情城市》。

一生当中，戴锦华有个对自己苛刻的原则，作为电影研究者，她始终尽力跟创作者保持距离，侯孝贤是个例外，每次去台湾，一大群朋友一定要安排一次卡拉OK，"侯导唱歌太动人了，侯导唱那个闽南话的歌，柔软，动人死了。"

生命中闪耀的许多碎片跟重看《悲情城市》的感受形成了互文。片中文青从监狱出来以后，一个个给朋友的家人送遗书，侯孝贤给了一封遗书特写，接着闽南语的歌声响起，调子哀婉凄清。之后侯孝贤切换镜头，小上海酒家一切如旧，厨房里依旧在炒菜，全家依旧在吃饭，生活依旧在继续，活着的人继续活下去，活下去就是柴米油盐。

这次重看，戴锦华觉得这组镜头中有侯孝贤对生命的彻悟，"你讲历史，我们家出事了，我的天塌了，地陷了，但别人的柴米油盐，别人的鸡零狗碎，只能继续。世界丝毫不因为发生了什么而改变。"

侯孝贤喜欢远景和长镜头，渺远辽阔的《悲情城市》之中，这封遗书是不多的特写之一。遗书上写的是，"你们要尊严的活"。

（感谢李学军、陈轩、林松果对本文提供的帮助）

再连线

文／张莹莹

离农历新年还有三天，《人物》又一次见到戴锦华。前一天，她刚从平遥影展回来。2022年下半年开始，她似乎着意把工作排得很满。摄影园区树木萧瑟，她在风里抽完了一支烟。

这几年，戴锦华越来越多地承担了公共领域言说者的角色，谈论新技术革命，也谈论年轻人被催婚的困窘，在B站，在豆瓣，很多年轻人向她提问，她坐在那里，笑吟吟的，似乎永远沉着，永远笃定，永远能够提供答案。

事实上，情况并非总是如此。她觉得自己这三年犹如"慢撒气的轮胎"，尤其过去这一年，年初，她在母亲的疾病和北京疫情的反复中仓皇；年中，她结束自己40年的任教生涯；年末，母亲去世，她没有想到告别来得如此之快，坠入完全的空荡。

她在变动的罅隙里为自己寻找力量与甜，仍然听广播剧、看耽美网文，更重要的，当然还是电影。这一年她做了三个电影节的评委，其中海南电影节的评选是在线上举行，她记得那段时间，大家都在发烧，在不同的热度中谈论电影，电影再现的世界和正处于剧变中的世界相互碰撞，她沉浸其中，感到身陷汪洋，大浪打来，而电影成了她紧紧抱住的一块木板。她最快乐的时光是在北大百年讲堂给同学们讲电影，电影结束，字幕上升，她走上前去，在近千人中感到"肉身相遇"带来的热度汹涌。

是告别吧，她也希望这是新的开始，让精力逐渐恢复，重新投入她那仍然旺盛的好奇心，去感知，去发问，去某种程度地介入现实。我们谈论了一些很当下的话题，比如养老、躺平、优等生逻辑的主导、性别议题的彰显，还有对她而言非常切身的生死问题。

就像她喜欢的一句对戈达尔的评价，"虽然精疲力尽，依旧随心所欲"，在此时回望，戴锦华是一个言说者，也是诸多年轻人的陪伴者。她和我们一起，经历晦暗不明的时刻，仓皇，不安，仍保留着谨慎的乐观、强烈的希冀。希冀在诸多的"难"里，生长出改变，生长出新的——对，仍然是她反复言说的，也是当下最迷人的那个词儿——可能性。

《人物》：如果用一个字总结你的 2022 年，会用哪个字呢？

戴锦华： 大概是"别"吧，告别，离别。

《人物》：为什么用这个字？

戴锦华： 12 月 25 日，我妈妈离开了这个世界。这一年对我也非常重要，是我任教 40 年，是某一种终结，当然也希望可以是某一种开始。同时在这一年当中，因为疫情，我有了前所未有的观片量，在世界范围内，你会看到我们在彻底地告别电影的胶片时代，甚至从某种意义上我们在告别我们熟悉的电影艺术，数码技术和所有相关的变化正在深刻地改变着视觉文化，也围困着电影，电影内部也有一些我乐于称之为视听语言革命的东西在悄悄地发生。

《人物》：站在这样一个非常重要的节点上，现在谈告别，你是一种什么样的心情？

戴锦华：非常复杂，非常沉重，所有的参数都在改变，而改变之后的参数并没有确定。

以电影为例，2022年世界范围之内大概大师们都出手了，但是他们的作品都差强人意，没有那样的冲击力，没有对现实的触碰和把握的能力，最主要的是它不感人，它不动人，对我来说，今年这个电影的大年其实是个小年。

我觉得这就是电影的角色，它和我们的生命体验、我们的生活状态非常非常接近。尽管如此，还是会有一些不同的体认和触动吧。比如《晒后假日》，它是一个非常私密化的、从一个女同志的角度去讲述的个人故事，但在世界范围内居然产生如此强烈的共振和共鸣，以致使我反思什么是私人的，什么是公共的，今天世界的公共性到底如何能够得到呈现？也许今天的公共性是通过这种私人性达成的，而不再是通过公共性的议题、大家对公共性议题的代入才完成。

或者奥斯卡大热的《塔尔》，它触碰到PC（Political Correctness）的热浪，触碰到了"取消文化"这样一个本来是批判性的东西，但有些时候又呈现为某种暴力的状态。还有《玉面情魔》，它触及网络社群、网暴加剧的普遍的认识论危机，我们还有没有认知现实的愿望？我们还有没有认知现实的路径？

这些都是我的疑问，这些电影也在重复、加速着我们的已知，但这些共识，反而呈现了一种分外碎裂的状态，每个人都像孤岛一样在海洋中漂移。

《人物》：这一年，哪个瞬间是你特别难忘的？

戴锦华：当然是我母亲的离去（激动）。33年前我父亲死在西非，以后我就一直陪伴她。我没有想到终结这么快到来，我也没有想到疫情最终使如此多的父母、祖父母没能熬过去，但是在这个过程当中，我真的对我们的医护人员饱含敬意，急诊室那么多的人群，那么多危险的老人，那么多求助的青年人和中年人，你看到他们在第一时刻给老人提供救助，提供治疗，你看到每一个橱窗背后的医护人员几乎都在剧烈地咳嗽……真的很了不起。这次我真切地体会到千千万万的一线的普通人，支撑着我们这个巨大的人群，在各种各样的冲击和灾难当中走下去。

《人物》：这是我特别好奇的问题，你会觉得，这三年，尤其过去这一年，有没有可能使我们重新在微观的层面上去建立更多的连接？

戴锦华：至少我没有看到具体的路径。我原来非常地错误地同情孩子们，觉得他们被迫在家里，被迫在始终的网课当中，会多么痛苦。后来很多家长跟我说，孩子不希望复课，不想走出家门，甚至恐惧走出家门去真切地和人肉身相遇，这是问题的一方面。另一方面，我们新的媒体环境，同时也是我们的通讯和交流手段，它们所形成的一些结构性问题如果不改变的话，我们从苦难当中得到的教训大概还不足够使我们重新形成社会的有机性，而大数据、AI对管理的参与……都是在强化这种结构性的问题。我非常希望，我们对这个时代的反思中能够包含这部分内容，包含当社会有机性丧失的时候，我们每个人都付出了什么样的代价，那我们能不能共同地为了社会有机性的恢复，付出一点代价？

《人物》：去年七月采访你时，感受到你当时作为一个普通人面对自己老母亲、面对反复的疫情时的仓皇，当然也有贯穿那篇稿子的"任性"，是不是因为母亲的存在，你一直是一个"女儿"？

戴锦华：其实说老实话，很久很久很久，她是一个拖累，而且我相信我的同代人，就不用说后代人，很少有人能做出这个选择，就是在我爸爸去世之后，我有太多太多的选择和机会，以不同的方式生活，但是我信守了在我父亲墓前的承诺，始终地陪伴她，她成为我生命中最重要的那个人。

等她离去的时候，我才意识到她真的是我生命中的那个"绊"，羁绊，等于是一直是她把我锁在某一种现实当中，这个现实使我不能够超离社会的整体的结构，也就是我们此前的访谈中说的那种东西，你必须要面对在现实中一个普通人要面临的种种艰难。当这个东西消失以后，我突然就是两个感觉，一个是觉得我就像一个行走的躯壳，突然就空荡，完全空荡。另一个，我就丧失了那种被迫要面对这个现实（的压力），我从来没有顺应过现实，但是你总是要和它博弈，而我突然没有了这个力量，我发现，接下来，所有东西必须是按照我内心的需求来选择。

可是这三年当中，那种内心的动荡，就像一个慢撒气的轮胎，它塌下来。那种疲惫、无力以及难以平复的感觉交织在一起，真的是非常非常的艰难。

最后我决定去平遥影展也是因为这样，我想换一个地方，看看能不能够摆脱这样一种感觉。

《人物》：从另外一方面说，是否也有一些解脱，重新建立某些生活秩序？

戴锦华：我还没有能体会解脱的这部分，因为那个东西太沉重了，或者说太空荡了。哲学或者艺术早就说过，自由是一种放纵，自由是一种一无所有的状态，如果有一天能够体会到这种自由，我恐怕要面临的就是另外的那部分了。

《人物》：我们不久前一篇稿子获得了很多反响，是台湾作家郭强生的故事，他59岁，照顾90多岁的失智的父亲，如今已经是第十年。我才意识到，人类历史上第一次人有这么高的平均寿命，当越来越多人活到90岁、100岁，老人照顾老人的状态会越来越普遍，但整个社会都没有准备好。

戴锦华：是，实际上是到我妈妈脑梗之后，我才意识到，这个问题在今天的社会当中多么普遍，但这个人群和这种事实在社会范围之内都不可见，而且大家都是带有某一种心照不宣，或者讳莫如深，这真的是非常奇特的一种状态。

也许因为这种关注，我观察到，从去年开始，它在电影当中全线浮出了，从《困在时间里的父亲》到《晨光正好》，世界范围之内有太多电影关注这个主题。包括中国有一部影片叫《脐带》，讲述一个歌手和患阿尔茨海默症的母亲的故事，人们开始要触碰这部分的现实。它特别本体论地迫使我们去思考何为生？何为人？在什么意义上我们去谈生命、死亡和人？在什么意义上去讨论社会性死亡和生物性死亡？我读到过一个中国作家的说法，在我们死亡之前，先要经历一个变得透明不可见的时刻。这个仍然是在主体的意义上谈论社会性死亡，但是我在急诊室，看到每一个用轮椅、用担架推进来的老人，旁边都跟了大概四个中年人或者年轻人，你会看到维系生命所需要的社会性的巨大付出。

这些都使我对老这个问题的思考变得更加真切。一方面我自己步入老年人的行列，另外一方面，它作为一个社会议题，当社会老龄化伴随着生育率的下降，对于整个的现代文明究竟意味着什么？这个问题在社会学、心理学和文化上，我们都没有正视它，更不要说去处理它。

《人物》：那你会考虑另外一个问题吗？因为你没有孩子。

戴锦华：我再次庆幸没有孩子，让我没有什么必须去剥削和期待的。对未来我也不担心，因为这个选择就可以变成更个体的选择，否则如果有孩子，你还要承担很多的道义、道德、伦理的问题。其实临近生命的终结，伴随的是对死亡的恐惧、对生命的依恋，这大概是人性使然，可是我们一生当中面临的挑战都是你在多大程度上屈服于那种被称之为人性的动物性，你怎么能证明你是人？而不是一个爬行的四足的动物？希望我能答好这份答卷吧。

《人物》：你会在去年某个时刻很强烈地感受到自己老了吗？

戴锦华：妈妈去世带来的另外一个东西，就是它迫使你正视你老了，此前你不能够正视这件事情，因为你不能老，对吧，上面总有一个比你更老的人，老吾老。而这个时候，你就可以来正视自己已经步入到老人这个行列当中了。这点我倒是没有恐惧，自然生命的过程，是一定要发生的。而在其他方面，我仍然非常骄傲我的年轻，我的幼稚。

这一年当中损耗最大的，是它使得我没有足够的精力去支撑我仍然在的那个巨大的好奇心。我非常希望在这个所谓体认到自由的时刻，精力也能重新恢复到我仍然非常强烈的好奇心上，我仍然可以发问，仍然可以追问，在回答当中获得多重的快乐，只要这个过程能够延续，我就还没老。

《人物》：你希望自己工作到什么时候？

戴锦华：我一定会工作到最后的时候吧，因为这些工作就是我的生活。

《人物》：有任何想躺平的时候吗？

戴锦华：必须说没有，必须说没有。躺着看电影还是坐着看电影，有什么区别吗？（笑）如果说躺平了什么也不干，那对我来说是"蒙难"。

有人说躺平是我们说"不"的方式，我有认同，但是从另一方面说，我觉得所谓的躺平在现实当中是一种不可能的想象。你在哪儿躺平？你如果真的躺平，房子就被银行收走了——这是开玩笑。我是觉得，躺平作为一种想象，是我们去疑问能不能不面对这么多沉重？能不能不面对这个现实？但是现实正是我们连床都没有。

《人物》：前不久我们采访了一位女性，她住在河南小城，39岁，租了个小房子，靠以前工作的积蓄躺了8年，买最便宜的菜。编稿的时候我有点担心读者是否会觉得她有点偏执，但稿子发出后，绝大多数读者留言夸赞她的勇气。卷还是躺，这几年社会心态发生了很大的变化。

戴锦华：你想要的到底是一种什么样的生活？这是一个问题。我们说"躺平"是相对于奋斗，相对于"卷"。我看到最多的是学院中的人，我觉得当一个人选择留在学院里，本身是个挺特别的选择，因为学院这个东西在现代社会结构当中就不是主流，基本上意味着你放弃了权力和金钱意义上的成功。但如果你在学院中仍然要卷呀卷，那就要问你自己了，你到底爱的是什么？是学术？是思考？是教学本身？还是

别的什么东西？有没有别的可能性去达成这样的生命愿望？如果躺平代表和主流的价值评价系统的一种区别、一种对抗，我比较能够理解。但如果是字面意义上的躺平，不事劳动，不事生产，让生命流逝，这个我就真的不大能够理解，人活一次，就这么几十年，是不是还应该多体会一点？多获得一点？

《人物》：这几年，在公众场域，你越来越多地是一个年轻人会向你寻求力量、寻求答案的角色，在那些问题里，有时你会觉得失望吗？

戴锦华：不会，我也反复回答这个问题，我就觉得任何人都没有资格评价一代人，因为非常自然地，他们就是这个社会的整体，你别说他们怎么样，其实你不知道，这是一个方面。另外一个方

面，人类社会的有趣就在于千差万别，你最多能观察到的是某一种可见的主流，在这可见主流当中就有很多很多你不可见的真实。况且这个世界越来越让你看不到差异性的人群，而我确实相信真理通常不显现为共识状态。

《人物》：他们会让你感受到某些虚弱吗？

戴锦华：不会，但有的时候，我会觉得，尤其在我的主要的视野当中，我看到越来越多的人无法挣脱"优等生"文化。我每次说这个，媒体经常把"优等生"翻译成"小镇做题家"。但不是，它和小镇做题家有相似之处，就是说你是靠付出，更多生命能量的付出、时间的付出，来赢得外在评价系统的肯定，我会感觉到这种优等生文化越来越占主导的位置。

我那天跟他们开玩笑，说原来电影是坏孩子的艺术。曾经焦雄屏跟王筱頔导演说，如果我不是搞电影研究的话，我一辈子都不会知道世界有这样差的学生，有这么坏的学生。原来导演们都是这些坏学生。我们就开玩笑说，这是电影中没有好老师的原因，在电影中看不见好老师，因为导演们都是这些坏极了的学生。可是我现在看到的，世界范围之内，新一代的导演，多数都是优等生，名校毕业，智商多高多高，但是我就会感觉到这其实是某一种现代主义危机。

此前优等生始终是优等生，是主流的一个晋升途径，所谓的精英主义是以这个为基础建立的。而正是像电影这种坏孩子的艺术，或者说不道德的艺术，它在平衡着、提供着价值和生存的多样性可能。但现在你会看到，好像所有的地方都只有一种优等生的模式和可能性，我会同情这一代人，因为原来我觉得坏孩子有坏孩子的出路，优等生有优等生的前途。但现在看上去，优等生文化的主导位置很难改变，所谓数字化生存，一切是在统计学的意义上发生，就使得个性、原创、另类、抗争、抗衡这些东西在大数据面前化为乌有。

我相信这些东西仍然在，只是我们看不到，而在人类文明史上，这些东西始终是动力。历史的更生，是这些人，而不是平庸之恶创造出来的。

《人物》：当这种优等生的逻辑是特别主流的，就变成了整个的氛围要非常地向上，又非常地洁净。

戴锦华：对，这是一个非常矛盾的现象。我一直说PC是反抗运动的结果，迫使主流文化看到歧视、偏见的存在，它是抗争和与主流社会的谈判的结果。但是现在你会看到，它被道德主义所挪用，所掠夺，那会生成新的魔鬼。

道德主义不等于道德。我觉得人类社会的根基之一是我们是有道德感的人，坚守道德——有所不为，而非道德主义。道德主义从来都是和保守主义、和对抗社会变革与进步的力量相抗衡的东西。

《人物》：这几年，PC在性别领域的推动是很显见的，你会如何看待过去一年，一些非常女性的著作获得很大的市场认可？比如上野千鹤子的《始于极限》，甚至我觉得它是去年很重要的参与了形塑主流思潮的一个声音。

戴锦华：这个我也观察到了，但

是我没有细想，因为我觉得它总体上没有超出我的观察——阶级、性别、种族的批判性议题只剩下了性别议题。后来我好落伍地发现，PC系统的三坐标是性别、性向、种族，阶级已经被完全剔除了，我以为阶级、性别、种族应该是批判的主轴。所以我就一直强调说，我们的社会批判，我们的PC的抗争，其中阶级的缺席是非常引人注目的，直到我发现，在主流的表述当中，它早已经被置换，这是非常大的问题，因为整个世界最凸显的变化是贫富分化和阶级固化，这是造成种种消极、种种忧郁症、种种"躺平"说的由来。很多的躺平者并不是要说"不"，而是因为我不躺平，我也没有上升之路，我也没有晋身之阶，所以不如躺平，被迫消极地应对。

《人物》：这种躺平给我的感觉几乎是经过理性的思考和衡量的。

戴锦华：也可以这么说吧，是在别无选择之下的一种选择，而实际上我们要正视的是为什么上升的空间被封闭了？为什么人们在现代逻辑当中，改善个人命运的可能性是在降低，而不是在提升？这才是特别大的问题。所有跟性别、性向相关的议题，因为它涉及到人类的至少一半甚至更多，它不可能脱离了社会整体的政治经济结构现实而独立存在。所以在这种情况下，对某一些话题本身，在今天我们的现实当中，它是不是又成为一种被盗用的切口？好像在讨论这样的议题的时候，你可以无视政治经济结构当中的巨大的剥夺，剥削，放逐。但性别议题根本不是独立的，从来不可能是独立的。

《人物》：能够在舆论场引起回响的，大部分是年轻的城市女性。

戴锦华： 是，这个大概能够解释为什么某一种性别议题会成为一种流行，一方面可以呼应到个体生命的体验和痛，另一方面，它也是一个可以使我们不必整体去面对这个社会恶化的论域。我觉得痛本身是不可比的，问题是你在这份痛的同时，还有那份痛呢，对不对？同时我觉得很多议题，当它被量化和外在化的时候，到底是不是进步？比如我们会说这个电影当中有没有两个女性在一起而没有谈男性的画面？这很切中某些电影的性别歧视要害，但是如果它成为了一个创作的参数，创作者必须要设置这么一场戏的时候，它未必是一个真正解放性的力量。

今年我做了三个电影节的评委，平遥我是短片部分，没能正面观察主竞赛单元，但金鸡奖的国际部分和海南电影节，我发现入围的影片当中女导演都占到了一半。这些年在世界范围内，在大型的国际电影节上，女导演都非常突出。我有一个开玩笑的解释，也是一个真实的解释，就是电影这个样式和产业真的衰微了，原来是男性绝对主导和掌控的，现在他们弃船了，所以女性才赢得了机会。你在传统的男性主导领域当中一旦看到女性的凸显，一定告诉你的是关于这个行业的危机，而不是女权的提高，这是我的半开玩笑的回答，也是一个真切的观察。

但是最近我开始考虑到另外一个因素，就是PC和取消文化。整个产业，包括商业和资本的考量，可能会觉得选择女性导演在生产上更安全，否则如果你遭到了 PC 的抵制，你就票房一定受损。那比如选片人，是不是也有类似的考量？

在这个意义上，你可以说女性的力量是真实的，它也在真实地造成某些改变，从另外一边说，你又可以说女导演的整体的登场，本身可能有某种虚假性，它在产业结构、被迫选择的意义上的虚假性，并不是这个文化当中的整体改变结果。

所以不能单一地得出女权上升的结论。但是看到那么多女导演，还是很高兴。

《人物》：也许不仅仅是电影，我觉得这些年整体的大众文化产品中女性的位置都很突出，说到这儿，去年有哪些大众文化事件是你关注的呢？

戴锦华：去年的乏味就是在于没有什么令人关注的大众文化。战争，地震，空难，瘟疫，文明史上所有最可怕的事情都在去年发生，前所未有的沮丧。

《人物》：在这种情况下，你怎么给自己找到一点甜，一些力量？

戴锦华：大概还是工作中的那些美丽吧。2022 年我给全国各大学做了最多的网上讲座，制作了《中国电影 50 部》，真的比较开心的是在百年讲堂跟同学一起看片，映后跟他们分享。每次都有近千人吧。就在这一年当中，一旦允许就做，说停也就停了。主办方给了我一个片单，是能够找到的付费后有合法放映权的电影，主要是全球艺术电影，也是我的趣味，我选择比如《燃烧》《风吹麦浪》《对不起，我们错过了你》……原本设想以塔可夫斯基电影作为一个结束，但还没放完，就封控了。

我任教40年也算从业40年吧，在这40年当中，电影是我生命非常重要的支点，但从来没有像这一年当中，我觉得它有点像我抱住的那块木板，海啸当中的一块木板，我从来没有像这一年当中这样紧紧地拥抱着它，像拥抱着一种活的可能性。

而在百年讲堂看电影成为尤其珍贵的体验。你也知道，我坚持电影之于影院的意义、影院之于电影的意义，所以和这么多的孩子在线下，在这种新冠围城的时候，一起看电影，尤其结束后，从影院走到有灯光的街道上的过程，始终是生命中我非常enjoy的时刻。像是一个通道，你从梦境缓缓进入现实当中，你走出去的时候，看到那些孩子们还在争论电影，特别快乐。它对我来说就像一块飞地一样，在彼此隔绝的状态当中，是一个汇聚，一个现场。

人有些时候要从床上起来，到街上去，到电影院去，买张票，带一点冒险，去看一看。

《人物》：说过2022，说说新的一年吧，你有什么展望？

戴锦华：这一次跨年，前所未有地没有那种幼稚的欣悦的展望，只能说有某一种期盼吧，某一种期望，希望这一年世界范围之内疫情开始退潮，希望它蜕变成一个普通的我们的流行病，因为它对于整个世界的冲击，或说破坏，已经到了前所未有的程度。当然我一直更希望的是这场疫情能让我们对于疫情前的全球的经济格局、生活方式、文化价值有一个反思，不是说我们最好的梦想就是重回2019，而是我们如何看到今天的困境是从2019的逻辑当中延展过来的。如果真的是这样的话，它就不仅仅是疫情的消退，它有没有可能成为一些新的可能性的尝试？我们需要新的知识型，需要新的参数，需要新的价值。否则，下一次不知道是什么样的邪恶的方式会再一次挑战人类整体的生存。我越来越觉得这不是危言耸听，这是一个非常真切的事实。所以可以说是完全没有期盼，但同时其实有一个很大很大的期盼，我们能不能真的创造出一点新的东西？

经充满裂缝了，但是我们有没有勇气去再多想一步？不是更卑微地去降低我们的期待或者欲求，而是我们能不能欲求一点不一样的东西？在生存经历了一轮挑战之后，我们能不能够对于生命自身形成一些真正属于自己的东西？哪怕是一个温暖的瞬间，哪怕是一个由衷的微笑的时刻。我们不能等到亲人离去的时候才意识到我们失去了什么，有什么东西再也不能追回。

《人物》：这是一个真正的疑问……我的感受是，似乎大家想象的依据不在了，"不敢"也"不能"去想象了。

戴锦华：我也接触到你描述的这种状况，我觉得其实我们以某种方式很深地知道，此前支撑着我们的生活的自我规划、自我想象的那些逻辑，已经被动摇了，已

《人物》：最后一个问题，刚才也谈到2022年是你任教40年，你希望自己有什么样新的开始？

戴锦华：我从来不觉得退休或者说不再有一个编制内的教师身份会对我有什么影响和改变，我只是会担心有一些日常工作的样态和内容，会不会因为衰老而不能延续。

　　但是 2022 年的某个坏消息，也是一个重要的消息，就是戈达尔的选择，那不光是一个巨人的离去，也是向我们展示了生与死之于人的意义，他向我展示了当你步入老年的时候，尊严的生包含着尊严的死，包含了一个人的选择。大概人最可以骄傲的地方就是可以选择生死，我们的选择不多，但是我们其实仍然拥有很奢侈的选择权。

　　我非常喜欢王昕写的那句话，说关于戈达尔，"虽然精疲力尽，依旧随心所欲"。生命的最后，戈达尔再一次绽放光芒，那是一种榜样的力量，给我很大的安慰，让我觉得衰老不可怕，死亡也不可怕。

请你们不要逞强，勇敢承认自己的弱点，互相支撑着活下去。

上野千鹤子

成为上野千鹤子

文＼刘璐

编辑＼姚璐

当时，上野千鹤子和我们都不知道，几个月后她和中国女性的一场对话将在中文互联网引起轩然大波。我们依然谈起了"女权主义为什么不能让我幸福"的话题。

即便是隔着国境，上野似乎也很懂这种困惑，"相比起我的时代，现在女性的选择变多了，但也被要求满足所有的社会规范，工作要成功、要结婚、要生小孩、要满足社会对成功的定型印象，这是我们痛苦的根源。从前只有儿子才有守墓的责任，现在女儿也变成了被期待的对象，父母会说：'努力就能行，你为什么不努力呢？'什么都想要，女人也想赢，是新自由主义价值观，不是女权主义。这种成功被认为是女权主义的目标，完全搞错了。女权主义就是要你从社会规范中挣脱出来，变自由。女权主义者只是想从被强加的规范中解脱而已。"

上野千鹤子和中国

和很多人经历的一样，上野千鹤子也准时出现在了我的电脑屏幕上。熟悉的红色头发和黑色上衣，以及上野千鹤子式的轻快声音。

这是 2022 年的年末。镜头之外看不到的地方，上野告诉我，她经历了一场骨折，自己成功加入了高龄者的"压迫性骨折跌倒组"，此刻她的腰间正围着一个腰部保护器具。74 岁，上野马上就要步入日本社会的后期高龄者的阶段，她将享受全新的介护保险制度（日本一项以社会保险的方式支持高龄者介护的公共保险制度），感受这个阶段自我和社会的变化。

接受完《人物》的访问之后，她又要马不停蹄地加入下一场学术讨论。那是一场关于女性士兵的讨论，参与者从 20 多岁的女大学生到作为学术前辈的上野千鹤子，跨越近半个世纪的年龄差。她们讨论的是一道有些复杂的议题，对上野来说也有些为难，女性和战争应该是什么关系，女性如果能像男性一样去战场打仗，是不是就能实现"平等"？

具体的生命经验和锐利的观念讨论交织在她的生活当中，并且一贯如此。

第一次接触到上野千鹤子时，我正坐在北京五环外的一辆出租车上。我 26 岁，读到她在东京大学开学典礼上的演讲，迎头而来的一句是"你们应该都是抱着努力就有回报的信念来到这里的。可是，等待你们的是即使努力也得不到公平回报的社会"。那是2019年，俄乌战争还没有发生，离"新冠"在全球暴发还有不到一年时间，我周围的环境在激烈地、直线式地向前发展。虽然努力没有回报的故事每天都在我的眼前上演，把这个残酷现实用如此直白的话语在这样的场合说出来，我还是第一次见，我在车上深深吸了一口气。

上野的演讲也受到了一些批判，有东大的学生对上野说："在那样发表祝辞的场合阐述自己的思想，我是有点反感的。"但这场演讲的影响力我想还是掀起了深刻又长久的波纹，至少当在挤早高峰的某个瞬间，在内心受到挫折的某个瞬间，心里会回响起那句，"请你们不要逞强，勇敢承认自己的弱点，互相支撑着活下去"。

她在日本念出的句子，在今天精准回应了很多中国人，尤其是中国女性的焦虑。在《父权制与资本主义》中，她引入了"无偿劳动"的概念，揭穿关于家事劳动的一些女性神话；在《厌女》中，她选择用"厌女"这个冒犯的词，形容女性从古至今呼吸过的空气；2022年，上野千鹤子与铃木凉美的书信对话集《始于极限》被翻译成中文，书中两人袒露心扉，谈及自我与男性的关系、与家庭的关系、与母亲的关系，将那些仍纠葛不清甚至有些羞耻的自我展现给对方与读者。

上野的书在中国成为畅销书，就像30多年前在日本一样。在经历了高速的经济成长和社会变迁后，中国女性拥有越来越多的自由，但这自由也伴随着代价。女性被看见，被赞美，但也被要求，被定义。两套脚本并存在女性的生活之中，女人可以去向何处的疑问弥散在日常中。

也是基于此，近两年上野接受了很多中国媒体的采访，她也在这些采访中感受着今天中国社会的空气。她认为，伴随着中国经济的高速发展，拜金主义，成功渴望，旁若无人的上升希望，不加掩饰的欲望，如影随形，呼啸而来，日本也有过这样的时候。

20世纪80年代的日本，天真轻浮的幸福感飘浮在空中，每个人都在跳迪斯科，"男女都很开心，我也是跳着迪斯科来东京的"，上野对我说。在日本经济高速发展的年代，人们的现实里都充满了向上走的"理想"，后来人们才知道向上走的理想会结束，远方不再存在。

1985年，日本颁布《男女机会均等法》，也在同一年通过了《劳动者派遣事业法》，越来越多的女性离开家庭开始工作，女性有了收入，不用依靠别人就能满足自己的欲望，洋洋洒洒走进消费社会。

上野成长在一个高速向上发展的日本社会，人生就乘在发展的浪上。在《男女机会均等法》出台的3年前，她出版了她的第一本书《性感女孩大研究》，这一年她34岁。书的封面是一个穿着连体紧身衣的女孩在做倒立。这本书以一种通俗的口吻解析戈夫曼的"符号论"——消费世界里充满欲望的广告、女人半张的嘴唇、诱惑的眼神、曲线的身体、社会要求女性表演出来的女性气质，以及男性想要表演的男性气质。男女身上的"社会性外衣"被上野千鹤子用笔剥掉。

她上电视节目，写专栏，烫不同的发型，穿时髦的衣服，也写黄段子，被男性杂志和男性知识分子频繁邀请写评论。那时候，女权主义与商业主义一起在日本被推广开来，书上只要打上"女权主义"的标签就约等于"畅销"。后现代思想成为潮流，学术像时尚一样被消费。

泡沫经济破灭后，上野说自己是泡沫经济的共犯。"那是什么意思？"我问，"那时候的消费文化，我顺势乘上去了。我把它作为研究对象，还觉得那很有趣，和它同床共枕。在时代中活着就是这么一回事吧。"

1988年，上野千鹤子第一次到中国。当时日本的女权主义者正在争取脱掉裙子，脱掉高跟鞋，摆脱女性气质的规训。而中国正处在改革开放的浪潮中，上海街头的女性脱掉了千篇一律的灰蓝衣衫，想要穿上高跟鞋和迷你裙。日本的家庭主妇正想走出家庭，而中国正在兴起"妇女回家"。"历史真是一个讽刺的东西，"上野千鹤子当时想，"想穿高跟鞋的女性会认同我们吗？"

历史蜿蜒发展。后来中国经历了高速发展的几十年，日本经历了泡沫经济的破灭。《男女机会均等法》颁布时，女性被分割成了赞成与反对的对立两端，十几年后上野千鹤子等人一起回顾这部法律为日本带来了什么，才发现法律出台的1985年，可以被称为"日本女性贫困元年"。上野还目睹了柏林墙倒塌，东德和西德在阵痛中融合变动，人们目瞪口呆地看着东西冷战的结束和苏联的解体。

而到了2020年，年龄相差了近40岁的上野千鹤子和铃木凉美开始对话，两位女性面临的不同时代和境遇，似乎共同存在于过去几十年里加速发展的中国社会。人们是如此渴望从她身上得到答案。

作为弱者有什么不好？

我第一次见到上野千鹤子本人是在2022年深秋。在听完东京大学演讲的不久之后，我来到东京学习。东京近郊的日野市，有一场她的讲座，主题是"可以一个人在家死吗？"。

日野市在昭和年代被开发为东京的卫星城市，被称为"睡城"。在日本的经济高速成长期，上班族们白天到东京上班，晚上回到日野睡觉。这样的生活方式持续多年，促成了一个华丽又不断更新的东京。而当上班族成为高龄者之后，要如何在"睡城"继续度过，是日野市的新课题。

生育率持续走低，老龄化程度升高，"孤独死"成为泡沫经济破灭后的一个注脚。这是日本正在面对的，可能也是中国将要面对的。

在经历了20世纪80和90年代在日本发生的女性主义浪潮之后，2000年之后，上野的研究重点从女性主义转移到了老年研究。"在家一个人死"是近十几年上野千鹤子一直在研究的课题。

上野关心的话题领域广泛，性、文学、家庭、国家，她也比同时代其他人更早关注"老去"这一议题。上野将"老去"捕捉为"变为弱者"，她问"作为弱者有什么不好？"在她的前辈、社会学者樋口惠子看来，弱者是上野反对近代式进步主义的一把钥匙，这把钥匙通向女性，通向老去的人，通向不断变化的权力天平中的下位者。我们处在一个没有前例的高龄社会，无论我们是否同意，我们都会变老，成为弱者几乎是每个人都将面临的命运。

此时正值新冠病毒在日本的第八波感染，前来听讲座的1000多名观众里目测90％以上都是70岁以上的高龄者。上野千鹤子慢悠悠走上讲台，她比想象中个子更小，骨折还没完全康复，"早上好，我是独自一人的上野千鹤子"。独自一人，日语写作"一人様"，语意里将"一个人"视为尊贵的存在。

上野千鹤子以社会学者的身份，把自己做的"在家一人死"的田野调查展现给台下的高龄者们看。有的观众问起独自一人死需要多少存款，还有的观众表达了对当下社会制度的一些担忧，问题大多集中在高龄者接下来的命运中。

而在过去的几十年里，作为女权主义者的上野千鹤子在演讲的时候，经常会被问到的另一个问题是，"像你这样的女权主义者，对你来说理想的家庭关系和男女关系是什么样的呢？"

我问上野怎么回答这个问题，她说她通常回答"没有"，"这个问题暗藏着目的论的历史观，和一种近代主义式的进步主义。这个问题无法对近代的成长神话形成质疑。"

近代化的发展为大多数人设立了一个相似的"理想"目的地，例如理想的家庭关系，理想的男女关系，安定的工作，向上的生活，等等，然而现实里却不存在"理想"这一事实，上野说每个人都可能有不同的"理想"，"我并不可能知道理想的社会是什么"。

　　上野没有那么相信"进步"，虽然"近代"历史里充满了"进步"和"解放"这样的字眼，但对女性来说并非完全如此。被拉进家庭做家庭主妇的女性，被抛出家庭做不稳定劳动力的女性，"思秋的妻子"，崩溃的母亲，都是上野书里的反近代的存在，人不总是追求合理性的。

　　很多人想从上野千鹤子这里得到一些答案或指南，关于女性的存在方式，关于女性该如何活下去。女权主义也经常面临多方面的审视，"你是真正的女权主义吗？""你是正确的女权主义吗？"

　　当时，上野千鹤子和我们都不知道，几个月后她和中国女性的一场对话将在中文互联网引起轩然大波。我们依然谈起了"女权主义为什么不能让我幸福"的话题。

　　即便是隔着国境，上野似乎也很懂这种困惑，"相比起我的时代，现在女性的选择变多了，但也被要求满足所有的社会规范，工作要成功、要结婚、要生小孩、要满足社会对成功的定型印象，这是我们痛苦的根源。从前只有儿子才有守墓的责任，现在女儿也变成了被期待的对象，父母会说：'努力就能行，你为什么不努力呢？'什么都想要，女人也想赢，是新自由主义价值观，不是女权主义。这种成功被认为是女权主义的目标，完全搞错了。女权主义就是要你从社会规范中挣脱出来，变自由。女权主义者只是想从被强加的规范中解脱而已。"

　　我脑子里响起当她在东京大学演讲的那句："女权主义绝不是让女性像男性一样行动，也不是让弱者变身为强者的思想。女权主义追求的是一种身为弱者也能受到应有尊重的思想。"

"你要是男孩子的话"

2020年，铃木凉美写信告诉上野千鹤子，自己与母亲有着复杂纠缠的爱恨，而这种爱恨伴随着母亲的去世，成了她人生的一个未完成课题。而上野告诉铃木凉美，自己通过做主妇研究进入女权主义，最早的动机，其实是想为母亲报仇。

"我自身虽然不是主妇，但我眼前的母亲是一位主妇，我作为她的中产阶级的女儿，如果没有逃脱这一命运的话，我多半也会是一位主妇。正因为有母亲，我最终才能不选择像她一样的命运。所以母亲的人生对我来说是一个一直压在我身上的巨大的谜题，为了解开这个谜，我花掉30多岁的这10年也没关系。"在《挑战上野千鹤子》里，她这样写道。

1948年，上野千鹤子出生于日本北陆地区的富山县。父亲是医生，上野千鹤子是在战后日本诞生的中产阶级小孩。她是一个敏感的孩子，看见鱼在水里游泳之后就不再吃鱼了，看见肉店挂着新鲜的带骨头的肉就不敢吃肉了。炸猪排只吃外面那层面衣，母亲为了让她多吃点肉，把咖喱里的肉做成肉馅，她也把肉馅全都挑走，只吃鸡蛋和海苔。

富山县有深刻的佛教信仰传统，而上野千鹤子的父亲恰好是大正元年出生的男性。这一时期民主化在欧洲开花，也促进了民主在日本生根。面临着浪漫的现代化的冲击，上野的父亲有些叛逆地选择了信基督教。上野千鹤子的童年，一边和爸爸一起跑基督教的教会，也一边和祖母一起跑佛教寺庙。

父亲是个自视清高的人，烟酒不进，年轻的时候是个理想主义青年，想成为研究医生而不是临床医生。父亲说他年轻时都是抱着卢梭的《爱弥儿》睡觉，上野千鹤子后来去读了这本书，书的最后写着"以上说的这些只适用于男性，女性的角色是支持男性"，惹得上野千鹤子大笑，"父亲在行为上是一个完全的父权制男性，只是想装得很现代罢了。"父亲对女性有自己固执的想象。父母结婚前，父亲甚至让母亲把名字从久子改成静子，因为"静"更符合他心中的女性形象。

在富山县拥有一个大院子的家中，生活着出生于明治、大正、昭和三个时代的上野一家人，有佛教徒，基督教徒，而上野千鹤子在青春期退出了教会，决心"不再祈祷"。在这个家庭里，有一个追求进步但深陷父权制的父亲，有一个长年辛劳后获得了父权制报酬的权威祖母，有一个与祖母关系不好、在父权制结构中不敢作声的母亲。因为感受着强大的父权制的重压，母亲没有太多精力去干涉上野。

上野在这样一个家庭中被宠爱着长大，但这种宠爱中有一种对女孩子的区别对待。即便父亲希望她学日本舞，告诉她"女儿就在温室里长大就好了"，上野还是长成了一个活泼的女儿，小个子，性格淘气得像男孩。她读《居里夫人》，最喜欢的绘本是美国作家维吉尼亚·李·伯顿的作品《小房子》，书里有对现代化的担忧，蓬勃的城市化发展带来了环境污染和人与人之间的冷漠。上野的脸和父亲一个模子，皮肤黑黑的。弟弟像母亲，安静、老实、白白的。经常被说两兄妹要是调换一下就好了。苹果成熟的季节，妈妈会给他们做烤苹果，家里飘荡着肉桂和黄油的香味。圣诞节的时候，母亲会给他们烤蛋糕。

中学时候的上野千鹤子没有梦想，看着父亲的职业，觉得"医生真是一个无聊的买卖"，那时候她叛逆地想成为一个对世界没有用处的人。虽然被别人说"生在这样的家庭你有什么不满的"，上野却觉得自己某种程度也被家庭里的纠葛深深伤害。女儿比儿子更容易因母亲的困境受伤，看着母亲的无力，想到等待自己的人生如果是和母亲一样的话，上野的心里就充满了绝望。

要考大学时，上野和父母一起去了几所大学参观旅行。她既不喜欢只有女生的神户女子学院，也不喜欢建筑物充满了对称美的关西学院，对满是情侣手牵手散步的同志社大学更提不起兴趣。最后他们到了京都大学，那里的人都是独自一人面朝下地走路，上野看着他们的样子，心里忍不住地想："这就是我该来的地方啊！"

母亲陪她去参加考试，在最不擅长的数学考试结束之后，上野对母亲说："妈妈，我肯定能考上。我拉了屎，有狗屎运。"

在考上京都大学之后，父母都很为上野高兴，父亲甚至说："你要是男孩子的话，就不仅是京大了，我要让你去东大。"

"你要是男孩子的话"，上野还是第一次听见老爹这么说。

1990年，上野千鹤子最重要的著作之一《父权制与资本主义》出版，考问什么是父权制？当代女性又是如何遭到父权制压迫和剥削的？女性解放道路在何方？她为母亲完成了复仇。

1991年，她的母亲去世，曾经是基督教徒的母亲在人生最后阶段改信了佛教，以佛教徒的身份离开人世。"我想这是她对我父亲的反抗。我父亲知道他已经没有办法再统制母亲了，摆出一副痛苦的脸，但他也无能为力只能看着"，在母亲去世之后，上野的父亲度过了失落的十年。在父亲去世时，上野面对着躺在眼前的父亲，轻声嘟囔，基督教徒父亲要上天堂，而佛教徒母亲要进入极乐世界，两个人再也不能相见了，上野从心底里感到后悔。

家庭，对上野千鹤子来说，从精神上或物理上，或许都不再是一种神话式存在了。

非常努力地重新养育自己

母亲最后的日子里，上野千鹤子一直陪在母亲身边。有一天情绪控制不住了，她对母亲说："妈妈，我离开家之后一直非常努力地重新养育自己。"

她离开家是在1967年，19岁的上野千鹤子进入了京都大学文学部哲学科。她住在学校附近的一对老夫妇家的二楼，老夫妇房东说她是一个安静有教养的大小姐。

3000多公里外，越南正在发生战争。这场战争以一种宏大的形式影响了上野千鹤子的青春，她进入了她的学生运动时代。

"我和陈凯歌是同一代人，我们都对红卫兵有同感。我们那时候也高喊'造反有理'，追求理想，失败，然后受伤。"上野对我说。

学生运动里究竟发生了一些什么？很多人都问过上野千鹤子这个问题。在《从零开始的女性主义》这本书中，上野与漫画家田房进行对谈，她说："这个问题太难回答了。一开始，学生们眼前是'大学当局'这个明确的敌人，学生们提出的要求也很具体，比如'撤销对学生的不正确处分'，'停止调高讲课费'。后来渐渐加入了'自我否定'，'对生产性原理的批判'这些课题，使得运动渐渐抽象化，目标变得模糊不清。再到后来，就变成了'革命'。"

更让人感到屈辱的是，在学生运动中，男性表现出的双重标准，女性被男性分门别类地评价。在运动中高喊"天皇制解体""粉碎家族帝国主义"的男性同志们，回到家其实是和父权制的父辈一样，"脑袋中是革命，但身体完全是父权制的大叔"。

1969年，当京都大学的隔离栅栏被拆除之后，学生运动结束。上野感到一种强烈的失败感，"我在运动中学到的东西是'要成为独自一人'。融入集体时的恐惧感，运动退潮时表现出的人类的卑劣，我都狠狠地品尝到了。"她休学了一年。

就像死掉了一样，"对我来说是漆黑的青春，我再也不愿意回到那样的日子里。"

她讨厌集体，女生聚集在一起尤其觉得麻烦。20世纪70年代，日本的女性解放运动开始时，上野千鹤子觉得："这种时候你们还真敢组成集体啊。"死也不想找工作，没有上进心，"看不到希望，对未来没有任何的期待"。

为了延迟成为大人（社会人），上野千鹤子申请读了硕士。25岁，她打开《京都新闻》的招聘版块，80%都写着"只招男性"，"男女皆可"的是招弹珠店的住店夫妻，"只招女性"的是酒店前台和会计，同时要求要有珠算3级。看着报纸，上野千鹤子没有珠算3级，她知道原来自己只是一个无艺无能的人。

读到博士后期，周围的男性同学工作都渐渐决定了，"和我一样没能力的男的都有工作了，为什么我没有"。

在学生运动之后，上野千鹤子在很长一段时间里都失去了自己的语言。"理想"不可信，"革命"失去了它的内涵，一些事物只是变成了一个个"词语"。

"生意场上总用男人的语言，国际会议一般用英语，写论文时不用生活语言而要用学术语言。并不是因为它们更合适或者更易懂，而是为了维持男性/英语母语者/研究者的权威，然后排除这些人以外的人。"在《挑战上野千鹤子》里，她这么写道。

她告诉我，"我本来很喜欢写东西，年轻的时候，自我意识很大，总想追求自己独有的表达。但我后来慢慢什么都写不出来"。

"写不出来的时候我就开始写俳句。俳句只有17个字，像你想要控制但无论如何也无法控制的呼吸"，上野千鹤子告诉我，17个字不允许她在此进行自我沉溺，逼迫她向他人保持开放。

"我逐渐意识到语言不是我自己的东西，语言属于他人，或者说属于他人和我之间。我从自我陶醉的噩梦中解脱出来了，"眼前这个74岁的上野千鹤子在清晰地向我分享她20多岁时的顿悟，"我并没有发明语言。我使用别人发明的语言，试图从中找出一点自己的个性，那是不可能的。当我放弃这个自我时，脑子里突然一下涌出来很多语言。我决定要写能传递给别人的东西，再也不写自命不凡的东西了。"

日语和英语，学术语言和生活语言，男人的语言和女人的语言，女权主义的语言和大叔社会的语言，普通话和关西腔。这些语言之间都存在着一种不平衡的权力关系，"而如果你想批判他者，那你最好要用它听得懂的话"，语言开始被上野千鹤子作为武器，"用敌人的武器战斗。让敌人的语言脱胎换骨，为了从内心深处刺向敌人"。

女权主义的语言，对日本的女性来说原本也是外语。这些语言未曾埋在她们的土壤里，是女人们新获得的一种语言。通过这个语言，女性能够逐渐再定义自己的经验。这个语言中有gender，有性骚扰，有家暴，有无偿劳动，有很多外来语。这个语言的目标不是要成为"第一的霸权语言"，它是从前没有语言的女性，在苦战中逐渐形成的语言。

在失去了"自我"的语言之后，上野获得了更多的语言。

必然的命运

上野千鹤子现在也过着独自一人的生活。睡眠不错，每天有

6-7个小时的睡眠。她参与演讲、媒体采访、学术研究、社会活动，有很多朋友。去高中和高中生交流的时候，学生们叫她"千鹤子"而不是上野老师，她很高兴。作为有影响力的"上野老师"，上野身不由己地被认为掌握权力，这并不是她本意。自退休离开学校之后，上野认为自己已经不身在任何一种具有强制力的权力系统中，"如果有人觉得我是权威的话，可能是因为你自身就是权威主义者"。

她说自己不在意孤独，因为她从没有期待有一个人能100%理解她、接受她。

如果某一天，她自己成为被介护的当事者了，她的新的研究主题可能会被打开，"只要人是一种社会性存在，社会学的种子就不会被用完"，到时候她会成为又一个"弱者"。

"谁把我变成了弱者？""被视为是弱者的一方如果不变成强者，就不能获得尊重吗？"上野站在弱者这边，去考问弱者和强者这一结构，"解放就是当事者只能自己定义自己"，就像"一个没有母语的集体在后来获得了自己的语言"。

30多岁时，上野读到波伏娃的《老去》，后者说"老去是文明的丑闻"。在现代社会中，老去被认为是进步曲线的下滑，是负面的、消极的。波伏娃的书写正来源于对不把老人当人的现代社会的愤怒，"如果我们不知道我们未来会变成什么人的话，我们就无法知道我们现在是谁。老年人的不幸，将我们正处在其中的这个剥削体制暴露在太阳之下。"

波伏娃曾把爱人萨特老年时衰弱无力的姿态展示给世人，遭到萨特粉丝的批判，她说"这也是萨特"，之后她也把自己老去过程中的衰弱不堪展示给世人，这种现实主义背后是一个"so what式"的提问——那又如何。就如同上野问的"作为弱者那又如何？"。

上野说，老去不是个人问题，不是通过预防老化、预防老年痴呆症就能解决完成的问题，它是一个文明史的问题。"so what"，是从主妇研究开始，上野千鹤子就不断经历并感受到的"此刻的、现在的、小小的解放"。

（感谢孟令齐提供的帮助与支持）

不要那么早结婚，多看点世界，多存些钱。在大山女孩宿命般的生活里，为自己挣得自由。

素素

素素的三次选择

文＼林松果
编辑＼金桐

她很快发现，成为母亲、成为全职母亲、成为大山里的全职母亲，是完全不同的三件事。

在大山里做全职母亲，最难熬的是精神上的隔绝感。山里的自然环境与家庭氛围，都规定着母亲可以做什么，不可以做什么——一家人独自住在深山里，意味着要忍受极度的寂寞，不便上街，也无门可串，无法与人打交道。她只是个二十出头的女孩子，有时候嘴馋，想吃零食，想吃泡鸡爪，想吃一碗粉，这些都没有。

1

采访一位农村的全职妈妈，可能并不比采访哪位大明星或企业

创始人更简单 —— 她可能还要更忙。

我的采访对象素素，上午一般没空，起床之后，她要给孩子做早饭、打扫房间、喂兔子、把鸡赶出笼。到了下午，她要照顾孩子午睡，准备全家人的晚饭。吃了晚饭，她要给孩子洗澡、继续哄睡。时间还不是唯一的问题。她不能当着家人的面接受采访，怕他们介意。她也不能消失太久，可能会被批评。

今年八月①，电视剧《三十而已》热播，素素有个抖音账号，被人找了出来，有人写文章介绍她，"农村的22岁全职太太，顾佳的反面"。

似乎在有参照系的时候，人们才发现，原来全职妈妈并不只是一个城市里的概念。这个22岁的姑娘生活在广西梧州，是一个3岁孩子的母亲。19岁那年，素素嫁给初中同学，同年产下一女，之后就在大山深处的婆家生活，做着一份没有工资、24小时待命的工作 —— 全职妈妈。

素素的世界很偏远，要从广西梧州市区坐两个小时班车到县里，再换一天只有两趟的班车到镇上，租个摩托车，在山路上飞驰半个小时，爬坡越岭，才能到她被群山包围的家。这是一个以家族为组织单位的村子，全村人都是同姓，大家住得分散，每家占据一个山头。想去另一户人家，要走很久。这里人都相熟，几个月见不到一个新鲜人，生活像是一个堡垒。

---

① 本文首发于2020年。——编者注

偶然的契机，她从堡垒探出头来，用视频记录下自己进入婚姻、成为母亲后遭遇的一切——丈夫赌博、欠债、家暴，夫妻情感破裂；经济上的困窘，以及这种生活对自尊的侵蚀；还有娘家的一地鸡毛：父亲年迈，母亲痴呆，哥哥因为精神分裂住进了医院。

但更多的时候，你看到视频里的素素，有一种天真的快乐。她用简单的舞蹈，一种毫无心机的展示，来把自己和繁重的日常隔离开来。

2

在镇上与素素度过的一个上午，聊天是破碎的。她必须带着孩子出门，一边说着话，一边留心她。三岁的孩子静不下来，不断提出上厕所、吃奶茶、吃零食、吃米粉、脱鞋、上街逛逛、坐摇摇车等各种要求。几个小时下来，年轻的母亲已经筋疲力尽。这是她生活的常态。

成为妻子，成为母亲，是素素突然到来的命运。

初三那年，她爱上同班的男孩子，之后两人一起到惠州打工。本来只是谈恋爱，结不结婚再说。但自由的日子没过多久，19岁的冬天，她意外怀了孕。瞒了父母两三个月才说。父亲强烈反对，觉得她还太年轻，让她把孩子打掉。

第一次到丈夫家里，在深山里，比娘家更偏远。但跟娘家不同——因为母亲的盲眼和痴呆、哥哥的精神分裂，以及赤贫的家境，她从小被人看不起。到了婆家，她觉得这里的人热情好客，他们给她钱买衣服、买菜。公公婆婆做了好吃的，走的时候又给她塞了一堆米饼。"那种被尊重、被珍惜、被器重的感觉太好了"。

2018年春节，她草草结了婚。婚纱、伴娘服、高跟鞋是一千块钱租的，新娘妆是花了200块让村里的人帮忙化的，整张脸是没有血色的白，口红也不是她满意的颜色。但她还是怀着满足的心情，嫁给了这个自己从少女时代就喜欢的人，心里憧憬着这个小生命，"我就要升级成母亲了"。

那时她对未来怀着白日梦般的希望。就像遥远的加拿大作家爱丽丝·门罗谈到自己年轻时的婚姻时一样："也许因为我从小家里很穷，所以难得会考虑钱。听起来挺古怪是吧？本来穷人家的姑娘应该更实际点的，有可能我因此知道人一穷二白，也是可以活下来的……女人惯常是需要情感生活的，哪怕是糟糕的情感生活。"

真生下孩子来了，才发现不是那么回事。孩子一会儿生病，一会儿发烧，你会怕她冷了、饿了、热了、哭了……天天都小心翼翼，在教训中成长。孩子几个月大，她就得了腱鞘炎，手腕上鼓了一个好大的包，她没心思涂药，搬东西就痛，洗个衣服扭一下，也痛得不行。

孩子一天天长大，一个问题摆在全家人面前：这孩子，谁来带？

最先离开的是丈夫，成为父亲时他不过19岁，毫无影响，照旧出门打工。40岁出头的婆婆倒是可以帮她带孩子，但她还有一儿一女在读书，负担很重，她靠着做泥瓦工，一天能挣两百块。

素素渴望外面的世界，在惠州一个手机壳厂工作的几年，是素素最快乐的时间之一。她在厂里做质检，部门氛围好，领导人也好，工作像上课一样，"边学边玩儿"。她踏实肯干，流水线两班倒，正常八点下班，她天天熬到十点半，一个月能挣四五千。更重要的是，她挣了钱，每月不仅能攒下来两千，还能再寄一千块贴补娘家。

她曾经有希望被提升为主管，但后来她脖子开始痛，痛得不行，去医院一查，说是低头时间太长，太用功，颈椎已经脱位，曲度变直。赚的钱都用来治这个病了。医生还说，她以后不能再做要长时间低头的工作了。她辞了职。

有了孩子，她更难去重新找一份工作。就像她说的，也许收银员或者其他不需要长期低头的工作。这一切都结束了。公婆用最朴素的道理劝她，"你不会算数，你留在家里看小孩，婆婆出去做工，一个月可以赚几千块，小叔子小姑子都能上学"。日子久了，她这样安慰自己："要为了大局着想，牺牲我一个人没事儿，只是我没钱而已，我还年轻，对吧？"

那是素素第一次意识到，如果必须有一个人牺牲，那这个人只能是母亲。成为母亲，就意味着谁都可以逃，但她不可以。

3

她很快发现，成为母亲、成为全职母亲、成为大山里的全职母亲，是完全不同的三件事。

在大山里做全职母亲，最难熬的是精神上的隔绝感。山里的自然环境与家庭氛围，都规定着母亲可以做什么，不可以做什么——一家人独自住在深山里，意味着要忍受极度的寂寞，不便上街，也无门可串，无法与人打交道。她只是个二十出头的女孩子，有时候嘴馋，想吃零食，想吃泡鸡爪，想吃一碗粉，这些都没有。

孩子在山里成长，处处都是危险。不能去水缸边，不能去楼顶天台，也不能上山，不能去河边，这意味着必须时刻盯着孩子。有时候素素实在累了，想躺一躺，也不能躺太久，要知道，许多双眼睛盯着。

她不是个性格敏感的人，野草般长大，又在大家庭里求生存，总是能忍则忍。但也有最痛恨的一句话："去找你妈妈"——几乎每天，只要女儿出了什么问题，家里人都会跟孩子这么说。素素一度对这句话很愤怒："全家人都这样说，找你妈妈，找你妈妈，找你妈妈。"她谨小慎微，表达克制，这时却说了整个采访里唯一一句重话："有时候我感觉他们都不是人。"

家人们都默认，既然她是全职照顾孩子，那么就不应该出一点错。有天我约好中午12点和她通话，但直到下午2点她才拨过来，那天上午，孩子在屋前的平地上玩玩具车，突然向后翻倒，嘴磕破了，流了好多血，哭了两个小时才停。电话那头她情绪很低落，而且那一整天，她都没顾得上吃饭。

每当出现这种事情，她面对的是双重的难过——有自责，也有外部的误解，家人们都默认，她全职照顾孩子，那孩子就不该出一点错。万一出了错，谁都有权利来说上几句。有时是在给孩子喂饭，有人提意见，"怎么给她吃这么少的饭？"或者是给孩子洗澡的时候，有人来念叨，"怎么天天给孩子洗头？"

就是这些微小的时刻，让24小时工作的她经历内心的崩溃："我已经这么辛苦了，你为什么不了解情况，还要过来指导我？"

今年的4月13号，素素在一条抖音里写："一个人带孩子久了，孩子认为你是个脾气暴躁的妈妈，老公认为你就是神经病，更好笑的是，旁人都觉得你在享福。"

做了全职母亲，还意味着交出了经济权，依附于人。丈夫是指不上的——最近两个月，丈夫只给了她200块钱，后来还要回去76块。她依靠在外做工的公婆资助，日子过得很俭省，穿十几块一件的上衣、小姑不要的裤子，拖鞋是在拼多多上六块钱买的。

她的观念是，"最廉价的物质给自己，最珍贵的给孩子。"但前段时间，这点也做不到。婆婆停掉了女儿从小喝到大的奶粉。奶粉368一罐，一罐可以喝一个月。但因为家里欠下外债，婆婆提出来，孩子喝了奶也还那么瘦，不如不喝了。孩子从喝奶粉，变成喝旺仔牛奶，再降级成伊利，后来干脆，什么都没有了。失落感笼罩了作为母亲的素素。

4

英国作家蕾切尔·卡斯克在《成为母亲》一书开头写道："研究

母性的社会生物学家赫迪告诉我们，做母亲会碰上的一切，都和取舍与选择有关。"这句话不管是在伦敦，还是在中国广西的乡村，都同样适用。作为母亲的素素，同样在成为全职妈妈之后，面临着许多的丧失。

素素是母亲，也是女儿。但成为母亲之后，履行女儿的义务，就成了一件艰难的事。

在娘家，素素是长女，是家里的主心骨。她的母亲只有几岁小孩的智力，眼睛也看不见。父亲72岁，年纪太大。全家四个孩子，哥哥精神分裂，妹妹在东莞打工，弟弟刚上初中，智力发育也迟缓。从小素素就是家里最靠谱的孩子，她隔着桌子展示她的一双手，黑而粗糙，几处都有硬硬的茧子，那是从小跟着父亲在地里干农活留下的痕迹。

素素的哥哥只比她大两岁，因为精神分裂长期在梧州住院。素素心里牵挂他，总盼望能去看看哥哥。但做了全职母亲，回一趟娘家太难。不敢主动开口要求婆婆带孩子，她只能等婆婆休息的时间。

九月下旬，终于等到婆婆有空，她可以把孩子放在家里，回一趟娘家了 —— 她要带着母亲去审核低保资质。母亲就像个孩子，出了门，她要一刻不停地牵着、哄着，慢慢走。

出门时婆婆问，要不要钱，她不敢拿。就是这样谨小慎微，拿了钱现在没事，万一哪天吵架了，她怕这是个隐患，公婆会指摘她，拿婆家的钱贴补娘家。

为人母与为人女的矛盾，在生活里持续撕扯着。在今年5月的一段视频里，素素情绪低沉地吃着饭，并在底下写道："哥哥糖尿病引起的甲亢，又一次住进了医院。拿不出钱的我，哥哥怪我有车有房的不嫁，妹妹埋怨我嫁太早。我，言不由衷。"

同样被母亲素素藏起来的，还有作为年轻女孩的那个自我。

她终究是个22岁、喜欢漂亮衣服的女孩。她有一条白色波点长裙，是去年买回来的，但始终不敢穿出去，觉得农村"人多口杂"。丈夫也不愿意她在家里穿得太漂亮。这是一种隐形的压力。

拍视频是她的一个出口。长辈们不在家的时候，她会打开手机拍一些。也只有在这时候，她可以穿上那些平时不敢穿的衣服——露肩膀的吊带裙、露腰的短上衣、黑色的皮短裙。她还会绑上双马尾，或者小小的麻花辫，再抹上口红，打开美颜，打开瘦脸，在镜头前跳舞。

她身体灵活，学得也快，进入镜头的时候，总是大笑着的，那些视频都明亮快乐。视频里，三岁的女儿坐着，或者躺在一边，或在镜头里走来走去。

等到家人们收了工，要回家了，素素又要脱掉那些性感的衣服，放下双马尾，换回15块一件、看不出颜色和身材的宽大T恤。走出房门，她又成了寡言的儿媳，去收拾家里的兔子和鸡。

她在视频里写："不敢相信，我已经22岁了，还是个虎妈妈，还是个一受委屈就哭鼻子的人，我还没有准备长大，但成长无法避免。"

5

在素素关于母亲的话题里，她的丈夫几乎是隐身的。

22岁的丈夫离家打工，不常打视频电话回来，就算打回来了，也很少问到孩子。每次都是素素主动发些视频给他。这对年少夫妻结婚三年，逐渐感受到了成人生活的苦涩。

今年年初，22岁的丈夫小胡迷上了赌博，在赌博软件上输钱，一发不可收，欠了八九万的债。这些钱都是他从信用卡、京东白条、支付宝花呗以及各种贷款平台贷的。他的工资三四千，每月发了钱就拆东墙补西墙。到最后，他买了POS机套现，还瞒着素素，用她的京东白条贷了7000块。素素不同意，和他吵，他就摔烂了手机。

夏天的时候，因为钱，丈夫还对她动了手——素素没有收入，种地为生的老父亲给了她两百块钱，叮嘱她有空去看看在梧州住院的哥哥，那是车费。这钱她放在家里的抽屉里，跟丈夫说了好多次，不能动，这是父亲的血汗钱，也是她的底线。"那种心酸别人不会明白，我爸七十多岁了，我还要他给我两百块钱。"

但隔了几天去看，丈夫已经把钱拿走输掉了。她生气，心碎，说了狠话，俩人吵着吵着，丈夫动了手，把她摁在地上捶，胳膊上都是瘀青，"用尽全力地捶，撕心裂肺的痛"。家里的男人们来劝架，主要是劝她：不就是钱吗？她愤怒地回嘴：他用钱可以，但是不要拿去赌。男人们就沉默了。

这不是丈夫第一次动手，以前也有过，聊着聊着他就忍不住，经常碰的是她的手臂和腿。但这一次最狠，第二天她就去了堂姐家。公公婆婆劝她回来，她又心软，心想，"要不给他机会，谁都有犯错的时候"。丈夫去堂姐家接她，给她买了银手镯，据说用的是他本打算看病的钱。他得到了原谅，她也觉得如释重负，双方都有了台阶下。

她把自己受伤的视频发上网，两人和好之后又把视频设为仅自己可见。粉丝们不理解，问她为什么不离婚，告诉她，在婚姻里家暴这种行为是一票否决的，有一次就有一万次。还有人一直问她：你为什么不跑？

在素素生存的环境里，这种来自城市的观念过于遥远，根本行不通——素素甚至从来没有告诉过父亲自己被家暴，因为这是一件羞耻的事情，"脸上没光"，就算是无辜被家暴的一方，娘家同样会蒙羞，离婚也是一样，更是可耻的、不光荣的。

更何况，丈夫在她心里占的比重依然很大。她记得十几岁时第一次牵手的那种心动。也记得自己有段时间睡眠不好，整个夏天丈夫都不吹风，"我舍不得，放不下，我怕后悔。我还怕我爸爸脸上没光"。

更重要的是，成为母亲之后，她常常回望自己成长的经历，想弄明白是如何走到这一步的。

几天前，她刚刚带母亲去见了一些娘家亲戚。刚上初中那会儿，她有个姨妈在柳州城里，姨妈对她好，给她钱，帮她张罗去哪个学校读书，甚至想过送她去柳州城里上学——因为她成绩好，乖巧能干，全家四个孩子，她是最有希望的那个。那时候每到放假，她去姨妈家里，两人躺在床上，有说不完的话。姨妈总叮嘱她，要走出大山，嫁到城里去，不要扛锄头，不要一辈子待在农村。

后来她承受不住这种期望，"太重了"，生了病，偷偷退了学，没敢告诉姨妈。再后来，她迷迷糊糊怀了孩子，结了婚，更不敢说了，全瞒着她，怕她失望。亲戚们不理解她的选择，看轻了她。

在她22岁的人生里，可以说有过三次选择，16岁那年要不要从高中退学；18岁那年要不要生下意外怀上的孩子并结婚；20岁那年要不要离开工厂回到大山。最后她的选择是，退学、结婚、回村。很多时候看起来是她在做选择题，但实际上，她只是被动接受某个结局。

我问过她，觉得自己最美的是什么时候？她的回答是精神性的，是"被理解的时候"。但见完娘家的亲戚，在回去的路上，她写下了一条朋友圈："不再像以前那样渴望被理解和懂得。"

22岁的她也常常会回顾自己的人生。她会想到爱的缺失："你们体会不到一个72岁的老爸，失明加痴的妈妈，是怎么把四个小孩抚养大，以至于，（我）在刚出社会不久就踏入了婚姻。"如今她有了女儿，决定不再让女儿重复自己的命运，不能再让她在不完整的家庭里长大。

生活和情感就是如此，没有那么多干脆、说一不二和一票否决。那些问她"你怎么不跑？"的评论，她无法回复，也无法逃离现在的生活。

但她做了些微小的抵抗 —— 她有一个小自己一岁的妹妹，清秀内向，现在还在东莞的手机厂里打工，未婚。身为长姐，她从不要求妹妹为娘家付出什么，只是一次又一次叮嘱她：不要那么早结婚，多看点世界，多存些钱。在大山女孩宿命般的生活里，为自己挣得自由。

我不需要每个人都像我一样拼得像个女神经，但是希望大家人生的方向盘永远不要交给别人，别人包括你的丈夫、父母亲。

周沫

年轻一代的女性，不是缺乏技术，而是不敢骄傲

文＼罗芊

编辑＼糖槭

社交网络上，周沫给自己取名叫"抓马坤"，谐音"drama queen"。这些年，她导演了《唐璜》《地狱中的奥菲欧》《水仙女》《风流寡妇》等西方经典歌剧。在这个男性占据绝对主导地位的领域，她付出了全部的时间，才找到自己的位置。

窄门

进入歌剧行业，意味着穿过一道又一道窄门。这个行业是蛋糕上的奶油，蛋糕本身已经不是人们的主食了，歌剧就是奢侈饮食上更奢侈的那一层，而歌剧导演，更是长期被男性占据的领域。

光从履历上来看，周沫的人生好像一个独立女性的美好样本。

18岁去美国念本科，研究生在哥伦比亚大学学导演，毕业后从助理导演开始干，再到美国一线歌剧院驻院导演，历练成独立导演。很罕见地，33岁的她成了美国目前唯一的亚裔女性歌剧导演。[1]

一个亚洲女孩想在美国做歌剧，那种难度就好比，外国人要来中国做京剧，没有引路人，周沫只能自己扛起斧头"砍荒"，路上杂草丛生，很多人泼冷水，"等你找不到工作灰溜溜滚回国的时候，我看你怎么哭。"

周沫有一个韩国朋友，名叫金恩宣，能讲流利的德语、法语、意大利语、西班牙语和捷克语，27岁时就拿到赫苏斯·洛佩斯·科沃斯歌剧指挥比赛金奖，她们因为合作《茶花女》相识，金恩宣是指挥，周沫是复排导演，整个剧组只有她们两个亚洲人。

有一天，她们一起去吃火锅，聊起身份标签带来的困扰，金恩宣说，她记得自己刚拿完奖那天，以为今后在德国的发展会轻松一些，结果经纪公司对她说，"我要你从现在开始摆正态度，你需要比你的欧洲同事努力4倍，因为你是亚洲人，女性，年轻，个子还不高。"周沫当时听完就笑了，开始自嘲，"那我可以偷点懒，努力3倍就够了，因为我个子还挺高。"

金恩宣说，回头看，她走到今天，付出了远不止4倍多的努力。她曾遇到许多"刁难"，一次，她的乐队排练时间因故被缩减了半小时，一群人偷偷等着看她笑话，她最后不仅没有超时，还提前半小时结束排练，这是她手上的技术。

两人吃完那顿火锅，得出的共识是：生气没有任何意义，真正

---

① 本文首发于2020年。——编者注

需要的是解决问题。别人给你贴各种各样的标签，甩掉标签最好的方法就是埋头做事。

这个自称是周沫"欧尼"的金恩宣姐姐，也在2019年成为了美国旧金山歌剧院的音乐总监，创造了两个历史，成为第一个出任美国一线歌剧院音乐总监的女性和亚洲指挥。

亚裔也是周沫的"标签"之一。2013年，她是美国歌剧圈的新人，一个小透明，第一次在大型歌剧院做助理导演。组里大牌的男歌剧演员走位出了问题，应该向左走3步，他却走反了方向，整个人出光了。排练结束，因为这个小演出事故，周沫需要找他聊聊。

还没见到那位男演员，主管便先找来了，把周沫叫住，张口就是批评，"你为什么要改导演定的走位？"她很生气，"气到想用头撞天花板"，明明是演员自己走错了，却先去主管那边告状，对方的理由她到现在还记得，"是周沫叫我往右走的，英语不是她的第一语言，她导错了。"

那天下午，周沫很愤怒，冲进一位女性前辈的办公室，把门一关，坐在地上就开始哭，哭了10分钟，把问题说清楚，那位前辈对她说，"这个事情是非常disgraceful，非常不体面，非常恶心，但你目前没有任何办法。"对方是票房号召力很大的演员，出错了，甩锅给一个没有名气的中国女孩，很正常。她唯一能做的，是在未来杜绝这种可能，和演员沟通时需要有见证者，并且记录副本用电子邮件发送，留下文字记录。

那位前辈还教她，下次别人再给你扣这个屎盆子，你不要put

up with it，不要让这件事成为心结，成为刺猬身上的一根刺，要把它变成燃料，燃烧自己更加努力工作，打破刻板印象，争取话语权。

"女性"是周沫身上的另一个标签。歌剧圈内一直有个梗，叫作"金发碧眼男"，意思是如果你是一个外形很好的白人男性，做歌剧导演的路会顺遂很多。在周沫的同班同学里，有女性做了五六年助理导演都没办法转正，而同期的男同学很轻松就转正了。

生育时钟和职场上升时钟相冲，也是许多女性面临的困境。许多歌剧女导演30多岁风头正盛时选择回归家庭，等孩子上小学了，再从零开始；周沫身边一位40多岁的女导演，赶在生育时钟关闭之前要了孩子，剖腹产第二天挂着导尿袋坐在轮椅上依然出现在剧场技术合成。

2018年，北美歌剧行业内部做过一个统计，全美几百家歌剧院，导演和指挥里面，女性从业者的占比甚至比男性还多，达到57%，但如果将目光锁定在一线剧院，能够站上独立指挥和导演岗位的女性，比例不到3%。

有人提出倡议，给各大剧院的艺术总监写邮件，附上了女性导演的名单和联系方式，希望他们能看到广大未被注意到的女性导演，在未来剧目编排时，可以考虑到她们。这些艺术总监中超过80%是男性，且都是白人，周沫还记得，不过5分钟，她就收到了一封群发邮件，那是一位很有名的男性艺术总监回的，信的末尾写：我觉得这个行业的游戏规则一直很公平，之所以一线剧院见不到更多女性导演，是因为她们导得不够好，到今天为止，我并不觉得有哪些女性导演足够在我的剧院导戏。

那时候，周沫会感觉到，身为女性，"有一个看不见的天花板，有一根看不见的绞绳在绞杀你"。

社交网络上，周沫给自己取名叫"抓马坤"，谐音"drama queen"。这些年，她导演了《唐璜》《地狱中的奥菲欧》《水仙女》《风流寡妇》等西方经典歌剧。在这个男性占据绝对主导地位的领域，她付出了全部的时间，才找到自己的位置。

这个心无旁骛的过程，有点像赛马，赛马时，人们会给马儿戴上一种眼罩，英文叫"blinder"，这种眼罩会帮助马儿遮住侧方视野，避免干扰，她希望自己"put your blinders on"，像赛马一样，100%专注向前跑。

她会反问，"那什么是女孩的样子？"

周沫语速飞快，声调高且厚实，一般人一分钟说200个字，她能说300字。她在美国的朋友方颖说，相识8年，鲜少见到周沫停下来，"她就一直努着，过一阵子，就跑来跟我说，我接到了一个project，我又接到了一个project"。

"努着"，是周沫从小的习惯。5岁那年，妈妈告诉她，其实自己怀的是三胞胎，都是女孩，她是三个早产女婴中唯一活下来的那个，之所以取名叫"周沫"，因为她在周末出生，而"沫"字有三点水，最后一点往上提，意味着三姐妹中独活了她一个。

她从小心里就有一种想法，因为自己是唯一活着的那个，要带两个姐姐去看这个世界，做任何事情，都要把她们那一份努力全部用上，后来她去见心理医生，讲自己从小到大为什么那么要强，凡事为什么一定要做到那么极致，"跟这种潜意识有很大的关联。"

对于周沫的父母而言，这个孩子得来不易，他们要求不高，孩子能够健康地活下去，他们就很知足了，他们常常对周沫说的是，"你做什么我们都支持你，只要你想去做，你什么都可以达到。"

周沫的爸爸是媒体人，并不被性别意识束缚，他不希望周沫成为世俗规训的"女孩子"，每当妈妈给她买洋娃娃时，爸爸都会给她买一把枪，到最后，周沫攒着八把玩具枪，每天最大的乐趣就是站在楼梯口等着邻居下班，他们一出现，周沫就扛着玩具枪冲出去"扫射"。

上学后，老师给她的评价总是，"太活泼，太要强"，有人告诉她，"你一点都不像小女孩，女孩没有女孩的样子"，她会反问，"那什么是女孩的样子？"

20岁出头，周沫大三，在鲍登学院学习英美文学，研究生准备考哈佛法学院，忽然提出想要学导演，父母没有阻拦，反而鼓励她，"人生很短，你想去追求就去追求，你去试就好了，不要想太多。"

关于女儿的人生道路，他们不会帮她做选择，只会告诉她：做艺术只有热情是不行的，艺术需要天赋，这是一个容不下第二名的行业，你可以是一个平庸的会计、牙医、律师，但一个平庸的艺术家是很凄惨的，这是我们不想看到的。如果你想做艺术，你要证明你有这个天赋，能做到最好中的最好。

歌剧可能是这个星球上最激动人心的表演了，它是高门槛的艺术，被誉为"音乐艺术皇冠上的明珠"。一场好的歌剧，通常需要筹备5年以上，舞台像是一个自由的博物馆，幻想的一切都有可能实现，演员可以成为仙子，成为女仆。平常你只能在博物馆看到的东西，会出现在舞台上，一件古老的戏服上，穿过的演员们会留下自己的"last name"，如果这个戏够老的话，你会见到一排的"last name"，那是穿在身上的历史。

歌剧带来的共振也是惊人的。歌唱家们不戴任何扩音设备，只用自己身体的共鸣腔体将声音传达给每一个人，这是人类声音的极限，一个近4000人的剧院，好的歌唱家会让你感觉，无论坐在剧院哪个角落，声音都会穿过乐队，到达你面前，触碰你的灵魂，"你不觉得是个很神奇的事情吗？"

这也是一个更国际化的艺术类别。歌剧是声音的艺术，一个歌剧演员，如果有一把传世的好嗓子，能让所有人摘掉有色眼镜。在20世纪美国种族主义最严重的时候，白人跟黑人尚不可坐同一辆公交车时，大都会歌剧院已经会选择一位黑人歌手唱主角了。

但对于2009年进入哥大戏剧学院导演系的周沫来说，这一路上有许多无形的窄门。先是语言关，一个亚洲女孩要学习歌剧，必须能看懂谱子，除了英语，还得学习传统歌剧语言里的德语、法语、意大利语，遇到相应剧目时，还要学习俄语、捷克语、匈牙利语等，过去这些年，她常常需要飞到其他国家恶补语言，K谱子到凌晨也是常事。

重复训练也是必不可少的。从前她对艺术家有很多想象，艺术家就是天马行空，静静地等灵感到来。真正学习起来才发现，创作需要后天持续的训练，直至形成肌肉记忆，和田里插秧没有区别。

在哥伦比亚大学学习期间，周沫前两年基本上是"导到死"的状态。每年，哥大戏剧导演系面试的日期都会专门选在2月14日，意思是——"做这一行，如果你连情人节都推不掉的话，那就不要来了"。每个月，导师都会让她导一部完整的戏，导到后面，她一看剧本就知道，"这个地方涉及换场需要15秒"。也有戏导得不好的时候，导师先是沉默10秒，接着就是一句，"这场戏，你导演的阿伽门农的脚踏上红地毯那一刻，戏剧本身就死掉了。"

毕业时，周沫对未来充满美好想象，那时候她觉得自己是哥大导演系毕业，是天之骄女，什么都是应得的，但是歌剧行业教会她的第一条道理就是，没有任何东西是应得的。

现在想来，周沫身上确实有一些适合做歌剧导演的特质，高效、共情、细腻。和她合作过《拉贝日记》的歌剧演员徐晓英说，第一次见到周沫，就感觉到她是做歌剧导演的料，开口雷厉风行，进剧场不到一周，便能准确地叫出100多号人的名字，很多导演开口就是，"哎，这位演员"，周沫直接名字就说出来了。包括她对一些动作的设计和调整，为什么要跪在这里唱，为什么要抬手，为什么要上步，她都能说出原因，"而且她定了位置，极少会改动"。

剧场是和人打交道的地方，常有突发情况出现。演员起晚了，喝酒了，声音都会发生变化，因为歌剧以音乐为绝对主角，歌剧演员对于声带的不安全感和脆弱感会非常强烈。一次，指挥已经上台了，乐队已经完成校音，女一号在化妆间非说自己左边的袖子比右边的袖子长，把已经戴好的假发也拿下来扔在地上，不肯上台。周沫到后台查看，经验告诉她，许多歌手耍大牌往往是因为年龄大了，声音出现退化，有很大的不安全感，最后周沫一阵安抚劝说后，"像婚礼那样，拉着她的手，一步一步，亲手护送她到舞台侧幕上台"。

一位40岁的女歌剧演员和周沫合作过《水仙女》，排练时她正来例假，习惯性地没有告诉任何人。这场戏，她又要唱歌剧，又要跳到冰凉的冷水里，合成那一场戏之前，周沫主动过来问她，"你今天在生理期吗？你可以吗？"这是这位演员第一次获得这样的询问。过去那些年，她合作过的几乎都是男性导演，从没人问过她这个问题。

不要因为自己是一个女性而道歉

大学时代，周沫透过文学理论课，学习到了一个观点，"性别是后天社会构建的表演行为，是代代相传的重复训练"。从那时开始，她便有意地观察自己每天的性别表演行为，撒娇、示弱，每一次做了这些女性刻板印象表演之后，她会反省，以后我能不能不这么表演，做最真实的真本？

她用通勤时间在微博上记录自己的生活，许多女性从她这里汲取力量，一个关注者写道，"抓马坤特别值得女性敬佩的地方就在于，她总是轻描淡写地面对各种困境，语气总是充满各种对美好生活的向往，并且确信自己能得到。"一个典型的例子是，周沫鼓励女性有野心：任何行业的女性，只要知道自己想要什么，有标准，并且据理力争，就会被贴上bitch或者难搞的标签。没关系，bitch gets the job done!

前段时间，她参加了一档名叫"海马星球"的播客，在里面她对年轻女性建议，"不要追求容易的人生"，她也在一遍遍身体力行地告诉大家，20多岁的时候不要将人生放入自动巡航，"我不需要每个人都像我一样拼得像个女神经，但是希望大家人生的方向盘永远不要交给别人，别人包括你的丈夫、父母亲。"

周沫告诉《人物》，之所以这么强烈地传递女性力量，是因为在做歌剧导演的路上，许多需要帮助的时刻，她叩门许久，关键时刻给她开门的人，都是女性。

2013年到2014年，她有一个很大的低潮和瓶颈期，找工作不顺利，"总是在那种二三流剧院，跟很蠢的制作在工作"，更好的剧院也申请不到，每次收到拒信，就觉得自己很差，在家里号啕大哭，觉得自己的人生耗费在金字塔塔底上不去，应该是废掉了。

那时，她申请旧金山歌剧院"梅若拉"歌剧训练计划，面试官是一个70多岁的老太太，名叫Sheri。因为处于低潮期，周沫每回答一个问题，都会不自觉地说，"sorry"。直到Sheri打断她，你为什么要总是在道歉？正是因为你不够好，你才要申请这个机会来提高，你如果一直道歉的话，那我该原谅你呢，还是该收下你呢？

那天，Sheri说了许多让她"醍醐灌顶"的话，解开了她内心的死循环。Sheri说，女性总是太容易道歉。不要因为自己是一个女性而道歉，不要因为你是一个中国人道歉。谁说中国人不可以导百老汇音乐剧，谁说中国人不能够导歌剧，有这些想法的人是他们自己的眼界不够，不要用别人想象力的匮乏来惩罚你自己。

这个故事最终有了一个让人欣慰的结局。Sheri收下了周沫，她成了该计划60年来第一位入选的亚洲导演。从前别人在剧场遇到她，会觉得"这个中国女人好奇怪"，因为此前美国歌剧圈从未见过中国女性想做歌剧导演。梅若拉以后，"好像是在履历上盖了一个金字正印"，她做歌剧的路变得顺遂许多。

后来，周沫问Sheri，为什么选择自己。Sheri讲了她的故事——她来自爱荷华州的农场，也许因为天天对着牲口吆喝，嗓门奇大无比，学了声乐。入行以来，她一直是那个不被看好的人，英文世界里叫作"underdog"，一直被人压着，一直不被看好，一直拼命需要证明自己往上走。

入行没多久，Sheri便成了单身妈妈，每次排练演出完，舞台妆都来不及卸，就冲回家，因为保姆按小时计费。有孩子的前5年，她演出赚的大部分钱都用来雇保姆了。歌剧院门口一个大坡，她常常从这里推女儿回家，顶着奇怪的舞台妆，女儿哇哇哭，周围路人看她，像看一个神经病。

Sheri成为一代著名的女高音，步入职业成熟期后转做行政，负责管理美国歌剧旗舰训练班"梅若拉"计划，见到那些有潜质的年轻女性，总是忍不住想到自己当年的样子，她会想起那个望不到头的坡道，想到自己在上坡时对自己说的话：如果将来有机会，我一定要帮助那些跟我一样正在爬坡的女性。

6年过去了，周沫也成了那个面试别人的人。

前段时间周沫帮一家剧院面试歌剧导演训练生，一位23岁的女孩，学习经历非常棒，履历非常漂亮，问她为什么要申请这个工作，她的回答是，我还有很多不足，想要透过这个工作更加完善自己，努力学习和改进，拜托你们给我这个机会。而跟她年龄相当的男性申请者则说，我做歌剧导演太容易上手了，你们找不到比我更好的人了，其实仔细看他的履历，远不如那个女孩。

这就是我们面临的现状，"女性总觉得自己只有准备了120分才有资格去要一个机会，但是男性有可能只做了60分就说，我超级棒，我超级厉害。年轻一代的女性，不是缺乏技术，而是她们已经被训练成一个自我保护的表演体系，社会教我们，你不要太咄咄逼人，你要谦逊，不可骄傲打无准备之仗。"

后来，不出所料的，那位男性申请者拿到了这份工作。周沫不想盲目鼓励这位女孩要自信，她认为，空讲是没有意义的，女孩的自信和判断力要靠自我经历获得，一次一次危机处理，一次一次在工作中证明自己可以跳得更高，那种确信感才会越来越强。

很巧的是，这位女孩申请的机构明年准备请周沫去导一部戏，她想好了，要邀请女孩做自己的助手，"时代的进展不是放一把野火就可以烧起来的，我们就这样，一代一代，一步一步往前推。"

你对失败的承受力和自我消化力，才是你能够持续去探索新东西的动力。

梁宁

中关村的妞儿

文\李斐然

编辑\金焰

中关村对她来说承载了大量的记忆和意义。"我靠，真的是每一步都是故事，全是故事，那就是我的流动的盛宴啊，海明威的《流动的盛宴》！任何一段扔出来，都是中国互联网史，我跟雷军在半亩园吃牛肉面，周鸿祎跟他老婆在哪儿谈恋爱，我和方兴东和刘韧在哪儿喝酒……"

梁宁是谁

我见过中国最有钱的一群人吵架。在两年前的湖畔大学①，那可

①本文首发于2019年。——编者注

能是当天全中国市值最高的会议室，房间里几乎每个人都是一个正在崛起的独角兽。走廊墙上挂着他们和中国首富、前首富、20个世纪末富豪的合影，其中的每张面孔都曾经占据过中国科技新闻头条。

这群人正在为复盘一次商业失败而吵架，谁也不服谁。快的打车创始人陈伟星站在最后一排，拍着桌子大声说，"航叔我非常爱你，但是我不赞同你的观点，因为你的观点太自我了。"对面的周航沉着脸，这个创立易到的独角兽扭过头，"他这个人逻辑不清楚，反正我不清楚他到底在说什么。"台下坐着的集团顾问、阿里高管都提了意见。哈佛回国的精英试图劝和，努力了一会儿也放弃了，"你们俩都把我说糊涂了，我这该听谁的？"

最后，一个女人站了出来，终结了这场争吵。她是整个会议室里个头最矮的，也是上头条次数最少的，仔细比较下来，她身上所捆绑的估值可能也是数字最小的。然而，当她站出来，房间里所有人突然都不说话了。她开始在白板上画图，分析这场争吵的重要节点，10分钟之后，争论结束了。

能让一群心高气傲的独角兽停止争吵，这个人是谁？

有趣的是，答案是一个谜。几乎所有在场的人都知道她叫作梁宁，但没有一个人能告诉我，这个名字又意味着什么。我只收获了一堆七嘴八舌的揣测：这个人应该挺厉害吧，她的朋友都是大佬啊，柳传志、雷军、王兴、李学凌、蔡文胜、周鸿祎……她被雷军赞美为"中关村第一才女"，但向我宣传她是"神一般的产品经理"的人，却说不出她有什么代表作品。如今的她不从属于任何一家公司，却会被邀请参加360高管才能出席的内部闭门会议，给京东的中高层做产品线的系统评估，谷歌负责全球业务的副总裁初到中国，还会专程拜访她，询问她，"为什么中国发展这么快？"

然而，这是为什么？

后来，我研究了她的履历：这个出身军人家庭的女人，大学进入计算机系，19岁在联想做实习生，21岁一毕业就当上了部门经理，23岁事业部副总经理，25岁结婚、离开联想，参与倪光南的国产芯片项目，30岁创业，36岁将公司卖给腾讯，实现了财务自由，现在开始自己做投资人。她亲历了中国互联网最蓬勃上升的20年，也历经这个行业最剧烈的种种变动。这个持续上升的行业带给她财富及地位，以及一种与之俱来的话语权。

采访途中她曾主动提出，她的故事应该取名叫"中关村的妞儿"，因为"当年中关村的所有人都认识我，中国互联网3个时代的领军人，都是我的朋友"，从硬件时代的柳传志，到互联网时代的雷军，还有移动时代的王兴。在她的描述里，整个中关村再加上此后的杭州和深圳，塑造了一个颠覆时代的科技新大陆，它嵌入了我们的生活，每一个人都生活在这个不断膨胀的系统之中，她也不例外。

这是一个最激动人心、却也最令人费解的时代，书店里最显眼的地方永远摆着有关互联网如何成功的畅销书，但那里没有正确答案。不管总结了多少经验，下一个互联网爆款总是意外。所有曾经被视为永恒的真理都在被打破，一切都在高速迭代。上个月还被追捧的商业模型，下个月就会被市场推翻；一年前的科技领袖，一年后就可能成为所有人的笑柄。在这里，没有权威，没有真理，没有标准答案，每个人都是初来乍到，只能看到一小部分真相，我们都在黑暗中摸索这头未知的大象。

或许正是因为如此，亲历现场的经验变得异常珍贵，而梁宁恰恰处在距离现场最近的地方。在我们所生活的世界里，只有赢的人才有机会说话，但我想梁宁的样本意义恰恰在于此，相比于那些一夜暴富的关键玩家，梁宁不能算作成功者，但她很显然也并不是失败者。她的故事是一场针对互联网的见证，是这个充满不确定性的世界中，一个亲历者的发言。

中关村气质

跟梁宁见面必须带纸和笔，因为无论聊天主题是什么，对话的最终归宿都是画图，流程图、框架图，或是逻辑推导图。它们有时候用来解释一些严肃话题，比如上市公司的商业模型，或是中国实体经济基本面，但很多时候，事儿也没那么大。有一次采访约在一家餐厅，结束后桌上留下了一盘吃剩的黑糖巧克力蛋糕，还有3份写满字的餐巾纸，梁宁用它们推导了信息处理过程，人类的大脑如何获取信息、处理信息，冲破信息遮蔽和误解，最终作出决定。而这一切，起初只是为了解释一个最小的生活选择——一个想减肥的人为什么点了一份高热量的蛋糕。

梁宁是一个擅长系统建模的人，她活在系统之中。坐在对面听她讲任何话题，10分钟后，对话就会进入另一个次元，一套属于梁宁的系统。我请她回忆那些跟科技大佬相处的细节，但不出10分钟，她又回到了一个宏大的系统里面。她所描述的大佬聚会，故事的开头还是夏天晚风习习的夜晚，新煮的毛豆和冰镇啤酒，创业十多年的朋友都各立门户，重逢消夏感慨万千。但接下来，她却突然发起了一场人事管理的业务讨论：为什么《西游记》里明明孙悟空是业务骨干，唐僧却是Team Leader，而猪八戒获得的回报比沙和尚还多？

她迷恋一种宏大的结构化叙事，一切讨论都会被她推进一套逻辑循环里面去。显然，这是一种异类的特质。采访所在的那家餐厅，傍晚会突然涌入很多和梁宁年纪相仿的女人，她们是接孩子放学的妈妈，下午4点拖着叽叽喳喳的小朋友在餐厅吃蛋糕。乍看上去，梁宁跟她们有点像。今年44岁的她，留着长长的头发，发尾烫着卷，在她的书桌两侧，一边是一整层的香水，一边是一整层的口红。她喜欢用带闪粉的粉底，穿粉色的裙子，粉色的高跟鞋，每次见面指甲的颜色都不一样，每一只指甲的图案也不一样。只不过，妈妈桌上的对话是从一个八卦通往另一个八卦，梁宁则是从一个系统跳进另一个系统。

梁宁将这种特质形容为中关村气质，这是她20年的产业经历在她身上留下的沉淀物。"因为我是学计算机的，而且我学的是系统设计，所以我对系统是有偏好的。去理解一个系统，你就会知道，很多人张牙舞爪的，其实你把他放到系统里去，他没毛用。"梁宁喜欢琢磨人，"把人放进系统里，去观察他在系统中如何运作，是系统选择了他、成就了他，还是他选择了系统，成就了系统。"

当她描述起这样的系统，我正从我们所在的餐厅往外看，窗外是一个被系统改造后的北京，和一个个被系统选择的普通人。穿着橘色马甲的人在路口整理共享单车，黄色外套的美团外卖，红色的京东快递，还有蓝色的饿了么小哥，挤在同一个车道，准备在红灯后踩摩托车油门冲刺。他们的确活在了系统之中，人生的24小时就是一场循环往复的系统命令执行，抢单、接单、送餐、再抢单，系统为他们指派任务、规划路径、分配时间，他们迈出的每一步都是一个算法结果，每一条路都是系统为他们选的最优解，每一分钟都是系统给他们限定的送货倒计时。这是一个令人不安的发现——眼前行走的人类已是一个数字系统的奴隶了吗？

在另一张餐巾纸上，梁宁还在兴奋地推导，这样的系统将意味着什么。她不断强调，中国互联网创造了一个新大陆，中国拥有全世界独一无二的工程师红利，再没有一个国家能够集中这样大体量的程序员，而他们塑造出了全世界独一无二的互联网生态。一个中国人生活的几乎一切场景都实现了IT化，他们或是系统的用户，或是为系统打工，或是系统的缔造者。她指着窗外那些黄色、红色、蓝色衣服的快递员，"每一个人都成为这个系统生态的基础设施"，这是一场自下而上的变革，它因而拥有了自我生长的生命力。互联网研究了我们琐碎生活的一切细节，付钱、找路、打车、抢便宜货、打发时间，并将它们产品化。它将所有人席卷其中，没有任何外力能一刀切断这个链条，每个人都是参与者、受益者、运营者，互联网就是我们大部分人的活法。

谈到这一切，梁宁兴致很高，因为她是主动选择了系统的人。梁宁的父亲是驻扎在山西的军官，母亲是部队文工团的报幕员，她从小每天听着军营里的起床号醒过来。如果没有这场技术变革，她会像父辈那样，工作就是训练、演习、上战场，拼体力、拼竞争、拼谋略，讲究一种古老的规则。直到大四到联想程控交换机部实习，她获得了这种新的活法。那是联想蒸蒸日上的阶段，联想电脑销量位居中国大陆市场首位，她在现场听联想创始人柳传志讲爱国热血，认识了当时联想的总工程师倪光南，当他跟梁宁解释他想要做的新系统时，梁宁"兴奋地紧紧攥住拳头，指甲掐进肉里"。

这是一个不同于父辈的战场。"IT世界是一种现代规则，不是崇拜男性，而是崇拜智力。"梁宁说，"我能拥有这么多朋友，肯定不是因为我长得好看啊，是因为我有智商。"

梁宁热情地投身了这场系统缔造。当时的联想讲求高度竞争，拼效率，拼业绩，连团建都是一场斗争，拼酒量，拼嗓门，拼谁能飙最高音。她常常连午饭都不吃，连轴转地赶进度。跟部门拼完酒，她把桌上所有男人都喝趴下后，回去继续赶代码，"你们歇会儿吧，我加会儿班。"

她跟雷军认识了快20年，最近她问起老朋友对自己的印象，雷军想了想，就两个字，"彪悍"。

上升期的技术理想给了她一种雄心。23岁升任副总经理，她野心勃勃地想用系统取代一部分销售，实现真正的电子商务化。她跟朋友夸口，要"给联想做一个系统，让联想再领先10年"。

"那个时候就是白天开会，慷慨陈词，没有人在会上跟我反对。但是散了会，每个人就分别去做领导工作。我觉得没问题了，我们往前走，结果隔了两个星期，领导就来说，不行，你这事得推翻。"梁宁说，"我做这个系统是为了让联想的1500个销售变成300个，结果做完之后，1500个销售一个人都没减，又增加了100个人维护这个系统。"

显然，她的新系统失灵了。她没有意识到，新大陆上运行的也是古老规则。

系统 Bug：女性雄心

梁宁对中关村有一种仪式感。她经常到一家开了20年的湖南菜馆，吃一种叫作芷江鸭的菜。她和许多中关村伙伴吃过这道菜，"博客教父"方兴东，曾经的"中国IT第一记者"刘韧，YY创始人李学凌，还有CSDN创始人蒋涛。第一次来吃的时候，她还没有上过网。招呼服务员开发票，对方也听不懂联想电脑是什么，发票抬头上把这家日后家喻户晓的科技巨头的名字写成了"连响"。

那是一个中国互联网黄金时代的开端，乔布斯劝说百事可乐CEO加入苹果的话，是那时候鼓动人心的招牌："你是打算卖一辈子甜水，还是跟我一起改变世界？"

梁宁喜欢用一种描写江湖的口吻形容她的中关村，就像她热衷读的武侠小说那样。那时候，江湖大侠还是少年。雷军还不满30岁，是喜欢去半亩园吃牛肉面的金山软件总经理，李学凌还是媒体记者，蒋涛研发了超级解霸，方兴东还在清华大学读博，刘韧还是科技记者，大家会约在风入松或者万圣书园门口见，然后走路去吃芷江鸭。

2005年，梁宁30岁，她在办公室贴了一张中国地图，打算像她在中关村的朋友那样，投身互联网创业。她创办了绿人网，一个旅游目的地系统，目标是把旅游景点都纳入系统，把旅行做成产品。

张惠惠是梁宁创业时期的同事，在绿人网负责市场营销。认识梁宁的时候，她已经在互联网工作了五六年，但梁宁是她的第一个女老板。之前参与的互联网公司，老大都是男人，挖人总是约饭局，只有梁宁邀请她去了一家小资情调的咖啡馆，还给她带了一份化妆品作伴手礼，"我一下子觉得，有一个女人做老大，好像也不错呀。"

梁宁给我画过一个表格，归纳她所理解的中国女性活法，新女性、旧女性、半新半旧女性。简单地说，旧女性相夫教子，靠找一个好男人活一辈子，新女性靠自己的手艺生存，半新半旧女性表面上也工作，但内心深处依然渴望依附于男人。

然而，她没打算成为其中的任何一种。长期以来，女人对她意味着弱者，是军人父亲用来骂人的词，"你怎么像个女人一样"，而她只想成为一个强者。上小学的时候，她是全班个头最矮的女生，却跟全班一半以上的男生打过架。在竞争残酷的互联网战场上，梁宁的策略就是"碾压"，在系统、技术、细节层面全面制胜，从根本上掌控局面。她信奉一种近乎残酷的强者逻辑，把自己武装成一个女战士，有她在的地方就是高压，直到今天，张惠惠回忆起与她共事的经历，用的都是作战语言，"梁老大在带队打仗。"

在她的公司，无论男女，几乎所有的员工都被她骂哭过，她没有女性化的昵称，全员上下都叫她"梁老大"，梁老大每天都要喝咖啡，喝味道最苦的咖啡，带着团队昏天黑地地加班。她的合伙人刘柯志负责产品，他一度误以为梁宁用的是黑轴的机械键盘，因为总是隔老远就听到键盘噼里啪啦响，后来他才发现，梁宁用的是苹果电脑质地最轻柔的巧克力键盘，这种静音键盘很难敲出声音，但在梁宁指下，生生敲出了打铁般的巨响。跟她开会更是一场焦灼的作战会议，没有讨论，全是命令，梁宁在会议室最常说的话是，"这个不行"和"不要打断我"。

在创业的很长一段时间里，梁宁活在这样的强势里。她结了婚，生了儿子，又离了婚，之后就没有再结婚。"中间还有过一个很不错的人，跟我说要跟我一起照顾我儿子，我当时第一反应是，要你管？"梁宁说，"多年之后我才恍悟，我说哦，原来人家是善意来着，但是他的方式错了嘛，任何在我面前以大男人自居，用呵护啊、帮助啊这样的口吻跟我说话，我第一反应都是，要你管？"

"大部分的女人活得像一颗桃子，外面是软的，里面是硬核。但梁宁反过来，她是椰子，外壳非常坚硬，里面倒是很甜，是一抔水。"张惠惠说。

为了拉投资，她邀请过投资人去看她的项目，对方考察了她的公司运营，在她面前说，你这挺不错，能打90分吧。她打电话告诉了雷军，恰好晚餐时候，雷军见到了这个人。投资人在雷军面前说了真心话："梁宁的项目还行，但是她是一个女人，所以也就打个对折吧。"雷军笑话她，90分还打对折，你是45分，不及格啊。

梁宁第一次遭遇到系统的残酷审视，而且不及格。她说，那一天第一次感受到了自己的孤立。她回了趟父母家，躺在沙发上不想动。她问父亲，要是你是投资人，你会投我吗？

这位逻辑缜密的亲爹立马斩钉截铁地回绝了，"我当然不投你了，你是一个女人啊。"他也给女儿做了一番逻辑推导——生意场上的女人，天然地意味着各种缺陷。一是信息缺陷，跟女人沟通费劲，一个男人我可以骂，一个女人我骂哭了怎么办？久而久之你就融不进核心圈子，拿不到核心信息；二是机会缺陷，男人做生意，查查父母家境，背景就门儿清了，但一个女人立门头，谁说得清她的来路？谁敢跟你轻易合作；第三还有组团队的缺陷，一个男人能轻易招聘人才，但一个女人想找听你号令的人才，很难招到最好的男人。所以，跟一个女人合作意味着从起点上就错过了很多机会，那我想好好做生意，为什么要选一个女人？

她起初还想争辩，第二天冲去质问投资人，自己的项目没问题，凭什么不及格。结果，那人只是愣了一下，马上理直气壮地承认了，"没错啊，我就是觉得你是女的，所以才不行啊。"

梁宁说，她忘记了自己当时的回答。那时候，她只想着一定要去当面对质，但答案赤裸裸摆在面前后，她也不知道该怎么做了。"只有在自己创业，见了那次的投资人，我才第一次感受到，原来女人是这样的啊。"

旁观了面向互联网新贵的湖畔大学后，我拜访过阿里另一个培训体系百年湖畔，这是一个针对高管的培训项目。在那里，我见到了负责培训全球高管的国际班班主任源德。在此之前，类似梁宁这样的遭遇，我会理解为女性歧视，但在那里我意识到，这可能是系统对人更残酷的审视。

源德负责核心总监级别以上高管的培训，他所面对的精英群体里并不缺乏女性，所以，互联网体系并不是不能容纳一个女人的雄心，只是在系统中，更加根深蒂固的规则是效率。他告诉我，这个行业最大的特质就是高度竞争，任何一个细节的缺失都有可能引发崩溃，想要在不确定性里谋利，这决定了体系一定是"对业务会比对人有耐心，一旦确定蓝图，会花时间推进业务，受挫了也往前走，但如果一个人不能快速deliver，不会给他那么多时间，必须快速换人"。

所以在互联网行业的体系里，人是一个数值，一段代表自身资源、机会、缺陷总和的参数，无所谓男女。极少数人可以决定系统，而大部分人都只是系统里的一个偏差值，任何不利于效益最大化的条件，都是系统不能忍受的瑕疵。人类能做的只是抢夺匹配系统的一次机会。女性身份有时候是加分项，有时候是负资产，好坏是系统的决定，人只能去适应，或者用这个行业最常见的措辞，"拥抱变化"。

沉浮

梁宁在2000年离开联想，2005年开始创业，中间的日子发生了什么，她很少提及。直到去年美国商务部对中兴为期7年的出口禁令上了新闻，她看到网上很多讨论，第一次明晰地感受到"如鲠在喉"的意思。她跑回了父母家，跟自己爸妈长长短短说了一通，可晚上还是睡不着，鱼骨头依然卡在喉咙上。第二天早上爬起来，一口气写了一万多字，发在自己的公众号上，叫作《一段关于国产芯片和操作系统的往事》。

离开联想后，梁宁作为倪光南的助手，参与了方舟CPU、永中Office、NC瘦客户机和Linux操作系统的搭建。她笔下的倪光南读起来有一种侠义，他们的工作像一场闯荡江湖的探险，在强敌林立的擂台上，自己亲手设计CPU、做硬件、做软件。

而这件事的背景是："1994年，柳传志和倪光南产生了严重的分歧，总工程师倪光南主张走技术路线，选择芯片为主攻方向；而总裁柳传志主张发挥中国制造的成本优势，加大自主品牌产品的打造。柳倪之争后来被认为是中国制造走到一个十字路口时的彷徨与争执，是市场派和技术派的决斗。"

张惠惠说，在这个行业里工作，每个人总会怀疑，自己做的一切都可能是错的。那种感觉就像参加了一场刚刚开始的世界大战，你被卷入了战场，必须战斗，但是尘埃未定，所以谁也看不清楚方向，一切未知，所以谁都不是正确答案。那种感觉并不像探险，更像是蒙上眼睛的搏杀，一场黑夜里的大逃杀。

显然，很多人在黑夜迷了路。倪光南失败了，他被免去联想总工程师的职务，而坚持技术至上的路上依旧碰壁，即便他们能做出自主研发的芯片，他们没有硬件，即便他们做出了硬件，他们没有软件。系统是一个庞大的生态，每个人都存活于其中，每一环都密切相关，仅凭一个侠客是赢不下江湖的。

就这样，在互联网的新大陆，没有谁能确定"赢"的标准，所以，人与名总在沉浮中。在报纸上，倪光南曾经是英雄，也让人叫过失败者。走上彻底的市场营销道路后，联想做过市场前三的赢家，但也有过新闻标题写着"风光不再"的日子。所有梁宁在中关村熟悉的名字都在沉浮，刘韧从明星IT记者变成了犯下敲诈勒索罪的诈骗犯，方兴东也受到质疑。可是梁宁讲情义，"我说我和方兴东很熟，人家就立刻对我产生坏印象。可是我们认识8年，在清华一起喝了3年酒，在红辣仔一起吃了5年芷江鸭。我做不到别人在我面前说他不好，而我默不作声。"

互联网工作，成了世界上焦虑感最强的工作。张惠惠辞职后，选择做一个职业编剧，她再没有选择任何一家互联网公司供职。阻止她的并不是熬夜、加班、996，而是那种甩也甩不掉的不安全感。

"到了互联网以后，我老觉得危机四伏，朝不保夕。哪怕在外人看来你已经是成功的状态，像我们一度市场份额挺好的，业内排名也是数一数二，我还是没有安全感。我觉得互联网就像一个绞肉机，一旦投身进去，根本停不下来。"

在湖畔大学的争论最后，陈伟星这样解释自己生活在这个行业的感受：

"我是一个焦虑感很强的人，虽然我每天嘻嘻哈哈的，很多同学都以为我是一个游戏人生的人，实际上我每天晚上睡不着觉。我没有一刻会停止思考我要做什么更牛逼的事业，可以把我以前的成功比下去。我曾经在香港的香格里拉酒店，对着落地玻璃，3天不出去不吃东西，就想着我跳下去会怎么样，模拟，不断地模拟，而且我真心想跳下去。当你发现，我不应该失败的，我不应该做成这样的，就会非常焦虑。为什么说这个？因为这个世界很残酷，世界不给我们犯错的很多机会，我们的年纪不给我们犯错的很多机会，我们的竞争对手不给我们犯错的很多机会。当你失败的时候，没人同情你，只能自己逞强。"

梁宁也想过挣脱这个沉浮的世界。她听了李学凌的建议，想要转行去媒体，在CNET短暂地做过数码杂志总经理，负责销售。雷军问她，你为什么要做这么一个工作，她回答说，"学点一个人也能做的，能养家糊口的小本事。"可是她依然不自觉把杂志理解成一个系统，去报刊亭查上摊率，给三环内675个报刊亭建模，把以前做系统集成销售的套路简化为广告销售的教程……

"离开倪老师后，颓了一年多，那段时间，不少人找我干活，多半两类事情，一类是'我代理了个产品，你帮我在中国建设一下渠道'。或者'我做了个产品，你帮我跑跑政府关系'。这两类事，我都再也不想做了。可是除了这个，我并不会别的……我学的东西，只有给一个特别大的系统干活才用得着。"在写倪光南的文章中，她这样写道。

这是一项过于沉重的发现，年轻的时候，她选择投身一个新大陆，热情参与缔造系统，而现在她发现，自己只能活在系统中。

"联想是一个完整的系统，它把人有点像精密仪器里面的螺丝那样应用。因为这个仪器的组织结构是合理的，在公司里用一个人的长板补别人的短板，所以它让身处其中的每一个人都感觉一种成就感，（以为）我没有短板，我的能力很强，但等你出来之后，每天磕磕绊绊才发现，你除了一根长板之外，啥也没有。"

而她看到，越来越多人只能任由命运在系统中沉浮。有一次打车打的是网约专车，路上跑了一个小时，梁宁睡着了，醒来觉得脖子疼。她跟司机聊天，你自己开车脖子累吗？司机笑了，脖子肩膀都很累，可是专车有规定，他不能戴脖套或者护腰，只能这么硬扛着。

"你知道我是个设计系统的人，我知道在各种参数中，这个循环跑多少遭之后，哪些事情必然发生。今天中国的商业运作，整个流程的效率发生了变化，但是系统循环里人的命运又会发生什么变化？哪些人因为这种效率变化，快速扩充体量，抓住链条向上攀登，成了大佬；哪些人因此被掠夺，在循环中快速消耗，被甩到了系统之外。"梁宁说。

"现在互联网大家都谈产品，产品成了一个宗教，好像产品就是爷，是天地万物最重要的事情，但是梁宁谈产品的话，她谈的是这些产品怎么影响着人心，改变了人性。不是说这些产品怎么改变了我们的组织，而是怎么改变了我们的人。她能认定有一种超越于产品之上的价值存在，就是人之为人，到底为什么？我觉得这是我感受到的，一种生命的价值。"媒体人王锋说。

在她创业最后的日子，梁宁终于坐下来，审视自己的沉浮。公司虽然有所增长，但也陷入了增长困境，不能成长为大鱼，又已经不是轻易死得掉的小鱼。继续下去也许还能存活，但活着的每一天，她将永远卡在系统中央，永在挣扎。

在资金链要断掉的时候，她做了一个决定，让业内大鱼把自己吃掉，卖掉公司，用一个体面的方式退场。这大概是她在下沉路上做出的最后一个江湖情义的决定 —— 因为当初给了她投资的是老朋友雷军，她不能让朋友亏钱。

一个周六的下午，刘柯志到办公室加班，看到坐在办公室里发呆的梁宁。平时总要喝最苦的咖啡、气势汹汹的老大，那一天平心静气地跟他解释了这个决定。梁宁一直担心，真相会吓跑合伙人，但刘柯志当时并不惊讶，他想了好一会儿说，那种感觉是一种不甘心，像是跟一个抓不住却力气很大的幽灵打架，打不过也抓不住，最终还是输给了它。自己在系统面前非常渺小，就算是在蒸蒸日上的朝阳产业，就算做到行业尖端，就算没有重大失算，就算你抓住所有机会，做了所有正确的决定，还是会死掉。

那个周末的傍晚还有另一项发现。聊完工作后，他们都不再说话，陷在沙发里，眼前是朝向通惠河的落地窗，他们第一次也是最后一次平心静气地欣赏国贸的夕阳。整天没日没夜地赶进度，直到那一刻才发现，总以为太阳挂得很高，落下去却真的很快，从高挂到坠落，只要5分钟。

失败是一场喜剧

梁宁今年44岁了，最近一次去医院，她发现自己患上了甲状腺功能减退（简称甲减）。事实上，症状已经持续了好几年。2011年，梁宁将自己的公司卖给腾讯，3年后，腾讯电商调整，她所负责的腾讯旅游卖给了同程，梁宁彻底停下了工作，她常常觉得疲惫，每天状态饱满的时间只能维持四五个小时。

她终究没能成为新大陆上的关键玩家，不断下降的代谢水平让她丧失了曾经好斗的"彪悍"特质。新大陆热衷塑造超人一般的创业神话，马云一年飞行时间超过800个小时，雷军每天6点就醒过来工作，有一次夜里11点下了班，他还当成意外跟梁宁炫耀，"今天下班挺早的。"

得甲减的日子里，梁宁常常埋怨自己，是这个行业里最没用的人。她在家里囤了很多刺激神经感觉的东西，厨房有各种口味的咖啡，苦的，和更苦的，桌边放着香水，浓烈的，和更浓烈的，可她还是打不起精神。在互联网创业的10年间，她从没有去做过体检，也不想去医院看病——她的世界里都是超级英雄，每个人都好像无所不能，她不想面对自己的真相，不想面对一个印在报告单上的量化失败。

事实上，她可能的确不是一个好的技术领导者。她的产品经理其实害怕她盯产品，因为她总会提很多需求，但回头又记不清自己提过什么需求。有人在离职时跟她抱怨，听她交代任务是一种痛苦，因为她总要先剖析半天，建个模型，分析体系，把人说晕了，到最后员工永远听不明白她要什么。在网站写博客的时候，她连自己的密码都记不好，前前后后有5个人，同时替她管理着密码。

开通微博的时候，她发的第一条内容是对自己的判断："9流水平做网站，做了绿人网，3流水平写文章，写了闲花照水录，1流水平算卦，毫无用处。"她特别热衷算卦，研究星盘，上过催眠课，也学过周易，坐长途火车的10个小时里，她给半车厢的人算了命。为了给办公室选址，她拉上热衷风水的程序员梁肇新一起，算了中关村大大小小的写字楼的24黄道，具体到自己办公室里每个工位是什么风水状况。

父亲评价她是"一个浑身雕虫小技的人"，浑身雕虫小技，所以永远没有办法安静地坐在书桌前。她自嘲地形容，自己是开往新大陆的五月花号上一个蹭船的人。她告诉自己的朋友，互联网产品不是她的代表作，她的目标是写能够传世的作品，赢得诺贝尔文学奖。她想把中关村的故事写成剧本，拍电影，偶尔也会突发奇想，一口气买回来四十多本食谱，打算当一个会做饭的女人。

"创业这件事对我来讲，就像是莫泊桑的《项链》。玛蒂尔德为了出风头，戴了一个项链，为此付出了10年的代价。我觉得我就是创业的玛蒂尔德。为了跟我的朋友们一样，成为一个创业者，参加什么互联网大会，结果背负了一个对我来讲并不匹配的东西。"梁宁这样说，"就像我不愿意去体检，就是避免如实评估自己的客观条件，害怕自己一无是处。绝大多数创业者踏上征程的时候，跟我的状态是一样的，想试一试，但就是不愿意客观评估自己能够达到的极限。所以，最后它既不能长成大鱼，也没有办法与巨头成交，实际上就进入了一个长期的艰难挣扎阶段，过了好几年也没什么进展，原地打转。"

最近她见到鲜榨喜剧的创始人李新，对方介绍自己是做喜剧的，而"喜剧就是研究失败和失败者"。这句话让梁宁记了好多天，在聊天中一遍又一遍地重复，"原来我把我自己活成了喜剧啊！"

在她的行业里，失败是所有人内心的毒蛇，人们恐惧它，抗拒它，用一切方法堵住它的出现，哪怕只是自欺欺人，也无法正视它。创业是跟老天爷下棋，胜负不在自己，那些还在战场上的老朋友们，仍然活在让她倍感挫败的不安全感中，焦虑是这个行业的特质。

她常常在老朋友要上市之前接到他们的电话，隔天就要敲钟了，对方向她坦白，感觉自己即将一文不值。她清楚地知道，电话那端的焦虑不是一种伪装，那是面对巨大不确定性时最真实的恐惧，只有她能体会这种感受，因为一家上市公司的大佬觉得自己一文不值，圈子以外的大部分人会以为这是一个搞笑段子。

其实，活在互联网中，就是把渺小感和不安全感写进自己的DNA。在这个未知的新大陆，他们不得不永远小心翼翼地前进，学着与不确定性共存。雷军有一次给梁宁发了一段代码，那是他翻出来的自己二十多年前的作品，梁宁以为这是个怀旧梗，结果雷军说，他仔细看了一下这段代码，写得好像还不错，拿到现在找工作可能也能找得到。他跟梁宁说，看了这个感觉有点放心，万一失业了，起码还能当个程序员。梁宁经常笑他，一个上市公司大佬，好像一直给自己寻思一条退路，万一的万一，跟老天爷的这盘棋输了，还能不能养活自己。

现在，梁宁在家里工作，客厅就是她的办公室，她在墙上钉了一整面墙的软木板，在墙边的书桌上放了另一个小号的软木板。墙上钉着花花绿绿的标签纸，上面写着她的工作目标、计划，还有为"得到"写课件的截稿时间表，桌上的小木板上也有一张张便签，最上面的一张写着一个大大的"完成"。

在未完成的便签上，她计划做一个母基金，为它定战略并募资，她还想做一个产品工作坊，帮助那些有资源但产品不好的企业诊脉，快速优化产品。"完成"的木板上贴了一些关键词，"共情、共识"，"非共识、小趋势"，那是她在为"得到"做分享课程《产品思维30讲》，以及为程序员群体做公开演讲的时候，对自己及同行的经历反思后得出的启发。

因为生病被迫闲下来的梁宁，每天就这样坐在这面木板墙前，研究互联网世界里的案例，反思自己的经历，继续摸索着这个系统的法则。她的书桌上始终放着一本钱穆的《中国历代政治得失》，这是她反思过程中不断回溯的基点。

梁宁在研究案例的时候发现，真的攀登到顶点的人，恰恰是不惧怕暴露自己失败的人。"如果我们真的能够用一种喜剧的心态来看待失败，也许结果真的就不一样了。"

她常常想起在腾讯的经历。那时候公司卖给腾讯，她要去深圳入职，刚去第一天参观办公室，逛完了工作区域，同事跟她说，等一下我带你去看亮亮姐。

这是一个与众不同的员工，他是一个男人，但每天打扮成女人，丝袜、睫毛、高跟鞋。"就跟外国人来北京先去故宫一样，人家成了腾讯一个景儿了。"梁宁说，"后来我还跟雷军聊过，你知道像亮亮姐这样的人，在联想也好，在金山也好，这么异类的活法都是不可能存在的，会把他视为失败，但是在腾讯，对这种你说不清好还是不好的东西，大家是抱着玩儿的心态去面对它，不仅接纳异类，还欣赏异类，把他视为一个景儿了。我常常想腾讯之所以成为腾讯，源自于什么，多年以后我经常想起这个例子，这个系统对于异类的欣赏和包容，其实就是腾讯的创新能力。"

"现在我知道，只要我做事，一定有九成输的可能，既然我知道了我一定会输，我只能做一个决定，输了以后我还干不干。如果输了以后我还干，那我就不认为我彻底输了，充其量是资源下降一点，但只要还有资源，我就可以再试一次。"梁宁说，"因为这是新大陆嘛，（五月花号）来的路上就要折一半船的。所以你对失败的承受力和自我消化力，才是你能够持续去探索新东西的动力。"

甲减迫使她不得不活在懈怠感里，但这也给了她这个行业里最难得的松弛。她正在练习这种喜剧的松弛感。有一次她跟李学凌吃饭，因为他的公司需要买壳上市，李学凌说，现在最要紧的是赶紧买个壳。梁宁说，没错，我现在最要紧的事情，也是买个壳——给自己养的寄居蟹买一个壳。

坐在客厅的办公室里，现在的梁宁依然喜欢在笔记本上给人算命、摆卦、看个风水，最近还去知春路上的希格玛大厦帮人看了风水。《周易》是她最喜欢的一本书，"我特别有认同感的工作就是巫师，包括我去学算命，周易啊风水啊，这些东西就是规律嘛，你理解了规律，就知道该怎么看待一些东西。你不知道吗？我被叫作'看过中关村风水20年的大风水师'啊。"

"我搬离中关村的那周的周五，朋友白鸦离开北京赴杭州，刘韧摆宴饯行。我去晚了，大家已经喝了很久。刘韧一见我，用筷子写了个'火'字，让我起一卦，大凶。然后大醉而归。两天后，刘韧入狱。"梁宁在博客中这样写道。

"过去大家管她叫老大，梁老大，后来她不做了，大家直接叫她梁宁，现在终于有人叫她梁老师了。"刘柯志觉得，"梁老师"可能是最适合她的身份。当她不是带队打仗的状态，回到她自己世界里，讲八卦，算风水，谈那些大框架的梁宁，才是一个真正有趣的人。

她常常在家里自己跟自己做思维游戏，比如推测App市场的新产品能不能成功，或者预测即将上映的贺岁片能不能大卖。她的玩法是，利用京东或者美团作为模型，把新片放在这个体系里跑一遍，推算一下，京东有多少人看《流浪地球》。

她几乎每次都能猜中。"京东有15万人，1万白领，14万蓝领。中国14亿人，上大学的比例是5%，上过大学的7000万，没上过大学的13.3亿，所以，京东就是中国啊。我每次弄一个东西之前，就对着京东的场景想一想，然后就大概能算出来它的市场。这事要是只有京东技术部门一小部分人感兴趣，这就是小圈子视角；这事要是京东的高官、程序员、快递员、仓库管理员都感兴趣，这票房绝对是30亿以上吧。"

大量在中国爆红的互联网产品都证实了这个判断——在这个系统里，成功是基于宏大人口基数的红利，并不来自一两个人的意志。

她对系统和自己的反思，给她带来了一个新的生态位——她还在系统之中，可如今已不再被系统牵制，她得到了一个绝佳的观测位，去观察、记录、审视、反思这个系统，然后用这些想法，影响系统。

失败是一场喜剧，她说她想要把这个发现讲给她所有的朋友听，那些依然困在不确定世界、苦苦挣扎的老朋友。这是他们共同亲历的一出戏，而她已经见识了自己的答案。在诊断治疗书上，她看到了自己的失败背后那层又苦又涩的喜剧高潮——这个病折磨了她这么多年，治疗它的那瓶药一共只要10块钱，算下来每片两毛钱，原来从失败阴影里逃出来也没那么难，解药只要两毛钱。

谁都不是正确答案

对梁宁的最后一次采访，我提议在中关村。我想知道，如果让她回到一切开始的地方会发生些什么。这个提议让她非常焦虑，显然，中关村对她来说承载了大量的记忆和意义。"我靠，真的是每一步都是故事，全是故事，那就是我的流动的盛宴啊，海明威的《流动的盛宴》！任何一段扔出来，都是中国互联网史，我跟雷军在半亩园吃牛肉面，周鸿祎跟他老婆在哪儿谈恋爱，我和方兴东和刘韧在哪儿喝酒……"

然而，在实际到中关村的那一天，她迷路了。她描述中那个陪伴了她20年回忆的芷江鸭店，混在一排挂着一模一样招牌的路边餐厅里，淹没在竞争激烈的小吃街，她绕了两圈都没找到，走向了反方向。风入松书店早已倒闭，而她也忘记了万圣书园怎么走，因为一楼变成一家足疗店，所有的书挤在二楼。

在中关村，梁宁陷入了一种失落的感伤，小酒馆不一样了，书店也不一样了，人也早已不一样了。然而看到那样的一幕我意识到，她还忽略了一种记忆。眼前变迁的一切，恰恰是她所迷恋的互联网所造就的结果，是他们当年那个想要改变世界的愿望所造就的结果。每个人都卷入了她所参与的这场20年来的科技变革，每个人都是见证人——迷路时擦身而过的外卖快递，拿着二维码结账的前台收银员，还有在书店一边翻着书，一边在手机App比较价格、迟迟不在店里买的读者……乔布斯说过的迷人句子成真了，科技的确改变了世界，只是它未见得如每个人所愿。

最近两年回江西老家的时候，刘柯志常常会陷入一种迷茫。过去，他的工作给了他一种优越感，每次回老家看到周围的人都在刷手机，沉迷于那些他在北京或多或少参与过的产品，"感觉自己是推动进步的系统一部分"。可当科技进步真的给所有人带来了生活红利，让那个曾经容不下自己的家乡变得发达，留在家乡的同龄人变得富有，过上了稳定的生活，而还在互联网里打拼的自己，只是系统中的渺小一员，他有一种强烈的失落感。

因为在这个世界，能够决定系统运行规则的人，是少数中的极少数。对大部分的人来说，自己只是系统里的一段代码，是不会影响最终结果的、写在#号后面的一行注释。他们既没有实现富有，也没有行业留名，却永远地丧失了稳定，裹挟在高压力和高竞争中，自始至终活在了不安全感里。

"我们这些出来的人，其实错过了地方上的发展热潮，就像是早年移居美国的人错过了中国最辉煌的互联网高速发展阶段。因为传统行业里面，30%的机率都能过得好，财务也自由了，房啊车啊也都有，做生意其乐融融，赚钱也很稳定，压力也没那么大，也不掉头发。"他说，"互联网里只有3%的机率活得不错，剩下的人才是大多数，大量的人都在一波波浪潮里湮灭了。我会开始想，我为什么还在这个行业里？我的意义是什么？"

然而意义对一些人又太过沉重。CCTV给倪光南录节目，请了梁宁一起，陪老先生一同走一段路。近20年后再见到倪光南，他依然是当年的样子，穿着20年前的衣服，还是从不迟到，永远提前15分钟出现。梁宁想起了20年前的"柳倪之争"，倪光南和柳传志各自把损失认掉，各自留下了痛苦的伤痕，直到七八十岁身体都大不如前了，还各不屈服。梁宁抱着希望，想要劝和两个人。

在准备录制的间隙，倪光南告诉了她答案："人啊，要确认做一件事正确，不容易。但如果说你能确认做这件事正确，你就要坚持，10年，20年，30年，把它坚持下去。"

这句话没有被收录在那一天录制的节目里，这是只有亲历者才能领悟的一瞬间。在这句话之后，梁宁最终放弃了劝和。因为这并不是两个人之间的冲突，他们在各自守护自己所笃信的路径，用一辈子去证明它的意义，因此，与个人意愿无关，这是一场系统的冲突。只不过，在这个永远不确定的世界，谁都没法证明，自己是不是正确答案，所以只要系统还在运转，他们仍会坚持各自的路径，走向路的尽头。在不相交的路径上，无法融合却必须一辈子与之共存，这就是一个活在系统中的人的宿命。

我们所经历的互联网时代，可能是近代以来最慷慨、却也最残酷的一个时代，科技进步所造就的强大算力，把所有人推进了一个不确定的世界，它赋予不同的人不同的机会，也毁灭了他们曾经笃信的意义。它给了一些人财富，给另一些人名望，给了极少数人权力和野心，赋予他们足以救命也足以致命的能力。有人获得了资源和渠道，有能力重写命运，逃离了父辈的活法，也有人用同样的能力，操纵了别人的命运。当然，还有人仍然想对系统做一点修正，哪怕只有一点点，他们希望在历史的信息流里输入自己的代码，即便那只是不被运行的一则注释。

我保留了梁宁在采访中画的第一张图，那是她对20年来互联网公司的一种分类。在她的理解里，世界分为4种企业。草根企业靠争夺资源活下来；腰部企业在系统里挣得一个生态位，依附系统的前进存活；头部企业在这个基础上，还要看得懂世界，不能只在自己的生态位上收割，还要维护整个生态；而顶级企业则要有一点历史观，能够连续做出正确的决定，"如果一个人连续20年都一直有好运气，那就不是运气"。

"每个人都是在自己的生存处境和生存模式里，反复自洽，自我增强，越来越适应。"梁宁说。

"中关村的1平方公里，工作生活着18万人，有的人做搜索，有的人卖PC，有的人卖盒饭，有的人拉广告，有的人蹬三轮。"这样的故事还将永远存在下去，一样的，或是不一样的。这个时代将会呈现越来越多异样的生存样本，毕竟，这是一个再也不会存在正确答案的新世界。

你越想要什么，想得到什么，越得不到，太想要也会成为负担。

张伟丽

失去金腰带之后

文＼林松果

编辑＼金石

2021年，张伟丽失去了那条UFC女子草量级的金腰带，但也正是因为输，让她更了解了自己所从事的这项运动，也更了解了自己。

"后面会越来越难"

两年前的今天①，2020年3月8日，美国拉斯韦加斯，张伟丽战胜乔安娜，卫冕UFC女子草量级金腰带。在5局共25分钟的比赛中，张伟丽和乔安娜共完成了351次有效打击，排在UFC历史第三位，那场比赛也被称为"UFC历史上最精彩的女子比赛之一"。

---

① 本文首发于2022年。——编者注

赛后，鼻青脸肿的两人都被送往医院，她们躺在相邻的两张病床上，中间拉着一道帘，赛前的剑拔弩张已经消失，用张伟丽的话来说，综合格斗是一种语言，比赛就是一次交流，五盘的鏖战，尽管要去不停地击打对方，但她们的心却从彼此提防变成了彼此尊敬，"心越来越近"。

病房里，乔安娜痛得一直哭，她是UFC女子草量级最伟大的运动员之一，曾5次卫冕金腰带，保持冠军头衔长达966天。她在第六次卫冕时失利，此后的800多天时间里，她一直在试图拿回丢掉的金腰带。再一次输掉比赛之后，她对张伟丽说："继续卫冕下去，我会看着你。但是后面会越来越难。"

当时，张伟丽更多的是感动，眼泪差点流下来，她在心里想，"我会好好保护这条腰带。"

那场比赛，成了张伟丽声名大噪的开始——也许在那时，中国社会需要一场胜利，而她从一名矿工的女儿、幼儿园老师、健身教练走到世界之巅的励志故事，她想让UFC金腰带上增加一面中国国旗的愿望，同样振奋人心。

回国之后，张伟丽发现去哪儿都有人认识她，所有人都开始对她有所期待，也有所需要。她的微博多了100多万粉丝，综艺、采访、代言……各种需求纷至沓来。她的胜利也促使UFC官方在上海开设了一处训练基地，UFC亚太地区副总裁评价她："她是托起所有船只的潮水。"

巨大的声名突然到来，张伟丽能够察觉到外部环境对自己的影响。她记得有一天，正在接受采访，记者问着问题，她开始背靠着沙发，翘起了腿，那一刻，她心中瞬间警铃大作，意识到自己不太对劲，"我感觉我状态不对，不专注，气有点浮躁了。"她告诉教练蔡学军，接下来不要再安排任何采访和活动。

蔡学军的担忧，其实比张伟丽感觉到的异样更早一些。张伟丽从寂寂无名，一帆风顺打到世界最高水平比赛的最高点，一直都非常专注，过的是清教徒般的生活。扑面而来的这一切，她没有准备。当时，张伟丽回国时，提出要回邯郸老家看爸妈，他拒绝了，"我觉得你不能这样突然回去，回去可能你们家门前门后全是人。"最后是过了一段时间，让她偷偷回家，也只待了一天。

但蔡学军也明白，这种外界的干扰是无法躲避的，这是一位顶级运动员必须承担的，"就存在于你呼吸之间"。

只是，回到运动员的身份，张伟丽面对的是赛制极其严苛，甚至残酷的UFC比赛。

UFC全称"终极格斗冠军赛"，是世界上最顶级、规模最大也是收看人数最多的综合格斗（MMA）赛事，1992年创建，已经走过30年。在最初，为了增加比赛的残酷性和可看性，赛事方甚至想过，在八角笼外挖上壕沟，在里面放上鳄鱼，防止运动员逃跑。

作为最顶级的MMA赛事，UFC拥有很高的门槛——一位综合格斗选手想进入UFC，主要有两个途径：要么在其他重量级赛事中连胜，还要赢得漂亮；要么在UFC的TUF选拔赛中获得总冠军，直接获得UFC合同。很多综合格斗选手都把进入UFC视作职业生涯的终极目标。

但就算是签约了UFC，运动员获得的协议同样苛刻。UFC选手的比赛频率不高，每年大概会被安排1到2场，这会给他们充分的备战时间，每赢一场，选手的排名和出场费都会变化。但残酷之处在于——一旦你连输几场，无法再证明自己，就极有可能被解约。

中国选手张铁泉，曾在2010年签约UFC，三连败后被UFC解约。美国女选手安吉拉·希尔，2014年获得UFC的合同，连败两场之后被扫地出门，后来她在另一个赛事中连胜4场并获得冠军，才再次获得UFC的合同，她也是极少数被UFC解约后能重回赛场的选手。

即便一位选手能穿越一切困难，成为本量级的UFC冠军，拿到金腰带，TA也必须在规定的时间内接受挑战者的挑战，不断地去卫冕。一般在半年内，UFC就会为TA安排卫冕战，卫冕的对手大多就是上一任冠军，或者这个量级中战绩最好且状态最好的选手——在UFC，成为冠军并不意味着结束，反而更像是艰难征途的开始。

由于全球疫情的暴发，击败乔安娜一年后，张伟丽终于开始了自己的第二场卫冕战。对手罗斯·娜玛尤纳斯，28岁，立陶宛裔美国运动员，一位出生于贫民区，在死亡、枪声和精神疾病中长大的女孩。罗斯曾在2017年拿到过金腰带，性格隐忍强健，被称为"暴徒玫瑰"，这是她对金腰带发起的再一次冲击。

2021年4月25日夜里，美国佛罗里达州杰克逊维尔，八角笼里的比赛即将开始。

张伟丽和团队提前三周抵达佛罗里达州，那正是美国疫情最严重的时刻——没有训练馆开门，甚至没有房子住。张伟丽与六名教练，住在朋友三口之家居住的小房子里，她有一个小卧室，而教练们就只能挤在沙发和办公室里。没有训练场馆，他们就在办公室地上铺垫子训练。

比赛开始前，张伟丽还和在同一个休息室的男选手韦德曼聊过天，但几分钟后，韦德曼自己的比赛刚开始5秒，他就遭遇了小腿90度骨折——张伟丽看到了那个画面。

她紧绷着脸穿过赛场的甬道，进入八角笼，她意识到自己无法全然专注。第一回合，比赛刚刚开始，张伟丽表现得更积极，她多次低扫，进攻罗斯左腿，这是她的支撑腿，是制胜的关键。几个动作之后，罗斯的大腿已经泛红，她受伤了，直播镜头里清晰可见。

但很快，转折发生。第73秒，罗斯一记左腿高扫，张伟丽被击中头部并摔倒，罗斯随后跟上地面砸击，继续补拳，裁判终止比赛。

太快了，整场比赛只持续了78秒。

张伟丽失去了她的金腰带，而罗斯成为UFC女子草量级历史上第一位重夺金腰带的女选手。

比赛之外

目睹一位冠军被打倒是残酷的。

现场直播里可以看到，比赛结束后，张伟丽被裁判扶起来，整个人还很蒙，大声对裁判说着什么，认为比赛不该吹停，自己还可以打。她用一种近似哀求、疑惑和茫然的眼神看向裁判，看向自己的教练蔡学军，眼里有泪，但一切都不可挽回地结束了——包括金腰带，包括自己7年不败、21场连胜的辉煌战绩，半年多的辛苦备战，还有内心的某种确信。

从赛场下来，坐大巴回酒店的时候，她还觉得像做梦一样，不相信这是真的，问蔡学军，这是真的吗？比赛就这么结束了？腰带没了？那之后的一天一夜，她没合眼，一闭眼就是倒地那一瞬间，蔡学军也没睡觉，"我安慰她，但是又能怎么办呢，她接受不了，说实在的，我都接受不了。"

2021年冬天，我们再次和张伟丽及她的教练蔡学军聊到这场比赛，复盘当时发生的一切。

蔡学军认为，张伟丽输在心理上的劣势，"我们希望她从入场那一刻就处于专注的真空中，但嘘声压倒了我们。"

这是张伟丽的团队在那场失利后学到的最重要的东西——冠军是众矢之的，所有人都盯着你，想要击败你，比赛变得不只有比赛本身，还包括很多技术之外的东西，而这正是他们没来得及准备好的。

与罗斯的比赛，张伟丽遇到了许多前所未有的干扰。首先是备战，早在2020年7月，罗斯就发起邀请，想与张伟丽打下一场比赛，双方达成口头协定，但罗斯一直没签合同。为了保险起见，张伟丽同时与另一位选手卡拉也做了约定。备战期间，她要准备两套方案，训练时有两个靶，一边是卡拉，一边是罗斯。直到比赛前一个月，他们即将赴美，罗斯才签下了合同，比赛最终落定。

这也是张伟丽第一次去到对手的主场比赛。此前，她遇到的最接近客场的情况，是她进入UFC的第一场比赛，孤身一人前往美国，战胜了一位美国选手。只不过，当时她打的是垫场赛，在正赛之前，现场并没有多少观众。后来，击败巴西选手安德拉德夺得金腰带的那场比赛，在深圳进行；与乔安娜的比赛在拉斯维加斯，但乔安娜来自波兰，那里也并非她的主场。

2021年3月，张伟丽和团队抵达疫情蔓延的佛罗里达州，这是一个"深红州"，时任美国总统特朗普支持率最高的地区之一。

直到比赛那一天，张伟丽和团队抵达现场，才发现自己面对的是一个与以往全然不同的斗兽场。她向我们描述那一天，那个坐满了15000名观众的场馆里，"嘘声特别响，所有人都站起来跺脚，跺脚声音也特别响，所有人都很愤怒，形成了一种对立的情绪，我就感觉一下就蒙了"，"甚至在我出场之前，嘘声已经很响亮了，我甚至听不到裁判或者教练怎么说"。

教练蔡学军身经百战，也从未经历过这样的场面。"进到那个场里，人根本就静不下来，就感觉被一个东西罩着，整个人感觉地都踩不实。那些观众不是说吼，他们会跺地板，这在以前的比赛里从来没有过。"

赛后，他们与当时张伟丽的经纪人解了约——他同时也是罗斯的经纪人，蔡学军对他的不满在于，"你没必要告诉我罗斯怎么训练，但是绝对有义务告诉我们，佛罗里达州是个什么样的地方。"

蔡学军至今仍清晰地记得那78秒中发生的每一幕："上去之后，伟丽有五次进攻罗斯，她全部都打到了，而且罗斯没有太大的反应，她就觉得，好，我可以。她表现出的放松，是做给现场看的，希望告诉大家，你们这么吼我，我根本就不在乎，但罗斯就抓住了那一下。"

一个多月后，在首都机场，韩竞赛接到了从美国回来、在上海完成了隔离的张伟丽。

十几岁时，他们在邯郸武校相识，那时，全校500人，只有30个女生。韩竞赛比张伟丽低两级，每年邯郸武校都有校友会，学生们大比武，那时张伟丽就相当显眼，"好像一脚就能给人踹飞似的，其他人跟她都不在一个层次"。过了两年，韩竞赛看河南电视台有个综艺节目叫《武林风》，就觉得上面的选手不行，软绵绵的，想到张伟丽，"她（张伟丽）怎么不去参加这个节目呢？她跑哪儿去了？"那时张伟丽因为反复出现的背伤，已经退役，家里建议她去学美发，当个发型师。

再过了几年，韩竞赛突然在昆仑决（国内的一个综合格斗比赛）上看到她，"'嘭'的一下又出现了，连胜连胜连胜，最后拿到了冠军"，他们又联系上了，最后成了同事。

韩竞赛见证了张伟丽是怎么走到现在的，"一直专注自己的事业，一直打打打，简直每一分每一秒都没有浪费"。与罗斯的比赛，是张伟丽重回MMA赛场后输掉的第一场比赛，在回国前，她就剪掉了自己的长发，开始留寸头。

在机场，看到眼前的张伟丽，韩竞赛第一次觉得有点"心疼"，他知道，她遇到坎儿了。

复仇

2021年整个夏天和秋天，张伟丽的生活就变得特别简单，只有一件事，就是备战。

很多职业拳手在遭遇重大失利后，往往不会直接打二番战，而是会先打过渡战，找回状态后再应强敌。在UFC近三十年的历史上，丢掉金腰带后直接二番战且重夺金腰带的运动员，只有两位。但张伟丽不管这些，在与罗斯的一番战结束后，她马上提出想二番战，UFC官方也乐见其成，很快做了安排，就在2021年11月。

留给张伟丽的时间只有不到半年。

她不再看手机里关于她的弹窗和新闻——在输给罗斯之后，网上出现了很多责怪她的声音，认为她参加了太多活动，并因此影响了状态。真正进入备战期，蔡学军晚上会收掉她的手机。

她住在北京顺义一个租来的别墅里，和教练、同事同住。每天早上，她六点半起床，洗脸刷牙，吃蔡学军做的早餐，跑一个小时步，然后去拳馆训练三小时。中午午休，下午再训练两小时。晚上十点前就睡觉。每周只有周日一天休息，周日上午有时会有UFC的比赛，她看完比赛就睡午觉，一天很快就过去了。没有采访，没有社交，没有聚光灯，回归了几年前那种发条式的、清苦的生活。

最初一两个月，那种强烈的复仇的渴望，和比赛迅速结束的不甘，这两种感情统治着她。她形容，那是一股气，顶在喉咙的位置，"我一直想着我要打，我要赢，我要复仇，我要拿腰带。每天跑步的时候，我站在河边，盯着那棵树，就想象自己在比赛现场，这棵树就是罗斯。她一动，我怎么打。我做梦都梦见和她打比赛，我掰她胳膊。"

这一切，蔡学军都看在眼里，作为教练，他并不担心张伟丽的技术——UFC世界前几的运动员，实力相差不会很大，重要的或许不是大量训练，而是从高峰直入低谷的运动员，如何驱除自己的心魔。他觉得张伟丽还没准备好。

在蔡学军看来，所谓冠军的信心，不应该是强烈的恨，而是在训练中，她一天天进步，有所收获，才会有一种坚实的自信和硬气。这要一步一步来，急不得。

2021年9月，国内的备战结束后，他们提前七周飞到美国，到奥运和UFC双料冠军塞胡多的拳馆备战。在技术之外，他们特别训练了张伟丽在客场比赛的抗压能力。每周两次实战，所有流程都与真实比赛相同，训练团队会找一些人过来，嘘她，骂她，用音响播放那种巨大的嘘声。用这样的方式，让她不管在怎样的环境中，内心都不会被扰动。

这也是张伟丽及她的团队第一次在美国备战，完全抛掉他们以前的训练方式，一切按照美国的方式来。

赛前降重，这是综合格斗比赛非常重要的环节 —— 选手们需要在赛前大量脱水，降到更低的量级，争取更大的胜算，甚至有人说，综合格斗比赛并不是从走进八角笼开始，而是从降重就开始了。之前张伟丽一直是靠跑步降重，这次，美国团队建议她蒸桑拿脱水。

对UFC运动员，尤其是体重更大的男运动员来说，这是一种相对主流的降重方式。中国运动员张立鹏曾经在接受媒体采访时描述过那种痛苦。

"一缸盐水，又咸又烫，躺进去前，脚刚沾到水时，头发都竖起来了。张立鹏不是第一次经历了，他熟悉那感觉，努力不去想，但身体却有它自己的记忆和反应，那种害怕是生理性的。一分钟后汗就下来了，两分钟后手开始麻，三分钟后心跳加快，仿佛要从嘴里跳出来似的。15分钟出水时，身上八至十斤的水分就这么脱掉了。有一次，他刚出水就倒了，砰的一下子磕在地上，不省人事。"

张伟丽向《人物》描述了那个痛苦的夜晚，"我就穿着运动bra，在热水池子里泡着，泡完拿锡纸包住再闷。七八个人陪着我，熬了一整夜。"她需要在一夜之间降重4公斤，才能达到自己所参加级别的体重要求，但一夜过后，还剩0.4公斤，死活都降不下来。

"下不来了，汗都干了。我就吐口水，口水也是重量啊，最后吐不出来了，整个人都干了。最后还剩0.1，教练让我跑十分钟，出点汗，但真的干了，没汗了。"最后，她上了个厕所，站上秤，让同事用浴巾把自己围住，脱掉了运动内衣，那0.1公斤才最终消失，惊险过关。此时，距离比赛只有30多小时了。

2021年11月7日夜里，纽约麦迪逊花园广场，张伟丽和罗斯的二番战即将开始。张伟丽很喜欢这个场地。这是全世界最大的一个拳场，有一百多年的历史，这也是历史上第一次有中国拳手在这里打比赛，还是压轴。

现场坐满了观众。入场时，她很放松，不像一番战时那样面色紧绷，穿过赛场的甬道时，镜头拍下了她的微笑。

比赛前三回合，张伟丽打得很漂亮，通过步法与罗斯保持距离，阻止其进攻，又用低扫腿给罗斯造成压力，展现出了强悍的摔跤能力，这是她在塞胡多拳馆的训练成果。UFC解说员张光宇在一次直播时说，看完前三个回合，他觉得张伟丽赢的概率应该很大，"所有的全方位技术，打摔柔，打站立，（双方）都是比较接近的"。当时，张伟丽自己也觉得，应该能赢，应该没问题。

但到了最后两个回合，情况发生了变化。张伟丽的体力出现了明显的下滑——她一直以体能见长，这种情况在以前很少出现。其实早在第二回合，张伟丽的胳膊就抽筋了。那个回合结束后，教练帮她做了拉伸，但作用不大，到了第五回合，胳膊"已经软得不行"。

第五回合，罗斯找到她的漏洞，进行反压，最后的四分多钟，张伟丽做了很多尝试，试图站起来，但最后没能成功。罗斯掌握了控制权。

比赛结束，罗斯走到八角笼边，她甚至不确定结果会是怎样。随后，裁判握着她们两人的手，那时，张伟丽已经知道，自己的手不会被举起来了。

罗斯的手被举了起来，她开始痛哭，张伟丽一脸平静地接受了这个结果——两位顶尖格斗选手，贡献了一场精彩的比赛。赛后数据显示，张伟丽272次出击，命中162次，11摔5次成功；罗斯219次出击，命中130次，2次摔法全中。两人精干强悍，互不相让。

赛后，她们拥抱了彼此。罗斯在采访中向张伟丽表达了尊敬，"伟丽进步很大，她让我知道了现在要做什么。"

一项精细的运动

与罗斯的二番战结束后，张伟丽去尿检，发现自己尿血了，吓坏了，后来医生告诉她，这是因为她严重缺水——在急速减重后，应该大量补水，而她的补水和恢复都没做足，这也直接导致了比赛中，她的体力过早耗尽。

一个多月后，再次回忆起这个细节，张伟丽感慨道，综合格斗（MMA）就是一项如此精细的运动——过去的21场连胜，并没有让她对这项运动有如此深入的认知和理解，反而是两场失利，让她重新认识了综合格斗和UFC这项赛事，一年两场辛苦战役的磋磨，她和团队的观念经历了巨大的更新。某种程度上，"输"教给她的东西比"赢"更丰富，也更深刻。

这是一项包容的运动。两位格斗选手在八角笼里对峙，可以使用各种格斗技巧，除了不可以击打禁忌部位之外，选手可以使用包括但不限于泰拳、空手道、柔术、拳击、摔跤……护具很少，规则也很少，比赛却十分精彩。

一位MMA教练在接受《中国新闻周刊》采访时，描述过这项运动的迷人之处，"你可以做很多事，没有界限，看他受伤，流血，怎么解决问题，怎么通过一个困境，这很迷人。"

同时，这项运动并不粗放，反而非常精细。过去这些年里，它不断自我革新。在最初，它一度被巴西柔术统治，地面格斗是所有人心中之王。几年后，泰拳横空出世，再后来，会有拳手直接出拳，把对手击打出局。这就意味着，它要求一个运动员必须全能，把所有技能融会贯通，合为一体。

美国运动员托蒂·奥蒂兹打过一个比方，"作为拳手，没有比综合格斗更难的了，你得学摔跤，学拳击，学柔术，综合格斗就像是魔方，你得把所有颜色配好，才能赢得比赛。"

张伟丽说："这是一个职业，越到顶尖，越是精细，真是细节决定成败，少喝点水不行，恢复得不好不行，战术不好不行，团队没默契不行。看起来是两个人打，但其实考验的是团队，实际上比赛很早很早就开始了。"

UFC比赛，的确从敲定对手的那一刻就开始了。几个月备战，要把对手的视频全部扒下来，每换一个对手，战术都是全新的，都有很多东西要学。蔡学军说，你甚至要分清，对手上传的视频里，有哪些是她想让你看到的，哪些是她有所遮蔽的。全力备战阶段，连刷牙的时候，张伟丽都在看对手的视频。

韩竞赛说，真正在赛场上，双方打的都是肌肉记忆，这也意味着备战时，张伟丽要把以前的打法全部忘掉，针对新的对手形成全新的肌肉记忆，这要依靠大量的训练，"对方出直拳你怎么打，出后手拳你怎么打，高扫腿你怎么打。你平常怎么做，赛场上就是怎么做。"

同时，他们还要适应这样一项源自美国、主要市场也在美国的运动，保证每一次都能拿到赴美签证，穿越疫情的各种麻烦抵达那里，找到住处与训练场所，熟悉美国的文化和观众，甚至要了解大国间的地缘政治。

一位运动员走到世界顶尖，拼的也是背后的团队。

张伟丽需要最好的巴西柔术、泰拳及摔跤教练，还要有优秀的陪练。要有人管理她每天喝多少水、吃多少卡的食物，燃烧多少卡路里；要有专业医生和康复师，关心和熟悉她的每一块肌肉、每一处伤痕；要有经纪人，帮她打理采访、商务以及无穷无尽的合同和人际关系。对于体制之外的中国运动员来说，达成这样的条件并不容易。张伟丽说，走到现在，她才终于明白了一个词叫"穷文富武"，打UFC比赛是非常花钱的事业。

而作为一位来自中国的MMA运动员，更加艰难之处还在于，对于这项运动，国内积淀不足，教练太少——美国加州一个州的UFC选手、UFC教练，可能比整个中国的都多。

反观罗斯的团队，她的总教练崔佛·惠特曼，是美国MMA界备受赞誉的"智将"，执教超过20年，多次获得最佳教练奖。罗斯的另一位教练帕特·巴里，是UFC前重量级选手，人称"腿王"，同时，他也是罗斯的未婚夫。这个团队的实力如何，一个细节可以佐证——在张伟丽与罗斯一番战的UFC261，仅仅那一夜，崔佛·惠特曼麾下就有三位运动员出战，其中两位拿到了金腰带。而因为疫情影响，张伟丽的巴西柔术教练，已经缺席她的训练半年。

《人物》采访张伟丽的那天，是2021年的冬至。晚上，在她和同事同住的那个别墅，大家热热闹闹在包饺子。你会惊讶于一个UFC世界冠军住的地方，并不算安静，甚至有点乱糟糟，也不是所有人都是为她服务——他们还有一项重要的工作，是经营旗下的几个拳馆。

吃完饺子，大家打游戏的打游戏，抽烟的抽烟，刷短视频的刷短视频，热热闹闹的，诱惑人的事情特别多。韩竞赛说，"你知道大家干什么最来劲吗？就是观察伟丽。"在这里，必须得依靠她强大的定力和自律，以及蔡学军那双时时刻刻盯着的眼睛。

采访结束后的某一天，《人物》作者又去了一次张伟丽训练的拳馆。拳馆每天都有学员上课，同一间教室里，一边是来锻炼的普通人，另一角就是张伟丽。她没什么世界冠军的架子，她训练，所有人都能看。一位三四岁的小学员很喜欢她，每次见到她，都脆生生地喊她："快看，张伟丽来了，张伟丽来了。"

那天早上九点多，第一批上课的学员还没来，张伟丽独自一人，坐在训练室的角落里，打着视频和远在美国的教练上网课。后来学员来上课了，她很快离开，换去了另一间教室，把这间让给了学员们。

一颗冠军的心

现在的UFC女子草量级，还有另一位中国选手，闫晓楠，来自辽宁，目前世界排名第五，已经在美国训练了很长一段时间。

她告诉《人物》，她所知道的、国内真正在坚持练习MMA的专业女运动员，可能不超过十个。

10岁起，闫晓楠开始练散打，进入专业运动队，18岁考入体育大学。2015年，她开始练MMA，今年，她33岁了。她往前走的过程，就是身边的女孩子们一个接一个退役、从竞技的世界里消失的过程。

一个大的分流是二十二三岁，到了这个年龄，很多人都会觉得自己年龄到了，该退役了，她们结婚，生子，回归生活。"她们可以选择做一个很普通的工作，或者一个你喜欢的专业，不用这么辛苦。"不是真的喜欢，其实不必如此。

事实上，在很长时间里，UFC都是一个只属于男性的游戏。女性进入UFC的历史，还不超过十年。

UFC总裁白大拿曾公开表示，他认为女性在格斗领域的天赋和深度，不足以说服UFC签约女格斗士，直到他看到美国运动员隆达·罗西的比赛——隆达·罗西是第一位签约UFC的女性运动员，她训练刻苦，有强大的意志和体能，强悍地统治着赛场，常常在开场的几秒以内，就将对手击败，"她以一种可以和任何人媲美的凶猛战斗"。

在纪录片《探秘综合格斗》里，隆达·罗西对着镜头，讲起她进入这项运动的由来：八岁那年，她在家里找到了一个剪贴簿，才发现她妈妈是美国第一位柔道世界冠军，"就好像发现自己的妈妈是神奇女侠一样"。

另一个被影响和鼓励的故事是——2013年，远在大洋彼岸，刚刚到北京、处于迷茫中的退役运动员张伟丽，看到了隆达·罗西在UFC的比赛，深深震动。之后那些不想训练的日子，她会反复观看隆达·罗西的视频，借此激励自己。

几年后，张伟丽也签约UFC，并顺利地拿到了亚洲人的第一个UFC金腰带，但在2021年的两场失利之后，她终于明白了乔安娜的那句"后面会越来越难"。这种难，不仅在于需要更全面地去认识一项运动，也在于丢掉金腰带之后，如何继续保持那颗冠军的心。

在UFC历史上，金腰带失而复得的人少之又少，在女子草量级，罗斯是唯一一个。视频博主"黑马格斗"曾这样总结UFC女子草量级的残酷竞争："纵观整个女子草量级的冠军史，几乎就是一场场用残暴终结铸就的血泪更迭史——从饼干姐降服罗斯加冕初代王者，到乔安娜KO饼干姐建立统治，接着就是罗斯两次摧毁乔安娜王朝，安德拉德旱地拔葱怒摔玫瑰，张伟丽42秒终结安德拉德，亚洲首次夺冠。再到罗斯冷腿击倒张伟丽，冠军归来。可以说每一场冠军赛背后，都以一种惊天动地、荡气回肠的伟大战役终结加冕。这在UFC任何一个量级都是难以复制的。"

而罗斯达成这一目标，也经历了万般坎坷。她生于贫民区，听着枪声、目睹着死亡长大，遭遇过性侵，患过抑郁症。她就像一位美国记者形容的那样："成长在三车库大房子里，穿着上好的衣裤去上预科学校的孩子，通常不会成为八角笼里的好手。只有在内心蓄满一池愤怒和压抑，极度渴求被肯定和接纳，才会让一名年轻人站在笼子里，只想用拳脚放倒对手。"但即便强如罗斯，她的教练仍然说："罗斯有时候也不是必然拥有自信。"

《人物》也和张伟丽谈起，UFC有过这么多冠军，人人都想重回巅峰，最大的阻碍是什么？她的回答令人印象深刻，"冠军的光环没有了，就没有人怕你了，一旦你丢掉这光环，所有人都说，我也能打她。"

闫晓楠说，在UFC，那些排名不在前十的新选手，同样很强，她们最特别的是那种强烈的往上爬的欲望，"她们没有输过，一心想拿冠军，想胜利的心理更强大。"反而是一些实力更强、排名更靠前的选手，因为一直练，有时输，有时赢，有时上，有时下，随着时间流逝，浮浮沉沉，会磨灭最初想拿冠军的心。

张伟丽回忆起一番战78秒输给罗斯之后，自己那种强烈的复仇的意愿，顶在喉咙里的那口气，那种想要赢的执念，其实是一种干扰，"让人沉不住气"。那段时间的她，被那口气顶得很不舒服，训练的时候总觉得累，想休息，但休息的时候，又会不安，觉得应该去训练，每天都很纠结，心神不宁。"所以还是需要自己，怎么样能再（调整）回来……你越想要什么，想得到什么，越得不到，太想要也会成为负担。"

一颗想赢且心无旁骛的心，是八角笼里最珍贵的东西。

在采访中，张伟丽和蔡学军都表达了相似的希望，那就是找到她战胜乔安娜之前、被聚光灯照射之前、吸收无数新的格斗技巧之前，她身上最珍贵的东西——

她称它为"保持饥渴，保持愚钝"。蔡学军说，是那种必胜的心，你敢不敢，"你只要犹豫一点点，打出去的效果就完全不一样。但只要你敢，你就能赢。"

沉住气

与罗斯的二番战，尽管失利，但对于张伟丽而言，一个最大的收获却是——那口顶得她寝食难安的气，好像沉了下来。

比赛结束回国后，她经历了一个月的隔离，又回邯郸老家住了两周。这是七八年来，她在家待得最久的日子。她整个人松下来了，觉得快乐、自在。很久没有这样的感受了，原来她总是来去匆匆，回了家，总觉得爸妈对她有种陌生感。她爸爸得过脑梗，她回家，一喊爸爸，他眼神往另一边瞟，感觉很紧张，无所适从的样子，她心里一咯噔，我爸这是咋了，是又严重了吗？其实不是，再相处几天，熟悉了，他们变得更轻松，也更亲密了。

她会在家做饭、陪爸妈聊天。也正是在这次聊天中，她才知道妈妈当年为什么同意她去学武术——因为她个子不大，人又老实，妈妈担心她日后嫁人被婆家欺负，心想，学点功夫总是好的。

原来，妈妈老说她，年纪慢慢大了，要不早点退役算了。但现在，她知道女儿失去了一个东西，要拿回来，退役的事她没有再提过了。妈妈不懂综合格斗，但她有一种朴素的、安稳的智慧。2017年，张伟丽在一次比赛中面部和鼻子被对手击中，流血不止，离开赛场之后看到妈妈，忍不住流泪，"我以为妈妈得哄我，她却告诉我，你干这行，不可能总是你打人家。"或许，也正是因为这个原因，妈妈从不敢看她的比赛，有一次跟着她去了，也只留在宾馆房间，不敢下楼。

在家里充好了电，她回到北京，开始新的训练，奇妙的事情发生了——她照例去河边跑步，她发现，曾经跑步时在脑海里乱蹦的那些念头，集体消失了，她被一种前所未有的平静包围着，呼吸，奔跑，脑海里什么都没有，只是跑步。

张伟丽告诉《人物》，这是她运动生涯中第一次清晰地感觉到了什么是真正的"沉住气"。得知张伟丽的这个感受后，教练蔡学军反问了我们一个问题，"你知不知道，动脑子和动心有什么区别？"他知道，这一次，张伟丽"动心"了。

张伟丽还想起来，前段时间，她从邯郸老家坐高铁回北京的时候，有一种恍惚而奇异的错觉——她突然想起十年前，自己20岁，第一次到北京，"来北漂"，投奔她的大哥张伟峰，不知道等待自己的是哪种命运。"从火车站出来以后，要过一个天桥，去坐公交车。我站在那个天桥上，看那个车，正是晚上六七点钟，车特别多，一个挨着一个，我都没见过那么多车，你知道吗？哪儿都灯火辉煌的，大城市的感觉。我就感觉，天哪，自己好渺小。"

这次再出火车站，也是那样，一模一样的傍晚，一样的感受，"好像什么都没有了，要靠自己的努力奋斗，从头再来，我又是一个新的北漂了。"只是这一次，她目标明确，有自己渴望的东西。她拿到过的世界最顶级格斗比赛的金腰带，就挂在拳馆的墙上，她还想再次得到它。

新比赛的消息也最终落定。张伟丽下一场比赛，对手正是乔安娜——两年前的那场比赛结束后，乔安娜没有再打过比赛，这是她与张伟丽的二番战。而如她当时的那句叮嘱，"以后会越来越难"，她的对手张伟丽，在几百天里越过重山，品尝了复杂的胜败滋味。

今年夏天，她们将再一次并肩走进八角笼，一切即将从头开始。

出走

苏敏 / 孙玲 / 江鹅 / 唐小雁 / 郭柯宇

我不想往回看，我不想回头。我不可能再过那种生活。我感觉它已经过去了，离我远去了。我现在唯一要做的就是过好我剩下的每一天，我希望抓住我的未来。

苏敏

"出逃"女人苏敏，驾驶她的车

文＼谢梦遥

编辑＼槐杨

　　"50岁阿姨自驾游"的苏敏出走已经快两年了[①]，在路上，她遇到了不少和她相似的女性，但和她不一样的是，她们都回家了。而她还在车上。

不一样的故事

　　旅程的第355天，我在武汉搭上了苏敏的车，往重庆而去。

　　苏敏是个和蔼的小个子女士，长着一张圆脸，笑起来能看见门牙间的牙缝。在一个秋天的日子里，她开启了一场"出逃"，继而成

---

① 本文首发于2022年。——编者注

为互联网上的一个"觉醒者"形象。她的自驾游之旅，成为无数被婚姻与母职捆绑住的女性所向往的生活。

她计划两天内要赶到重庆。车是一辆白色的大众Polo，这里是她的移动的家。我所坐的副驾，是她花了一番功夫腾出来的位置，平时这里摆满了杂物。后座空间也塞满了，行李抵到了车顶。

车快没油了。和我说话时，她突然停下来，盯着手机上的地图。"糟糕，糟糕，糟糕。"她连声说，原来是错过了下高架桥去往加油站的出口。一心无法二用，这就是她开车素来不听歌的原因，要专心听导航。我们继续聊了几分钟，然后发现，她又开错了。

苏敏不走夜路。黄昏时，我们在一个名叫"高坪"的小镇落脚。她一般睡在车顶帐篷，我为她在宾馆定了另外一间房。吃完饭她就急急忙忙上楼要直播了。几分钟后，她已经坐在三脚架支起的手机前和粉丝娴熟地打招呼。生活中她是个急性子，开车也是这个风格，特别喜欢抢缝钻道。

在直播中，她会说些让女人们大呼过瘾的话："男人是靠不住的。"她鼓励女人们大胆做自己。更多的时候，她展现的不过是一个旅行达人的穷游生活。《纽约时报》把她称为"中国女权主义偶像"。她并不那么看。"我就是做了我自己想做的事儿而已，给咱们同龄的姐妹们活成了她们想要的样子。"她说。她也否认离家出走与勇气的关联，只是想着"离开那个地方会很开心"。

一百年来，"出走"一直是中国女性的重要意象，诸多女性加入其中，结局各异。苏敏也进入了"出走"的行列，但她从来不想拔高什么。

"我们不想过多地去渲染。因为女权在中国某些人的眼中，它不是一个好形象，这是我的理解。"苏敏的女婿刘伟伟对我说，"但是我们毕竟代替不了她，她具体什么想法，可能完全不一样。"他销售出身，现在是苏敏的经纪人。

苏敏有自己一套行事方式，"我这个人从来不受任何绑架"。她不会按照提问者预设顺着说下去。比如谈到她钟情读穿越小说——这在她的同龄人里比较少见，她最喜欢的一本叫《天医凤九》——我问是不是和她原来家庭生活的苦闷有关，她承认了苦闷却否认了关联，"就是消遣，我这个人喜欢文学，多看点这些东西，感觉和别人说话能想到的词语更多。"

让苏敏进入她不熟悉的话题领域的那些尝试会遭遇挫败。纪实视频团队"5楼编辑室"跟拍时，邀请她观看一个女性题材的韩国电影。编导吴明敏告诉我，她在剧情中看到系统性困境，女性在职场里的隐形天花板、同工不同酬以及许多男性不易察觉的痛苦，而且主人公与苏敏都是母亲，能打开很多话题。但1964年出生的苏敏对《82年出生的金智英》，毫无兴趣。在吴明敏坚持下，她才看了电影。看完她说："我不喜欢这个女的这种性格，有点造作了。"

我和苏敏谈起那次观影，她似乎透露了她真正介意的是什么。

"你凭什么拿她和我来相比？她老公对她那么好，生怕她受到伤害，这样的人跟你在一起多幸福。她有什么理由去抑郁，她有什么理由？"她在谈片中的女人，但落点在自己身上，"她老公一人养活她，把所有的钱都给她，又不是像我们一样不给家里生活费。妈妈对她那么好，就婆婆偶尔挑点事儿吧，但是也并不是说多么地排斥她。"

她的情绪渐渐激动。"她有啥权利，自己因为想去工作，就抑郁了？她有啥权利？所以你叫我看这个，我感觉简直是没什么意义。"

她与她的故事是不一样的。

三个要素

把车开上路，至少需要三个要素，驾照、车、出逃计划。让我们一件件谈谈来历。

首先是驾照，三要素中苏敏最早拿到的。那是2013年，她弟弟在广州开家具厂，喊她过去帮忙。每次出门买材料骑个电动车不方便，厂里有辆小破车，弟弟就让她学个驾照。50岁的人学车是不是太晚了？她迈出了这一步。她是驾校里年龄最大的学员。每个科目都是一次通过。

在弟弟的厂里干了两年多，女儿结婚，她才回郑州。因为是给弟弟"帮忙"，再加上厂子经营不善，当然是没有工资的，"在那儿苦哈哈的，东西都不敢买"。所有人都觉得天经地义，连苏敏母亲都这么想，"他们感觉我是老大姐，我就应该帮他们。"她本也视为正当，随着时间越来越长，内心才滋生一些不满，"我也有我的家庭，我也不是我一个人"。也不能说一分钱没有，女儿结婚，弟弟给了一万六的礼金。

这种照顾贯穿她的过往。她是长姐，下面有三个弟弟。母亲重男轻女，好吃好穿的先给儿子。弟弟还没工作时，她在化肥厂当工人，每月工资要悉数上交家庭。

但至少她拿到了驾照。"所以说任何事情都有好的一面和坏的一面，"苏敏说，"不要老想着它坏的一面，它也有好的一面。"

然后是车。她在2015年拥有了这辆价值十万元的两厢轿车。她喜欢车。她掏出一万元积蓄，女儿又给了三万，交上首付。之后她拿着当时一千多元的退休工资，同时在超市打工，合到一起才能还上每月车贷。分期两年还完，刚好赶上女儿怀孕，她没再工作，接下来的几年都在照看孩子。她一生没存下什么钱，车是她最大资产。

这就牵扯出另一个话题，她和丈夫财务上是独立的。女儿出生后，她做过一段全职主妇，丈夫给生活费，要和她算账，限制她的花销，还经常被怀疑。母亲从未理解她，丈夫是她自己挑的，没有不归家又没出轨，"我妈总说，他除了有点抠，心眼也不坏"。和所有那些在家庭中承担不对等义务的妻子一样，她是免费保姆，失去自我，没有尊严。不堪忍受，那就出去找活。她进过工地，做过裁缝，扫过马路，送过报纸。经济上自然而然变为AA制。哪怕她上高速用了丈夫办的ETC，丈夫也管她要钱。

最后是出逃计划。2019年底，她在网上看到一个离婚女人的自驾游视频，她被那种自由自在的生活吸引了。她打算一旦双胞胎外孙上了幼儿园，就出发。不要说自驾，她坐飞机旅游经历都非常有限，唯一那次还是祖孙三代去威海，"完全没有放开去玩，心思都是看着孩子"。为此，她进行了漫长的筹备，大量阅读自驾游攻略。她知道她的经济能力不可能常睡旅店，于是网购了一款3000多元的车顶帐篷。便携式煤气罐、迷你冰箱、太阳能蓄电池等户外装备一件件寄到家里，她花了积蓄的一半完成这些采购。

去哪里不重要，离开才重要。让她离开家的真正原因，是家本身。她的婚姻像一潭死水。夫妻几乎不交流，就是搭伙过日子。她洗衣，做饭，承担家务，每天就像电影《土拨鼠之日》，重复，乏味，困在一个地方无法前进。很多年前，他们就分床睡了。女儿外地上学时，俩人一人一间房，女儿搬回来，夫妻就买了上下铺。女儿婚后搬走，他们继续分房睡。女儿生了孩子，老两口过去帮忙，又回到上下铺。"我俩合不来就是合不来。"不用遮掩，她的亲戚朋友们都知道，苏敏说，"到你家一看上下铺，还用讲？不用讲。"

还是那句话，不要老想着坏的一面。"虽然历经很多不愉快吧，但是最后促成我走上这样一条路，也是他的一个激励。毕竟都是有利有弊的，有反有正的。不要去抱怨。"苏敏对我说。

从一开始，她的计划就是公开的。丈夫不以为意，时不时打压下她，"你出去不了几天就得回来。"女儿女婿表示支持，帐篷就是女婿安装在车顶的，他还阻止岳父拔走车上的ETC卡。女儿买了一大盒化妆品供她路上用。

启 程

2020年9月24日，是她选定离开的日子。所有人都有心理准备。丈夫很早起来就打乒乓球去了，那是他的挚爱。女婿去上班了，顺便送两个孩子去幼儿园，她给他做了早餐。只剩女儿送她。

"啥都没想，我就想着赶紧走。"苏敏回忆出发一刻的心态。没有忐忑，没有不安，在她的描述里，没有任何复杂的情绪，只有"兴奋"。

她身上带着一万多块钱，只有一个大致的目标，去成都找老同学玩，这也是女儿的建议，先从熟悉的地方开始。从郑州出发，沿着国道310，走到哪儿是哪儿，开了不到两百公里，天色还早，她决定停在小浪底景区。毕竟第一次独立搭帐篷，她害怕弄不好，预留了大把时间。晚饭是一锅番茄鸡蛋面。按照网上攻略所说，景区门口肯定能遇到其他自驾游的人，果然，她看到了三辆停靠的房车，是几个四川人，往山东而去。晚上，房车旅行者请她过去喝酒，她没喝，和他们聊了聊天。

第二天早上，她买了胡辣汤就油条吃，由于不熟练，她花了一个小时才收好帐篷。她即将出发，旁边房车上的人才起来。"开房车的都起来得很晚。"她总结。

她没有进去景区游玩，只在外面拍了照。这奠定她旅途的基调，不花门票。她尽量走免费的国道，这样也能随时停下看风景。她开到三门峡，在市区一个公园的免费停车场停下来。接下来的两晚都住在这里。到夜里，下起了雨，整片场地只有她一辆车。

关于那个孤独雨夜的感受，后来有了两种版本。她女儿杜晓阳对我讲述的版本是，半夜里，苏敏听到梯子响动，感到恐惧，害怕有坏人爬梯子。她睡不着了，起来坐了一个多小时，慢慢聚积勇气，才把帐篷打开，发现原来是梯子的卡扣松了。怕女儿担心，她过了一段时间才告诉女儿这段经历。"她是真的害怕有人爬上来。"杜晓阳说。

但在苏敏的版本里，恐惧是从来不存在的东西。从第一天就没有，整个过程都没有，"我真的不害怕，我胆子太大"。她说别人爬她帐篷图啥呢，"你一没钱，二没财，三没色，谁管你。"万一遇上精神病呢？"哪那么寸，哪那么巧啊。"她甚至对我说，真有个黑影过来就好了，"拍个视频，还弄个悬念，多少人看！"

她继续前行，到了西安。在那儿停了几天，每天背着包坐地铁去回民街逛逛，吃特色面食。其中有两天她哪儿也不去，躺在帐篷里休息，洗洗衣服做做饭，和其他旅行者聊聊天。国庆节到了，高速公路免费，直接上路奔成都而去。接下来的20来天，她住在同学空出的一套房子，还抽空去了趟重庆找另外几个同学玩。

在成都，她去参观一个房车展——不是奔着买车去的，她没有那么多钱，就是想拍一点介绍房车的素材，放到她的自媒体上——她认识了一个户外组织，他们正好要搞一场房车云南行。于是在旅程的第35天，她加入了，全团30多辆房车，就她一辆小车。

故事就是这样发展的，最初她只是想看望同学，然后她加入了一个房车旅行队伍，在这过程里，她学习找露营地、找路，户外经验越来越丰富。她坐在车门上收帐篷，十几分钟就利索搞定。

依照她的说法，她从未感到过寂寞。房车上的人几乎都是以家庭为单位出游的，她毫无羡慕，"那是人家的命，跟我有啥关系"。总有人围着她问这问那，对她睡车顶帐篷感到好奇，其中也会冒出一些刺耳问题，她无所谓，"随便看，这是人家的权利，你不想让人家看，你躲在家里。"对于外界某些人用"出逃""抛夫弃女"来形容她，她表示，"我就是我，我就是这样的人，不在乎所有的东西。"

她曾确诊抑郁症，需要每天服用希泰乐与解郁丸，但是到了云南后，她把药停了，她感到不再需要。她在家经常失眠，但出来这一路，她说自己休息得很好。

在这段苏敏对我（以及对大多数媒体）讲述的故事里，她是个异常强大的女人。但这段故事有一个问题：人只是行动者，从一个点移动到另一个点，缺少负面情绪。动机、态度、愿景这些东西并非没有，却是单一的。她深层次的内心世界似乎并未展开。

引爆点

我原本不会知道苏敏，你也不会。在成都停留期间，发生了一件事，让她有了进入公众视野的机会。

苏敏很早就玩自媒体了。当她还在家时，她就拍过很多教人做辣椒酱、烹饪的视频。杜晓阳对此印象深刻，母亲曾问过她怎么剪辑，她忙着带孩子，没当回事。好像突然之间，母亲就掌握了那些技术，女儿非常惊讶。原来她购买课程自学，给视频配上了字幕与声音。

拍视频除了自娱自乐，苏敏还有一个念头，挣点钱。她看到百家号上有人靠发视频每月能赚上万。这也是促使她上路的原因之一。她知道，路上有丰富的素材。在家时，她拍过几十个视频，才积累了十几个粉丝。她叮嘱女儿女婿也点上关注，以增加粉丝数。出发后，她每天拍一个视频，能赚个把块钱。这些视频都迅速淹没在网络海洋里。

反而是早先拍的一段，在10月中旬被人搬上了抖音，突然就全网传播起来。视频是苏敏买帐篷之前拍的，网友问她为什么要自驾游，她便录了一段解释。那段不到4分钟的视频，根本不在她原本规划的系列中。面对镜头，她主要抱怨丈夫的抠门、经济AA制，没有提上下铺，没有提抑郁症——她只是简单地说"我都有点抑郁了"。她没有化妆，没有笑容，肤色蜡黄，手自然地搭在方向盘上。她刻意避开丈夫，坐在车里录，因为他总嘲讽她做自媒体，"一天又挣了几万？"她讨厌被他这样说。这是一个错位，后来很多人都以为视频拍摄于途中。

很多人发消息给杜晓阳，"你妈火了"。这是一个普通人罕见的际遇。她觉得母亲应该尽快注册抖音，但苏敏表示只想做百家号，于是当晚她就帮母亲注册了抖音，后来又注册了微博、豆瓣、快手、小红书、西瓜视频。女儿把社交账号的名字统一为"50岁阿姨自驾游"（50是泛指，而非她真实年龄），苏敏对改掉原来的名"苏心想的旅行生活"一度不乐意。

媒体迅速跟进。首先报道苏敏的是搜狐"极昼工作室"。那篇报道中，苏敏详细谈论了她想逃离的原生家庭与无爱的婚姻，她从未对母亲说出口的话，还有30岁之后，和丈夫基本上没有再同居过。她还挨过丈夫的打，"一拳头把她怼一边去"。

那是苏敏最为开放的一次采访。往后，更多的媒体来了，采访一轮接着一轮。视频团队往往会开一辆车跟着，把她的行李腾到后面车子上，让记者和摄影师坐进她的车。一个出版社派出一位作者，从云南加入，跟了她一个月。

冰山下的部分在浮现。随着媒体挖掘，她的故事变得深邃起来。作为她自媒体里的形象的补充甚至颠覆，人们看到她以往恐惧、孤独、卑微、低声下气的时刻。

某种意义上，媒体重塑了她的行程，带来影响力和注视。一次偶然的病毒式视频传播，变成一场源源不断的发酵。白色Polo的副驾上总坐着提问者。而在此之前，她的"乘客"只有一个猴子公仔，那是外孙的玩具。她以两三天一次的频率做直播，还时不时中断旅程，飞到其他城市参加活动、拍广告、录节目。她的粉丝迅速增加着，在路上不断被人认出来。对外输出内容，变成她旅行的重要组成。

我与苏敏女婿刘伟伟交流时，他几次把话题拉到一个雄心勃勃的计划上，苏敏要与旅居康养产业产生关联。"我畅想她能够找到投资人，或者是品牌植入也行，打造成苏阿姨旅居康养中心。你要有连锁效应，把这些人吸引来，并且能够安全……"但苏敏本人似乎对这个计划并无兴趣。

与媒体沟通时，刘伟伟索要拍摄素材给他们使用，让对方在路上照顾苏敏的食宿。另一些请求则似乎过界了，比如让跟车者负担油费；女儿带着孙子来探望苏敏，刘伟伟向拍摄团队提出想住别墅——他被客气地拒绝了。

苏敏会展现社交媒体之外的另一面。有一次，摄制组架好了灯在等，她脾气上来，招呼没打就一溜烟跑了。她抱怨提供的餐食不够好。她还向甲方投诉，"也没给孩子准备点零食什么的"。

像很多有了人气的up主一样，苏敏开始带货了，视频也有了广告植入。她的后座越挤越满，很多是商家寄来的样品。广告费用不高，一般一条几千块，有个帐篷广告才1500块。而直播打赏一场也就三四十块，因为她的受众以大妈为主。

我担心这可能会给粉丝造成不佳观感。她叹了口气，"有很多人说，阿姨我不喜欢你了，你商业化了。那我就必须穷游，你才能喜欢我吗？我也要生活。"

没有钱确实寸步难行。2020年11月，为期20余天的云南房车团结束时，油费花多了，现金只剩下七八百。她在西双版纳的一个停车场待了十几天，偶尔泡个温泉，晚上逛逛夜市。后来，夜市干脆也不逛了，"看了以后你又不去买的那种感觉不好"。女儿说要给她寄点钱，她说她还有。等下个月退休金到账了，她才继续上路。

她确有务实的一面。那次住别墅的要求没有实现，拍摄团队还是提供了高档酒店的套房。免费到期后，他们就搬出来，住到另一个便宜的酒店里。

有些时刻，如果你想和苏敏谈论一些浪漫化的想象，她会把你拉到地面。作为援藏家庭的女儿，她在昌都出生、成长，直到17岁才举家回到河南。我问她向往西藏什么，她提到了民风和空气，然后马上把话题转向了待遇，"苦是苦，但是它稳定啊。工资还是可以的，有边疆补助，我同学他们退休最少的也都六千多，事业部门的退休都一万多。"

回到内地时，她分配去化肥厂工作。没几年厂子就倒闭了，她20多岁就下岗了。"我如果是在西藏不回来，可能我的生活不是这样。"

冲突

一个不可避免的矛盾出现了。丈夫是她不想看见的脸，家是她想逃离的地方，出来就是为了把那一切不愉快忘掉，现在无数个人千方百计想拖拽她的记忆回到那个现场。在直播间里，她很少谈论丈夫。"一般别人问的话，我就当没看见"。

但媒体面对面地问起来，情况就不一样了。

她找到了一种方法。"我就只当是讲故事，这样我就不会很伤心。因为我是在讲故事，好像这个事不是我的，我就这样去麻痹我自己。"过滤掉多余的情绪、想法、感受，人只是行动者，从一个点到另一个点。

她的说辞有时看似互相矛盾。有时她说，"我希望一个人去待着，我不希望被很多人去包围着那种感觉。"有时她又需要被包围，"我就差一点，写'50岁阿姨自驾游'贴到车门上，那个宣传力度更大。我害怕别人不看。"如果你能理解语境，你就能理解这些话。

苏敏不介意以粗线条的方式和外界分享她的部分故事，就像在最初那个视频里一样，叙事在一个相对固定的框架：冷漠丈夫、沉重母职。她负责打开内心的门，打开的角度，以及决定何时关闭。但采访不是这样进行的。她会把来访者跳出既定轨道的探索，当成是冒犯。于是你会看到苏敏的分裂，一个苏敏在讲述她的过往，另一个苏敏在拼命抵御。

很多记者感受到过她的抵触。在"5楼编辑室"拍摄的纪录片中，这种冲突被直观呈现了。她的怒火会突如其来。话头聊到她丈夫，没有什么刺激性内容，镜头一转，她就黑脸了，"这两天我感觉提他太多了，我们现在不要提他了，我心情有点激动你有没有发觉这两天。"当她陷入不良情绪的时候，开车的风格都不一样了。编导吴明敏注意到，前面有卡车，她猛打方向盘。

最为激烈的一次反应，是吴明敏提到出发前苏敏把女婿的鞋都洗了一遍，是否觉得不这样做就不安心时，她回答，"我感觉就是为我女儿，我要不做这些，我女儿就会忙，其他的没啥。"交流进行到这里还是正常；但突然之间，她身体的一个开关好像被触动了："真是我做任何事情从来没有想过这个是为什么……"

"我真的没有任何想法……你一问我有什么想法、有什么思想的时候我就特别激动。我不想听，我真的没有想法……"她越说越愤怒。片中不到一分钟的时间，她17次提到这个词：想法。

但苏敏又是渴望媒体曝光的。在纪录片最后，有一个颇有深意的镜头，经历了所有不愉快后，她接到了另一家媒体电话，她长长呼出一口气，用热情洋溢的声音回答："你好，我是苏阿姨！"这一秒钟，她又变回那个笑起来露出牙缝的和蔼女士。

《人物》与苏敏的第一次见面在2021年9月的北京，我做好功课，尽量不要问任何假设，不要问伤痛细节（已经讲了很多次了），不要提那个词——"想法"。避开那些坑，多问路上的故事。进展是愉快的。我们去国贸商场吃汉堡，她没注意到台下台阶，重重摔在地板上。她迅速地爬起来，丝毫没有影响到情绪。

那个晚上回到她的宾馆房间，我提到，很多女人在婚姻家庭中感受痛苦，却不敢讲出来，而我在她身上看到越来越多的公开讲述。我想知道这种变化的原因。

气氛变了。"我感觉很自然，就是实事求是，我没有歪曲事实，我没有说他没做的事情。"她好像把我当成了一个对面立场的人，"我感觉你是以一个男人的角度来去考虑这个问题。我为什么我要一直活在别人的阴影里面，我为什么不能从阴影走出来？前半生我不懂，我可以去委曲求全，但是我现在我知道我自己应该去开心，应该去快乐。我没有权利追求这样的幸福吗？我感觉我有权利。我有权利。

我把我以前不敢去说，不敢去面对，不敢去触碰的一些东西，我把它晒在阳光下有什么不好呢？你只有把它晒在阳光下，才能不至于叫它发霉，它才能往好的地方去扭转……"她激动地一连串说了很久，没有给我插嘴的机会。

你会鼓励其他人把她们的故事讲出来吗？

"我不会。因为人的思想不一样，我能看得开，不一定她能看得开。她愿意讲，你不用鼓励，她就会讲。她不愿意讲，你鼓励她也没用。从自己的阴影里走出来，是要自己的决心和自己的行动的，不是要别人去劝你去怎么做。"

决定性的一刻是怎么发生的呢？

"我不知道，它就是发生了。真的没那么大的逻辑感。"她说，"我最烦的就是你要问我的感想，因为我真的没有想法，我真的没有想法，任何事情都是顺其自然去做了，去说了，去实现了。没有说是因为有什么想法才去做这个事情。"

"想法"。那个一直要避开的词终于还是不请自来了。我尝试转移到其他话题上，问她接了这么多采访，有哪些比较厌倦的部分。

"我真的不知道我有什么厌倦的。比如说我现在想结束采访。"她勉强地笑着，其实在下逐客令了，"我感觉已经够了，也没什么可深挖了。我的故事也就这么多，再挖掘的话就是我的内心世界。但是我的内心世界，确实对于我来说，这么大年纪了，有的东西可能已经忘记了，有些东西可能我不会记得那么完整……"

工作结束后很长的时间里，编导吴明敏陷在负罪感里。她在想，是不是一直跟随的镜头以及车内逼仄的空间，这些客观条件对苏敏造成了影响。她和同事反复确认，并没有问出什么尖锐问题。

"作为一个被拍摄者，天然的权利上是不平等的。她是被你审视的，她在你面前是暴露的。虽然这是双方达成一致的拍摄，但是这个叙事的权利依然是掌握在你手里的。"吴明敏对我说，"不管怎么说，她是一个有过创伤经历的人。在这点上，她是一个弱者。"

弱者

在苏敏女儿杜晓阳的视角里，故事的另一面在展开。

童年记忆里，她最害怕的是一件事。有时候几个月一次，有时一个月数次。基本在晚上发生。她难以入眠，"听到我爸的呼噜声我才敢睡"。每年生日，她许愿这件事不要再发生。初三以后，她去外地上学，才远离了这一切。

在一些采访中，出于某种不忍或者对母亲体面的维护，她将其描述为打架。但更严谨的描述应该是——家暴。"我爸很胖，我妈小小的。她根本没有还手的机会。"在外界看来，苏敏强大且独立。当送报工时，她是片区组长，管着七八个人。她自己搬凳子换灯泡，她在电脑上自学了Excel。但强大的女人依然逃不过挨打。挨打的原因，有时是她在牌桌上让丈夫觉得丢了面子，有时是唠叨多了。男人踹她，扇她耳光，揪她的头发。女儿看在眼里。

母亲从不暴露自己的痛苦。她从未与女儿哭诉，也未聊过她的婚姻。在杜晓阳稍微大一点的时候，曾和母亲说，要不你跟我爸离婚算了。母亲拒绝了："爸妈要是离婚了，恐怕对你以后找对象有影响。"

很早，女儿就下定决心，未来的丈夫一定要找一个能交流、好脾气的人，"你要不听我的、（不）受制于我，我是绝不接受的。"刘伟伟就是这样的丈夫。家里他负责做饭。杜晓阳怀上双胞胎，需要做胎心监护，住院半年，那段时间，苏敏白天守在医院，晚上刘伟伟接手，早上从医院去上班。孩子出生，杜晓阳在卧室哄睡一个，丈夫在客厅哄睡另一个。

我与杜晓阳在郑州见面。寒暄时她没有微笑，她身上有一种冷漠的审慎。"我其实也不是算是特别正常的人，从小在这样子一个环境下长大的人。"谈话进入轻松的氛围后，她告诉我。她对任何感情都很淡薄。家庭为她带来的阴影始终在，她自卑、胆怯，不知如何与别人正常相处。

随着父母年长，直接的暴力逐渐消失了，取而代之的是经常发生的口角。好几次，她和刘伟伟半夜赶到父母家劝架。有次，父亲楼下打麻将，母亲喊他，他被激怒了，说回家就要打她。母亲给女儿打电话。她迅速赶到，阻止了事态恶化。"这次必须要让他们离婚。"她对刘伟伟说。

母亲不愿离婚，这个话题聊两句就聊不下去了。女儿觉得父亲在一些事情上无可原谅，但他依然是她的父亲。"我什么都做不了。"杜晓阳说。日子就这样一天天过下去。

"我爸爸对我妈各种挑剔、各种指责。"杜晓阳说，"他心情不好，我妈就有压力，就觉得她做好饭了，多干点活，她能得一个好脸色。"女儿后来想，这是父亲的PUA（精神操控术）。

这些年的大部分春节都是母亲自己过的，父亲回乡下。母亲总有理由，做送报工时年三十也要工作，或者她盖别人的被子睡觉不舒服。但真正的原因也许是她自己透露过的，那几天是她真正得到喘息与自由的时刻，"自己包点饺子，弄两个菜，喝个酒，晕晕乎乎地看看电视，困了就睡。老公在，你还要张罗他们吃的穿的。"

母亲隐忍着。在2019年的一天，火山终究还是爆发了。

当时公公婆婆都住在杜晓阳家里帮忙照顾双胞胎，苏敏依然三天两头往女儿家跑。有天回到自己家，丈夫质问她，你去干什么，是不是有想法？这是一句外人听起来不明所以的话，但经常被丈夫拿来质问她。"我爸说话那个语气，形成一种气压。这是一个长期的精神压迫。"杜晓阳说。"这是他的一个武器，一个鞭子。"刘伟伟说。

随后发生的事，女儿女婿一周以后才知道。消失的一周里，母亲跟他们说自己拉肚子。

这一次，"鞭子"带来的不是顺服，而是失控。突然之间，母亲拿起刀，在手腕上划了两刀。见丈夫无动于衷，她便又在自己胸口扎了三刀，血染红她的衣服。送去医院后，伤口处理完，父亲对医生说她脑子有病，又带她去看了脑神经。中度抑郁就是在那时确诊的。她从此每天服药，直到自驾游到云南才停下来。

没有什么想法，这是苏敏在采访中常说的一句话，有时使用得完全不合语境。这句话其来有自。"想法"对她是个刺眼字眼，能引发应激反应。

父亲不是一个恶魔。他承担家务中买菜的任务。在杜晓阳夫妇与我见面的那晚，是他在家里照顾孙子。女儿说，父亲在外形象是个老好人，在事业单位工作，"请客吃饭大方，脾气好，笑呵呵的，特别善良"。在母亲成为新闻人物后，亲戚都对涉及父亲的部分内容感到意外。为他抱不平的大有人在，杜晓阳堂妹说："怎么办？我大伯得受多少委屈？"父亲是平庸日常里的一个乏味真相。苏敏作为一个悲剧样本，有某种特殊性，但更多是普遍性，每个人都可以从身边人群里找出类似原型。

父亲没有接受过任何采访。所有问询到刘伟伟这里就止步了。女儿认为没有必要，"他有可能会误导你"。这种单方的讲述可能是危险的。但是，没有任何一个采访者去打破那堵墙。

母与女

在社交平台，父亲已经社会性死亡了。在现实里，他安然无恙，所有亲戚里唯有他快90岁的姑父把他叫过去骂了一顿。他活在自己的世界，基本和网络隔绝，情绪全然未受影响。女儿记得，苏敏的报道刚出来时，他有点好奇，女儿说了一半，"他不感兴趣，去干别的了"。

他有反省吗？好像一点都没有。否则无法解释，母亲出来这些日子没有找他，他也从未主动去联系。但母亲与女儿女婿通话时，他会在旁边插嘴，好像什么事情都没有发生。两人不直接对话，处在两个平行时空。母亲的车在上坡时熄火了，打来问刘伟伟怎么处理。父亲说的每句话都是否定，又把她惹急了。女婿赶紧把手机拿到别处去讲。车在路人的帮助下越过了那个坡，事实证明，父亲自以为是的判断都是错误的。

我问杜晓阳，她认为父亲的优点是什么。她琢磨半晌，只说了一个，"他偶尔也会理解一下人。"母亲呢？她马上说了一大串："做饭好吃，不怕吃苦，勤劳能干，爱学习……"她眼神瞟向丈夫，"接！"刘伟伟接着说："她的思想不落后……"杜晓阳又接回来："她比较热心。"

母女都不擅长情感表达，女儿结婚后一度与母亲的距离拉远了。反而是苏敏出来这两年，是母女交流最多的两年。许多话，母亲不曾对女儿说，但是经由媒体，女儿听到了。她知道了母亲一生中最接近爱情的时刻，是高中收到一封情书。她听母亲说起抱着年幼的她在风雪中走了几十公里的路。她听母亲谈论痛经。一桩桩生活片段串联，她好像重新观看了母亲的一生。她为与母亲在带孩子的方式分歧上产生的争吵感到愧疚。女儿又对媒体讲述，她们就这样隔空完成了交流。

我与苏敏讲起杜晓阳对家暴的感受，她沉默了半晌。"从头至尾不想流眼泪，因为眼泪已经流完了。"她慢慢地说。突然之间，她抽离出来。"他的思想是麻木的，你看他的女儿一直在哭泣。其实真正受害的是他的女儿，对她心灵创伤是很大的。"她好像站在第三方的角度看待这一切。

"现在你要让我回忆我的过去吧，我也不会流泪。我老公常常有句话，眼泪是流给谁看的？你何必在他面前流眼泪。我就是想哭，我跑到外面，我闷到被子里哭，我都不会在他面前流一滴眼泪。"她说，"我不想往回看，我不想回头。我不可能再过那种生活。我感觉它已经过去了，离我远去了。我现在唯一要做的就是过好我剩下的每一天，我希望抓住我的未来。我更希望我的孩子不再为我而悲伤，我更希望我的孩子因为我的走出来而开心。她的心结也能解开。"

现在，自媒体成了联结母女的重要渠道。刚开始是苏敏自己剪辑视频，后来忙不过来了，杜晓阳就帮她剪。以前带孩子，是母亲给她打下手，现在调转过来，她是母亲的助手。

苏敏有主见，女儿的运镜建议基本不听。她想拍什么就拍什么，镜头总是晃动得厉害。她对新技术的掌握让女儿暗暗称奇，她懂得用两台GoPro摄像机同时拍摄，还学会了操作无人机。

杜晓阳大量地看母亲的旅途素材，她每天和母亲通话。真实的状态要比视频里苦一些。吃和睡，这两件日常生活里的享受，在旅途中却是挑战。遇上恶劣天气，野外做饭很辛苦。风特大的时候，没法搭帐篷，苏敏就一直待在车里。在高原上，电热毯电力只能维续前半夜，好几夜她被冻醒，硬熬到天明。

运营自媒体让苏敏充实，她每晚要忙到12点后才睡。除了剪辑，她要回复粉丝，还要抽空去看看别人的视频，借鉴学习。很多女人给苏敏发私信，并没有太多长篇大论。"因为都是大妈们，她们打字有限。"

但没有自媒体会怎么样呢？杜晓阳知道，母亲还是会开车上路的。自媒体不是她冒险开始的原因，也不会改变故事的本质。

旅伴

2021年3月，苏敏来到广西黄姚古镇，两位女性旅伴在这一站加入。与她一样，她们各开一辆小车。她们是她直播间的忠实粉丝，聊熟之后，约定同行。

接下来，她们一路往西，继而转北，到达新疆时，已经是支五人车队了。路上陆续有人加入，也几经换血，她们中最小的一位47岁，苏敏最年长，大家喊她"大姐"。她们能走出来，有一个共同的原因，是受到了苏敏的吸引。但苏敏只是提供了一个例子，开车上路的决定依然是每个人独立完成的。在相聚前，每个人都走过了属于自己的一段路。她们都意识到，这一趟行程不只是玩，也是治愈。"快乐的人不会想出来"，她们说，出来是为了寻找快乐。

她们也许是截然不同的人。小燕开着一辆重型拖挂，有一种生人勿近的气质，所有人里只有她喜欢抽烟。"天空"是一米七多的大个子，说话大嗓门，走路生风，但却是身体最差的，到拉萨就回家休养了。"背包"风趣幽默，曾背着包去过30多个国家——这就是她外号的由来。叶子则恰恰相反，没出来旅游过，她是个内向的女人，所有情绪藏在心里。还有最晚加入的大芳，喜欢自言自语，说话小小声，总感觉自己不行。小芳是个退休了的学校教工，外表斯文整洁，性格沉稳温和。她陪苏敏来北京参加活动时，我见到了她。

她们在旅途中间免不了有些小摩擦小矛盾。"人与人的交流沟通是个挑战。因为来自不同的地方，有不同的生活习惯。"小芳说，"这一点苏姐是最好的，她特别能包容人。对于我们来说，就是一种凝聚力。"

"一家人也会有吵架的时间，何况是外人呢？但是也无伤大雅吧。吵过以后，该咋地还咋地。"苏敏说。

苏敏不再是一个独行者，她是一个群体中的一员。在刻板印象里，这个群体常常沦为网络段子和动图里的嘲讽对象。你也许可以喊她们"大妈"或者"阿姨"。她们是不再年轻的女人。她们是平凡的妻子和母亲。她们有倾听与表达的需求，但无论是公共舆论、文学或是影视剧中，她们得到的机会太少了。

至少这段旅程里，她们为自己而活，她们不是谁的妻子或者谁的母亲。她们穿漂漂亮亮的衣服，品尝美食，大量地拍照。她们想被人看到，每个人都有抖音。她们聊天，"乱七八糟的，路上的所见所闻，吃到的美食，或者是想念哪个地方的景"。当然还有讲笑话。

什么笑话呢？苏敏和小芳相视而笑，"那种女人在一块儿能讲的笑话"。

旅伴们形成一种默契，就是不打听家事。"背包"是所有人里最早与苏敏见面的那一个，她当时只是简单介绍说她的情况是离婚、单身。那你孩子多大了，苏敏问。20多岁了，我一个人在江西，"背包"说。提问到这里就结束了。

"又不是户口调查，问那么多干吗啊。"苏敏对我说。每个人都有不愿意说的秘密。既然出来了，就把过往抛在脑后。

大芳26岁就离婚了，如今孙子都8岁了，她说兄弟姐妹都指望她照顾父亲，她压力很大，也很自卑。苏敏能感到她心里的那道坎，不断鼓励她。"大芳，你想干什么，你就去干。有啥事对着我们说，把你的需求，把你想表现的表现出来。咱们这一群人，没有人怪你。"苏敏当着她的面，数她身上的优点："大芳你很好。勤快，就你勤快，早上我们都睡懒觉。又爱帮我，添水干啥。"

"要是你26岁我认识你，我一定让你再嫁的。26岁太年轻了。"小芳对大芳说。

她们各睡各车，有时合起来拼个宾馆的三人间住，一人才花30多块。做饭几乎由苏敏承包，她手艺好。几个月下来，大家都胖了。她们开玩笑说苏敏是饲养员，养了一窝小猪。

女人们有了一个行动模式，大方向归苏敏定，路线归"背包"定，露营点归小芳找——她比较年轻，手机app用得熟。"个人有个人的特长，大家互相商量。"苏敏说。车队行进，苏敏开头车，那顶车顶帐篷老远就能辨认出来。叶子在最后，她喜欢和别人拉开远远的距离。

她们走丙察察线，落石把"背包"的车玻璃砸烂了。两辆车先后爆胎。她们自己换胎，却发现扳手根本拧不动螺丝，结果还是靠路过的男人帮忙。她们去到海拔4900米的班戈县，"天空"肝疼了一个晚上，正是在那里，她知道自己吃不消了，决定退出。还有那北屯的蚊子，太厉害了，咬一口痒一个星期。

她们靠与驴友的交流获取信息，这种方式更准确，她们搞清楚了，只有开着高底盘的SUV才能进墨脱县城。她们在车与车之间绑绳子晾晒衣服。新疆哈密瓜两块钱一公斤，她们可劲儿吃。

旅程中也会有支线情节。在西藏时，大部队往波密而去，苏敏离队回了趟出生地昌都。40年没有回去了。原来的房子都拆了，路修得很宽，她找不到过去的一点痕迹。也挺好的，她想。

途中也会有烦心事。她在拉萨碰到邻居，和丈夫一个单位。聊起来，她知道原来丈夫的工资有6000块，一直瞒着她往低了说。她更不想理他了。

很多女性会在直播间表达对苏敏的羡慕。她欢迎同行者。但付诸行动的人，始终是极少数。包括苏敏的同学们，没人打算长期自驾游，都是想着在家里打麻将，偶尔出来度个假。

"很多中国女性，总感觉自己出来了，家里的老公、孩子怎么生活，好像离了她这个家无法转动一样。羡慕归羡慕，她走不出来。"小芳对我说。

但这些旅伴与苏敏毕竟是不同的。她们有各自明确的终点。除了苏敏，所有人都要回家过年。而来年，有人也许会继续上路，有人也许不会，比如叶子，她说儿媳妇怀孕，"不可能放在家不管"。

从新疆出来，她们就分道扬镳了。旅程的第355天，我在武汉搭上苏敏的车的那天，她又是一个人了。

结局

苏敏承认，她是一个内心有怯懦的普通人——"我一味地退让造成了现在"。故事的真相，并不是一个天生英雄开启了一场奥德赛之旅。刚开始，她的出走是不得已的。但这场旅途改变了她，她找到了成为榜样的动力。在说服别人之前，她首先要完成自我说服，所以她要看到事情的积极一面。所以她不害怕，不孤独，不需要抗抑郁药片。她变成了她所描述的那个更强大版本的自己。

有时，她的一些表达会让女儿感到惊讶。说得很不错，你提前想好的？女儿问。不是，过后我想想再说也说不出来了，就是当时到那个点了，我就说出来了，母亲说。

但更多关于她出游（用"出逃"这个词其实并不准确）的意义阐释，是由大众和媒体替她完成的。对她而言，这个行为本身的动机非常简单。任何思辨的讨论，与她要非常小心地展开，否则会揭开她的伤疤。她不是一个思想者，她是一个行动者。她解决困境的方法不是靠回答，而是靠行动。她处在流动的河水之中，"我感觉一路都在成长"。对于女性生命如何舒展，她提供的是一种路径，一种想象力，而不是终极答案。

她身上也有一些非常传统的东西。之所以等孙子上了幼儿园之后才选择出来，她认为带孙子是她需要完成的工作，"我肯定要帮助一把，但是我也没糊涂到包揽所有的责任。"性别规范不自觉地影响她，她没有改写那些规则，而是选择忠于职守，她与那些更具进步意义的女权观念存在冲突。"她既有这种老一辈思想的束缚，又有对这种新生活的向往。"刘伟伟说。

她对爱情还向往吗？她迅速否认。旅途里唯一出现过有些浪漫意味的相遇，是在云南。当时她在停车场哪儿也不去，等着下月的退休金，遇到一个比她小几岁的老弟。他仰慕她。你想玩儿啥地方，他问。我说想玩儿点不收费，又有少数民族风情的，她说。于是他带她去曼丢村，那里泡温泉才10块钱，"想怎么泡怎么泡"。他们一起度过了愉快的时光。"我从没问过任何他的个人问题。"她否认了这里面的暧昧，但她从没忘记那几天。

出来这两年，她从未回过家。"这个病复发率很高的，我不敢保证。所以为什么我要去冒那个险呢？"抗抑郁药片带在车上，从未用过。

我和她谈到了离婚的问题，这也是关于她最大的矛盾。如果以前是因为怯懦，现在她已经完全不一样了，为什么不做决定呢？

"不会。我有两面性。"她说，"我永远不知道拐过弯我会看到怎样的风景，山的那边是满眼绿色，还是满目疮痍。我抱有期望，他有改善的态度，通过这一段的反省，他能够认识到他自己的错误。我希望我们两个能平心静气地谈谈。我希望我们一个大家庭和和睦睦地过下去。"

这就是故事的最好结局吗？男人认错，女人原谅他，他们从此幸福地生活在一起。

就连女儿女婿也说，这件事不可能发生，毫无希望。这是狗血剧的结局，不是现实。

"我感觉和解的可能性不太大。如果能够和解，他如果认识到他做法太偏激的话，早就打电话联系了。"另一次聊到这个话题时，苏敏说。

她知道她的旅程不可能永远继续下去。最多三五年，她还是要回归家庭。回去之后发生什么，所有人其实都心知肚明。"我知道，什么都不会改变。如果真的是给大众一个结局的话，那结局就是这样，回来没有改变。"杜晓阳说。

但也许，故事结局早就改变了。3年前，她是个割了自己5刀的抑郁病人，现在她是个穿花裙子、画眉、笑得露出牙缝的人。"我感觉当时我要不出来的话，我会在医院度过我的后半段。我的抑郁会更加严重，我不想把我的生命浪费在医院。"苏敏说。

进入2022年，在她发布的视频里，我看到她有了新的旅伴，小车换成越野房车。房车可以做饭，她拍了很多烹饪视频。她再也不需要找宾馆洗澡了，车里可以解决。这个夏天我和她通电话，欢快的笑声不断从话筒中溢出，正赶上女儿全家来找她，车里都能住下。她去泸沽湖，去林芝桃花节，去水上雅丹，去格尔木，再一次去了西双版纳，在那里过了年。她的行程慢了下来，在每个地方停留时间更久。经济仍然是个重要考虑，房车油耗是之前小车的两倍，走一公里要一块二，"今年油价也涨了，不敢跑太厉害"。

顺其自然，是她现在的理念。别想那么多。全国的省份，尚未到过的只有东北和内蒙了。但还有好多地方没去，一步步来。待疫情平息了，她要把车开出国门。

在我的跟车之旅结束的那天，苏敏早上8点就出发了。到了中午时，她留言给我：今天这一路比昨天好看，祝你一路顺风。

任何事情都有好的一面和坏的一面。今天这一路比昨天好看。房车是现在的家。引擎嗡嗡作响。苏敏继续飞驰。

（殷盛琳对本文亦有贡献）

说到彻底离开这里，还真是有点不舍。但这地方太狭窄了，不能够容纳我的心。

孙玲

被"爆款"折叠的女孩

文\卢美慧

编辑\萧祷

　　"不想那么无聊"是孙玲在做人生每个关键决定的时刻优先考虑的因素，对十几岁的她来说，种地和理发都有一点无聊，所以要改变。到了深圳，每天在流水线上测试电池正负极也很无聊，所以也要改变。当上程序员，每天坐办公室朝九晚五，时间久了也难免无聊，所以依然要改变。人们对孙玲故事误解最深的是，觉得最终拥有一份高薪工作就是这个女孩最好的结局，但孙玲自己从来没有这么想过。

遗照

　　堂屋积灰的桌子上安放着两张遗照。一张旧一些，已经有了年

188

份，大概有十年①，是这家的奶奶。遗照上面黑色绸布扎的花已经变形，没精打采地歪到一边，落了不少灰。新一些那张，53岁的男子在今年年初死于癌症，他是山村里一名普通的木匠，一生勤恳。他生前很高大，在湖南乡下，他的个头儿给很多人留下挺拔的印象。不过遗照只拍半身，显不出来。而因为癌症的折磨，本来挺拔的身形也被耗得脱了相，遗照选取了生病之前的一张照片，很精神，显得年轻，汇集在堂屋里的女人们说起来，还是觉得可惜，太年轻了，"一天福也没享到。"

这家的女主人谢友云用娄底方言简短介绍了遗照里两个人的一生，家里现在用的桌椅板凳都是离世的丈夫手工打的，用的都是好木料，十几二十年用下来已经有了一层包浆。但木匠的活计并不能支撑一家人的生活，丈夫也要跟人去打工，最开始的时候一天挣5块钱，8块钱，到后来20块，30块，前些年最好的时候甚至能到60块，可劳动力终于开始值钱的时候，他被查出癌症，治了三年，花了很多钱，人也没留住，一辈子都白忙了。

另一张遗照里的婆婆是个苦命女人，她一共生了五个孩子，三十岁出头就守了寡，一个人拉扯大五个孩子，"作为一个女人好为难。"

大山里的生活常常呈现出一种命定的循环。今年，谢友云也守了寡，虽然她的两个孩子都已成年，但儿媳几年前南下打工，丢下

---

① 本文首发于2020年。——编者注

三个孩子，此后杳无音信。因此事实上谢友云还是继承了婆婆的命运，抚育孩子，照料田地，等着孙子孙女长大成人，自己变老。

谢友云不是那种愁云惨雾的女人，在乡村世界，愁云惨雾的女人是活不下去的，说到婆婆和自己命运出现的一些巧合，谢友云说起来带几分洒脱，"人（一生）就是这些事咯。"

但谢友云的生活里也有亮色，她的女儿孙玲跳出了原本那个"循环"，不必再重复自己和婆婆的命运。2019年底，一篇题为《出身湖南山村，我用10年，从深圳流水线走到纽约谷歌办公室》的文章刷爆网络，这则励志意味浓郁的故事当时引发了大量自媒体的追捧，题目起得都很抓人眼球，《从月薪2300女工到年薪70万谷歌程序员：人生，永远不要给自己设限》《一个深圳流水线女工的10年：工资翻了40倍，我还不认命！》。紧接着新冠来袭，父亲重病，孙玲从美国归国探亲，因未能按照公司规定时间回到美国，孙玲失业，这一轮的题目更直接，《从女工逆袭到谷歌程序员，现在却失业，面临艰难选择》《高中毕业的娄底女孩孙玲，从流水线女工到年薪80万，现状让人叹息》……

这些特供网友们猎奇的"爆款"背后，是一个山村女孩从一种循环往复的命运中幸运突围的故事，这个故事因为孙玲出生在山村、高中毕业没有考上大学、有过在深圳工厂打工的经历而产生了巨大跌宕。在人们的意识中，从农村到城市的独木桥向来有且只有一座，那就是高考。不能通过这座独木桥的人，自然就被命运退还给土地，男人劳作，女人生息，按照自古形成的巨大惯性，过一种虽然时间上延续、但在内容上不断重复的生活。

在农村，这种重复往往定义和预示着女性的生存轨迹。谢友云不善言辞，普通话也不大好，于是把邻居和亲戚都推出来聊天。于是当天，背对着堂屋里的两张遗照，对话最终变成了一场小规模妇女恳谈会。李文莉是孙玲的堂嫂，但比孙玲小四岁，已经是三个孩子的妈妈。刘丹丹是谢友云的外甥女，也有三个孩子。

在孙玲这里，李文莉和刘丹丹目睹着命运的另一种可能。因为年龄相仿，她们很容易总结出命运出现分岔的节点，刘丹丹是个乐天派，她说自己从小一读书就脑壳痛，"不读书就改变不了命运"这句话现在经常被她用来激励自己的几个孩子，但收效甚微。李文莉心思重一些，她说起自己一直读到高二，成绩不错，但后来因为各种各样的原因，没有再继续读书。这个原因是什么，一再追问后，李文莉红着眼眶，决定保守这个决定自己一生的秘密，"还是不要说了"。

所有的话题最后都会回到孙玲身上，"她一个人真的好不容易""她爸爸治病的钱都是她出的，还在网上借了钱""肯定羡慕她啊""还是希望她能找个男朋友，早点结婚""她很厉害，可以说英语，我的普通话都讲不好""她就是比较顽强，我们就比较容易放弃"……

大多数时间在一旁默默听着的谢友云为女儿高兴。她比所有人都更明白，这一路家人没能给孙玲任何帮助，因为丈夫的病，因为儿子的家庭，给女儿的甚至都是拖累，谢友云也不晓得网上那些文章里都写了些什么，生活比"爆款"细碎复杂得多，女儿能从一种足以吞没所有人的巨大惯性中逃离，谢友云说，"她只能依靠她自己。"

生存故事

对孙玲来说，人生的分叉可以追溯到一列一路往南方开的绿皮火车。在高铁尚未普及的年代，绿皮火车纵横往复，将一车车的劳动力从内陆输送到沿海。

沿海制造业对劳动力的巨大渴求为80、90的农村一代提供了走过独木桥或回归土地之外的第三种可能。相比于父辈单纯的候鸟式生活，新生代农民工对城市的渴望更强烈，对农村、农业、土地的感情更陌生，他们怀揣着对美好生活的希冀涌入城市，又事实上长期处于城市和农村生活之间的某种真空。

回忆绿皮车上的场景，孙玲好像也没有特别的兴奋和憧憬，印象有点深的是夜里11点多，火车不知道开到哪里，车厢里很闷，车顶的风扇也没什么作用，但是夏天的风会一阵一阵涌进窗户，吹一下就凉快一些。买的硬座票，怎么想睡也睡不着，孙玲就掏出随身携带的《红楼梦》看。

《红楼梦》是孙玲少女时代唯一的一本课外书。那时候家里养一头牛，如今回想起来，每次去放牛的记忆都是很开心的，下午放学回到家，揣上《红楼梦》，找个安静的小山坡，牛吃它的草，孙玲看自己的书，看到天色将晚，山村的一天就结束了。

孙玲不是黛玉党，也不是宝钗党，她最喜欢的角色是史湘云，"我觉得她特别潇洒，为人处事是很干脆利落的一个性格。不像薛宝钗她太多心思，林黛玉就感觉太感性了。"

孙玲不是个感性的人，或者说生活没怎么给她可以感性的机会。踏上绿皮火车，原因也很简单，在遭遇了高考的打击后，孙玲想的也是普通农村孩子会有的最普通的念头，多挣些钱，养活自己，减轻家里的负担，仅此而已。

等在孙玲前面的原本是一颗螺丝钉般的生活，她进入了深圳一家电池厂，日常的工作是测试电池正负极，孙玲不能偷懒，也不能走神，作为流水线上的一员，她的"上家"和"下家"都需要她把自己的工作做好，这样"流水线"才能真的成立。

相比于农村，工厂生活是另一种吞没。孙玲很快懂得，适应工厂需要做的就是尽快实现自己的格式化，每天超时工作，工友们之间没什么话说，十几个小时的劳动之后，也会累到不想开口。但打工生活的好处在于，在流水线、晶体管、电路板、车间的烟尘与噪声共同造就的另一种"循环"之外，日子还是会留有一些缝隙，有缝隙就有选择，有选择对于当时的孙玲来说，就意味着逃脱循环的可能性。

但不是所有选择都会导向好的结果，有次工厂放假，孙玲到外面闲逛，等公交的空档，有人上来搭讪问她想不想要换工作。那个时候孙玲对日复一日的测正负极有点儿厌烦，被对方忽悠着填了表格，她当时想，如果能换一份心仪的工作，花点钱也没什么，于是她把身上的400元现金和银行卡里仅有的1600块存款都交了出去，然后满心喜悦地等待着对方承诺的面试通知。

劳动密集的珠三角工厂中，人们对幸运或幸福的想象通常有一层纯洁的功利主义。如果能得到一份文员或销售助理的工作，就意味着更好的收入，更轻松的工作，以及性价比更高的婚恋可能。

只是左等右等，面试通知没有来，孙玲意识到自己被骗了。

在中国几亿农民集体涌入城市的巨大时代幕布之下，以面试和培训为名，针对低收入地区年轻男女的骗局一度成为城市的流行病。2012年，纪录片导演陈为军拍摄的《出路》中，一个所谓的"学校"的负责人对着镜头讲述他的生意经："我们是个公司，我们不是个学校，严格来说，它是一个公司，把学生弄进来，交了钱，再把他弄走就可以了。中间你不需要做任何事情，学校从来不会管你教得好或是不好。"

被骗之后，等候那些年轻人的，通常是命运的吞没，被击垮的信心，被榨干的钱财，和对个人前途的绝望，这一切最容易造就的集体选择显而易见，那就是认命。不同的是，被骗的经历让孙玲对工厂生活产生了很大的恐慌情绪，她觉得这么简单又低能的骗局自己竟然上钩，一定是在工厂里待傻了，她一定要改变。

2010年，孙玲从工厂辞职，报了一个软件培训班。离开工厂那天，孙玲用日记记录下自己的心情，"说到彻底离开这里，还真是有点不舍。但这地方太狭窄了，不能够容纳我的心。"

前《华尔街日报》驻京记者、作家张彤禾在自己的《打工女孩》

一书中，曾描绘过珠三角地区的培训班盛况，一些主打"提升个人综合素质"的速效班，更容易收割迫切需要改变自身短板的打工者的心。而英语和电脑课虽然最受欢迎，但坚持下来的人很少，因为它们收效很慢。

但孙玲还是坚持了下来，她当时的积蓄只够学一期课程，于是白天学习，晚上打零工，似乎是与生俱来的韧性陪伴她度过那段跟命运作战的日子。于是靠着边打工边赚钱，和培训机构的分期付款政策给予的喘息机会，孙玲完成了为期一年的编程学习。

2011年下半年，孙玲通过了一家公司的面试，正式进入IT行业。工资3000，转正后4000，朝九晚六，有双休。

2012年4月，孙玲报名了一家英语培训机构。学英语的动力来自一则广告，广告中说，掌握一门语言就是掌握另一种思维方式。学费26500块，总觉得自己天资不够的孙玲把前一年攒的钱全部投入其中，不够的部分分期贷款。

2012年底，觉得凭借高中学历未来找工作困难的孙玲又报名了西安交通大学的远程教育，学费10000多，同样可以分期。

2014年，孙玲通过了英语四级考试。拿到大专文凭后，她又接着报了深圳大学专升本的自考，周末去深圳大学上课，十几个科目，一年半的时间后，她得到了深大的自考毕业证书和学士学位。

学习英语的经历让她认识了世界各地的朋友，于是萌生了想去外面世界看一看的想法，2016年圣诞节，孙玲在一次聚会活动中的卡片上认真写下了自己的愿望——我要去其他国家至少生活一年，无论是学习还是工作。

接下来是新一轮的知识储备战，刷题，考雅思，申请学校，2017年9月8日，孙玲收到了从美国寄过来的通知书，次月，她漂洋过海，开始了自己的留学生活。

2018年10月，孙玲获得了EPAM Systems公司的offer，这是一家在纽交所上市的信息技术服务公司，孙玲负责服务谷歌，工作地点在谷歌的办公楼，年薪税前12万美金（折合人民币约为82万）。

后来，这十年的经历被"爆款"文章提炼为一个励志故事，但孙玲告诉《人物》，事实上她自己一点也不喜欢"励志"两个字，她不励志，从小到大压根儿就没有什么"志"，日子就是一天覆盖一天，父母、老师或者工头告诉她该做什么，她就会做什么。

至于后来的人生变化，思来想去，那个全部积蓄被一个低劣的骗局骗光的瞬间所引发的厌恶、恐慌，以及对自己的气愤，可能在最关键的时刻起了那么一点点作用，这一点点作用逼着她在关键时刻作出孤注一掷的选择。

但选择学习编程，孙玲无意中走进了中国移动互联网狂飙年代的洪流。过去十年，互联网创业狂潮制造了无数财富新贵和热门话题，这些潮头的故事每隔一段时间就会搅动一下时代的神经，孙玲自然不是潮头的人，可抓住时代浪花迸开的一粒小水珠，对这个急于摆脱流水线工作的打工女孩来讲，已经是不错的收获。

让孙玲自己回忆过去十年的经历，她想不出任何戏剧性的时刻，选择编程的理由是她知道自己内向笨拙，但编程的世界很简单，你给它什么指令，它能即时反馈，这种反馈跟朋友圈被人点赞的感觉类似，"虽然是电脑在跟你互动，但那个时候这个反馈特别吸引我。"

于是孙玲就被这一点机械型的反馈吸引着进入了互联网的世界，最开始报班的时候，因为没钱，孙玲要打几份工赚学费，她喜欢晚上11点之后的肯德基，因为干的工作一样，但是可以拿双倍工资。本质上学习也是这样一种反馈机制，你做了什么，就会收到什么回馈。孙玲觉得自己后来是被这种反馈机制吸引，改写命运之类的宏大概念她很少去想，她信奉的道理简单许多，种豆得豆，农民世界最朴素和实用的一种智慧。

"符号"

谢友云记忆中的女儿，"真的没有什么不同"，"很乖，不会要这要那"，"学习不好的，读书不好"，"会帮忙干活"，对于孙玲后来"逆天改命"的动力，谢友云很难从记忆中找寻到什么证据，一般来说，急于逃离的人往往会呈现出巨大的叛逆，但谢友云的回忆中女儿从不如此。

孙玲也觉得自己从没有叛逆过，如果硬要说什么是受不了的话，她记得有次跟家人一起收玉米，那天天热得要死，大中午被父母拽到田里干活，那块地离家很远，要顶着太阳爬一座山坡，玉米秸秆一人多高，钻进去热得喘不过气，玉米叶子边缘的锯齿划过皮肤弄得人又疼又痒，那个时候孙玲"是真的不想弄玉米，只想回家休息"。

　　另外一个场景是收稻谷，湖南的稻谷分早晚两季，早稻必须抓紧时间收割，然后翻地，抢种晚稻。这个时期的农活必须争分夺秒，有点跟老天抢时间的感觉，是中部农民一年中最忙碌的日子。收早稻的时候，爸妈会在田里踩稻谷机，孙玲和哥哥则要在水田里把水稻一捆一捆递给爸妈。水稻锯齿锋利，孙玲的手经常会被划出血口，最让她生气的是，因为生长期不足，早稻味道很差，抢收下来的早稻通常都是喂猪吃的。那么辛苦干活，最终都喂了猪，付出和回报之间让人沮丧的落差，是孙玲关于"不公平"最初始的记忆。

　　至于后来，孙玲外出的这些年，谢友云对女儿在外地的生活一无所知，只是凭着一个母亲的直觉，她觉得孙玲已经习惯了报喜不报忧，习惯隐藏自己的压力和困难。"她一个人在外面，肯定是吃了不少苦头的。"

　　但孙玲本人不大愿意跟人谈论那些苦头。在她的价值谱系中，如果你正在做的是你梦想做的事情，很多事便不觉得苦。她很少买衣服，吃东西也很简单，通常女孩们喜欢的包包和化妆品她都很免疫。谢友云有时候都嘀咕，女儿实在是太朴素了，村子里随便谁家的姑娘媳妇儿都比她打扮得时髦好多。

　　孙玲自己倒是坦然。前些年因为学习英语，她认识了一些玩飞盘的外国朋友，从此打开了新世界的大门。这些年，因为各地组织的飞盘和马拉松比赛，孙玲走过了国内外很多地方，几乎晒遍了地球各个纬度的太阳。飞盘起初吸引她的是那些外国人的大笑，她当时特别感触，觉得怎么可以笑得那样畅快和放肆。

孙玲小时候不觉得自己好看，眼睛小小的，也黑，很少有勇气直视别人，但现在她也成了皮肤被晒得很黑，比赛结束就放肆大笑的一员。大笑的照片多了，看着自己黝黑的脸孔下两排被衬得雪白的牙齿，她意识到很放肆的大笑背后，隐藏着自信和美丽。

但也不是没有烦恼，随着自己的经历被越来越多人关注，孙玲也领教了当下舆论场的善变与吊诡。

一开始，孙玲一路开挂、用知识改变命运的故事被打造得太过励志，她被大家认为是"励志"符号、标准的成功学样本。

可安稳的消失只是瞬间的事，疫情背景下，她为了赶回家见患病的父亲最后一面，而没能及时回到美国的公司，成了硅谷失业潮中的华人雇员。一部分人对她予以同情，另一些人则揪住她的狼狈，发泄情绪。

尤其是失业的原因一传出，孙玲又被刻画成一个山村女孩的突围样本，她要供养重病的父亲、留在农村的母亲和哥哥一家。在网上吵得翻天覆地的性别领域，她再度被符号化，一个现实版的"樊胜美"，一个改写了自己命运但必须反过来为原生家庭输血的寒门女儿……

其中，被无限放大的一处是，初中的时候，因为哥哥突然不想上学，父亲觉得女孩上学没什么用，就让哥哥和孙玲一起退了学，孙玲被送到姑姑家学习理发，但学了两个月，洗头都洗不好，于是央求父亲重新让她读书。

这段经历被很多人揪出来大肆批评，那段时间，父亲正承受着巨大的病痛，回天乏术。从美国回来后她也正被安排到镇上的酒店隔离，最终没能陪在身边，为此，网络上流传着种种指摘与审判。当走了足够远的路、明白了很多小时候无法明白的道理之后，网友们对父亲的指责让孙玲非常难过，她不觉得自己逆天改命之后就要否定家人的生活方式，"我觉得没有资格去这样子（指责），根据我现有的生活，去说当时我爸做的选择就是不对，不能这样子一概而论。"

孙玲也很难不为这些嘈杂烦恼，她不明白为什么网上那么多人会想当然地认为可以肆意指摘他人的生活，不愿意被当作一个假想的符号被网友们分析和解构，她代表不了任何一个群体，不管是打工女孩，美国码农，还是寒门女儿。

不过情绪充沛的网友们不大能干扰到她对自身生活的认知，在与《人物》的交谈中，"阶层跨越""时代变迁""国际关系""女性意识"，这些词语也不大能调动孙玲讨论的热情，后来孙玲告诉《人物》，她搞不清楚外界怎么看待真实的农村生活，但其实就她观察到的爸爸妈妈或者奶奶一辈的生活，农民在现实世界中往往有一种对生活的漠然。

她小时候有点胖，谢友云是个粗枝大叶的女人，孙玲身上、头发里经常藏着虱子或跳蚤，这让很多小朋友都不愿意跟她玩。她也想干净一些，穿漂亮衣服，扎小辫子，但父亲母亲光是考虑全家人的生存就已经耗光了力气，生存之外的事情，他们不是不想，是没有能力和精力去想。

　　某种意义上，孙玲继承了这种农民生存智慧中的漠然，她没有那么多敏感和脆弱，就像母亲从不愁云惨雾一样，敏感和脆弱这么小布尔乔亚的情感，很多时候孙玲也感知不到。网友们对父亲和家人的苛责更多时候让她感知到的是网络世界和现实世界的巨大落差，网络上的口水或许让富于讨论热情的人们以为他们了解底层世界，但是事实是怎样的，"我觉得没有人真的关心。"

　　谈到父爱的时候，孙玲说起了哥哥。三个孩子，老婆离家出走，哥哥成了农村世界里的"失败者"，也继承了父亲的沉默，跳入了属于他必须去承受的循环。孙玲能感知到哥哥面对自己时内心的某些微妙，有羡慕，有依赖，可能也有悔恨，甚至多多少少会有一些对自己或者是对命运的愤怒，但是有时候，哥哥会跟孙玲发微信，问什么给小孩子用是好的。

　　在孙玲老家房间的小桌子上，有一堆世界名著，《红与黑》《战争与和平》《安娜·卡列尼娜》《呼啸山庄》等等一大摞，这些书是哥哥给他的三个小孩买的，但其实三个小孩年纪还很小，现在根本看不懂这样的书，这些书空白的部分被当成画本，密密麻麻地被五颜六色的水彩画笔填满。春节回家的时候，孙玲偶尔会翻起这些书，在她看来，这堆侄子侄女们根本没有看的书就是哥哥表达父爱的方式，"他也不知道什么是好的，他可能听人家说这些是好的，就买了。"

　　回到自己同父亲的关系，十几年前，父亲可能只是做了绝大多数底层农民通常会做的选择，家里确实没钱，哥哥成绩也比孙玲好，孙玲的几个舅舅都做美容美发生意，如果能掌握一门手艺，至少可以逃脱稻田和玉米地的折磨。另外孙玲替父亲难过的是，农村地区重男轻女的思想至今依然如此，让父亲这样的农民按照网友们规划的现代思想在十几年前做出"正确的决定"，一点都不现实。

现在父亲离开了，孙玲飘荡在美国，能想到关于父亲的片段都是一些很小很小的事情，父亲年轻时脾气不大好，但这两年明显温和了许多。邻居会告诉她，父亲生病后常在屋子外面的空地上坐着，对着远处的山和池塘，一待一天，邻居们常问起孙玲在美国的事，"他每次都会笑，都好开心。"

婚姻也是父亲临终前最关注的事，病了三年多，后来知道自己时间可能不多的时候，父亲也会跟孙玲唠叨起她的婚姻。"他知道这个感情的事情还是得看我自己，他一直也很提倡就是说无论你找谁，我都OK，只要是你两个人认可，两个人好就好了，所以其实我爸在这方面特别开明。我之前在美国工作的时候，他就说，如果你要找外国人的话，如果是真的找不到中国人的话，他外国人也可以啊。"

还有一天晚上，父亲给她打电话，告诉她家里养的鸡被偷了，村子里的鸡都是散养，一下子十几只都没了，让父亲很恼火。这件事让孙玲很感动，因为父亲一生不善言辞，几乎从不跟子女交流什么，但那天晚上，她觉得这是父亲开始慢慢打开自己的标志。

那个电话里，孙玲也跟父亲说自己在准备一个演讲，很焦虑，一定做不好，一定会出丑，电话那头父亲跟孙玲说了一句她会记一辈子的话，他说，"只要你用心去做了，就都可以的。"

这些细碎的小事远比网上的纷纷扰扰真切，在美国一次次面试失败，等待机会垂青的时刻，孙玲总会想到这句，"只要你用心去做了，就都可以的。"

涟漪

胡鹏升是孙玲的高中同桌。虽然是同桌，但回忆上学时候孙玲的样子，她脑海里的那个女孩是模糊的，"她是一个什么样的人呢？她成绩不是很好，理解能力不是很强，然后问我问题，问完了之后就觉得，对，我好厉害这样子，但当时可能她并没有搞清楚那个（题目）。"

胡鹏升后来考上了大学，毕业后定居在广东。七八年前，通过一个共同的同学，胡鹏升和孙玲在深圳重逢，"她的变化非常大。学生时代就比较内向一点，也没有很多交流，也不怎么说话。但是我再见她的时候，她整个人就是比较阳光，就比较积极，很向上，很有活力的一个人。"

胡鹏升和丈夫罗伟后来都成了孙玲的好朋友，也因为孙玲的原因喜欢上了户外运动。罗伟记忆中最深的一件事，有一次大家去徒步，原本计划要走一趟60公里的山地，走到50公里的时候，天已经黑了，这个时候，很多人开始想到放弃。"孙玲就比较照顾所有人的情绪，先把我们选择放弃这些人送上车，然后跟剩下的人把十几二十公里走完。"

因为并不认识很多年以前的孙玲，罗伟很难想象眼前这个乐观、坚定，会跟自己讨论计算机专业问题讨论到谁也说服不了谁的女孩，是经历了怎样的旅程才会成为今天的样子。

胡鹏升觉得自己很佩服孙玲的一点，是她比所有人都走了一条更人迹罕至的路。胡鹏升是复读生，她觉得对身处底层的农村学子来说，高考、大学、工作，好像一个一个路标，指挥着所有人应该去的位置。胡鹏升提到，她和孙玲的家乡湖南娄底新化县，最出名的是遍及全国的复印店生意，对新化人来讲，能拥有一家自己的复印店，不管在什么地方，便是最好的出路。

在胡鹏升看来，"复印"这件事仿佛充满隐喻，别人怎么过生活，你就怎么过生活，农村生活的逻辑如此，城市生活的逻辑也是如此。比如她幸运地通过了独木桥，然后外出读书、工作，日复一日，她很少再去想到变化。她们重逢后不久，孙玲跟她说要花两万多块钱学习英语，胡鹏升的第一反应是，"她不是被人骗了吧？"

后来孙玲决定去美国留学，胡鹏升和朋友们依然担心。胡鹏升觉得，对大多数人来讲，生活安定下来，人们首先通常会想到存钱，让一切变得安稳可控，但是孙玲不一样，她好像对变化有一种迫切的渴求，"然后她查了很多资料，她确定了她要去的时候，她就树立了目标。她还打了500块钱给我，让我监督她。她说要是她3个月，就几个月没有存够10万块，这500块钱我就不用还给她了。"

被问到关于驱动力的问题，胡鹏升觉得一路支撑孙玲的，可能是一种她从很小的时候就一直想摆脱的自卑。同样生在深山，胡鹏升觉得每一个试图融入城市的年轻人或多或少都会有这种自卑，但很少有人像孙玲一样，一直把这份自卑当成动力，一路被这种自卑驱赶着，最终有了改变。

孙玲觉得，对于很多像她一样自顾自长大的农村女孩来说，那种卑微和不自信的感觉，很长一段时间会是自己的敌人。因为"生命这个事情，是怎么回事，是没有人教的"。

孙玲告诉《人物》，小时候读《红楼梦》的时候，读得最津津有味的是宝玉的性幻想和性经验，她是在后来读《红楼梦》的时候才能明白，"哇，原来这么复杂"。但她的少女时代，《红楼》故事里最吸引她的确实是似有还无讨论性的片段。在一个孤独的，没有任何人引导、教育和陪伴的世界，孙玲是在《红楼梦》故事里读到了男女之别，有了最初的性别意识和启蒙。

"性"是无人可以讨论的事，特别是在乡村世界，常被认为羞耻，包括孙玲自己，"尤其是在刚刚第一次来例假的时候，对这些东西都不懂，什么都不懂。我妈给我拿卫生巾，我说我不用，这是什么东西啊，我为什么要用啊，一开始会很反抗，后面才发现，用卫生纸啊或者是其他方式都不行，所以才去用那个。我妈又不跟我讲说这个是可以防止裤子被弄脏啊，也没有讲另外相关的一些知识，也不会讲，她也不知道怎么讲。"

所有的事都要靠自己去摸索，认知，发现，成为孙玲日后的一种生存本能。

8月9日，孙玲30岁生日的前一天，她接到了美国一家公司的offer，那些"爆款"故事似乎可以迎来续集，但对孙玲来说，经历了舆论场上的一段奇幻漂流，现下更重要的事是打包、搬家，准备奔赴另一个城市开启一段新的冒险。相对于被他人告知什么是对，什么是错，什么是最好的选择，孙玲还是觉得自己试过了之后，才会知道所有问题的答案。

比起重新找到一份工作，她更开心的还是自己的变化，最近比较开心的一次变化是学会了"愤怒"，大多数时候，孙玲都友善随和，几乎不懂跟人吵架。但之前有一次，她实在没忍住。

送走父亲后她去自己一直向往的川藏线玩了一圈，之后通过自己的公众号写了那段时间的感受，一个人跑过来留言说，"父亲去世，我觉得最好能不玩就不玩，能不要旅游就不要旅游，死者为大，更何况是自己的父亲。不管心情上怎样的悲痛，行动上至少有一段时间的尊重。古有守孝三年，现代至少三个月不为过。"

孙玲回复，我是不太认同这些。

对方不依不饶，那你是怎么想的？是，确实是在国外待了一段时间，但根儿上还是中国人的。起码的仁义礼智信、温良恭俭让，中国的家庭观念还是需要有一些的。

孙玲再回，哈，为人处世这块就不烦你来教啦。

虽然只是一次微弱的，甚至称不上愤怒的愤怒，但孙玲还是很高兴自己反击了回去。

她当然也意识到，世界正处在剧烈的变化之中。但她不是那种特别会畅想未来的人，5年后10年后自己会在哪里生活，过什么样的人生，她完全不想现在给出设定。这比较符合她一直以来对人生的想法，因为未知，所以才不会那么无聊。

"不想那么无聊"是孙玲在做人生每个关键决定的时刻优先考虑的因素，对十几岁的她来说，种地和理发都有一点无聊，所以要改变。到了深圳，每天在流水线上测试电池正负极也很无聊，所以也要改变。当上程序员，每天坐办公室朝九晚五，时间久了也难免无聊，所以依然要改变。人们对孙玲故事误解最深的是，觉得最终拥有一份高薪工作就是这个女孩最好的结局，但孙玲自己从来没有这么想过。

不过大概所有故事一定都有一个magic moment，除了在那节绿皮火车上阅读《红楼梦》的片段，孙玲还说到，离开工厂进入培训班学习，当时的老师教的第一件事是写一个小程序，孙玲照着老师教的去做，写出了自己人生的第一个小程序，输入一串指令，电脑上会即时出现一行字，这行字是"hello, world"。

在此郑重邀请你，把握有限的今生，先一起耸耸肩，挺这个既优秀又普通的自己一把，那些需要努力的事，反正放一阵也不会有人偷做了去。

江鹅

40 岁那年，她一事无成，还好写了本《俗女养成记》

文\罗芊
编辑\金石

　　在中国台湾，人们喜欢把20世纪70年代出生的人叫"六年级生"。2016年，生活在台北的"六年级女生"江鹅写了一本小书，记录了自己在台南乡下的成长经历。她为这本书取名《俗女养成记》，"俗"即为"普通"，是那种没有成为世俗意义上理想女生模样的"普通"。

　　书中，江鹅看似写的是一碗红豆汤，写一丸汉药，写一块垫板，写一缕幼面，但表达的却是——一个落在社会期待值之外的"俗女"，在40岁时，如何回望与思考自己的成长。

　　后来，这本书被另一位俗女，同为"六年级女生"的中国台湾资深舞台剧演员严艺文看到，决定改编成电视剧，并又邀请了一位俗女，也是"六年级女生"的谢盈萱出演。

这个故事的结局是：两部《俗女养成记》收视口碑双丰收，且获奖无数，《俗女 1》和《俗女 2》在豆瓣上的评分分别是 9.2 分，9.3 分。很多观众称它们为"台剧版《请回答 1988》"。

江鹅的《俗女养成记》是这一切的缘起，有人说，这是一封写给六年级女生的情书，而这封情书的神奇之处在于 —— 一个普通女生发出了这封情书，随后遇到了更多普通女生，她们一起共创，让无数普通女生懂得了一件事：普通也可以理直气壮，做一个接受自己的"俗女"，或许也是一种活法。

1

一个出生于 20 世纪 70 年代的中国台湾女生，在台南的一间中药铺长大，后来北上读书，去海外留学，再回到台北工作，做外文秘书，是那种很普通的公司职员，努力工作，但常常困惑 —— 工作上，看别人逞凶斗狠，突破困局，拿到一个不错的成绩，他们总能因此获得非常具体的胜利感，"一种很辉煌的自我肯定"，但她完全没有。

她想，是不是那个"成绩"不够大呢？带着这样的困惑，她熬了八年，十年，工作完成得不错，老板也挺赏识，但她还是感觉失落，别人费力气达到目标后的那种乐在其中，自己也花了很多很多力气逼自己做到了，却并不快乐。

终于，熬到 38 岁，她情绪焦虑，皮肤也过敏，去了很多诊所，几乎每个医生都让她"要懂得调适压力，睡眠要充足，不要晚睡"。听到这些话，她知道，医生已经没有药了，只能靠自己。而此时的自己，没房、没车、没婚姻、没小孩，人生看上去"一事无成"。

怎样才是"有成"呢？

大抵是这样的——要聪明伶俐却听从爸妈和老师说的话，照顾好自己的功课并且主动帮忙家务，待人温文可亲自己却坚毅果敢，从事一份稳当的工作并且经营一个齐备的婚姻，最好玲珑剔透却又福厚德润，懂得追赶新时代的先进，也能体贴旧观念的彷徨。

"大部分的人，都期待这些女孩都将理所当然成为优秀又好命的女人，和大家一样。"她说。

而她从小就是个跟不上的小孩。乖巧跟不上，成绩跟不上，使坏也跟不上，只能一路小心，以免脱队。小时候，父母让她学钢琴，想让她变成一个气质良好的钢琴老师，但她五年级开始叛逆，拒绝练琴，宁可坐在钢琴前被打被骂，就是不弹。当不了钢琴老师，父母转移目标，要她考上好学校。她一路在父母安排的轨道上前进，考大学，留在大城市当白领，直到坚持不下去。

她快40岁了，她想，如果人有80岁寿命，也活一半了，这辈子都在让别人安心，活在别人的期待里，而自己无尽焦虑，到时候后悔怎么办？40岁，好像还可以再试试看，做一点不违背自己感受的事——她决定辞职休息。

辞职一个月后，压力真的慢慢消失，感觉做什么都对了。那时，她有个在出版社工作的朋友，她们常在一起聊"六年级生"共同的成长回忆，正好离职空窗，朋友鼓动她把这些回忆都写下来，她开始去记录成长过程里，那些没有忘记的事。

她一直有写作的习惯。早些时候，会在社交网络上写自家猫的日记。她不擅长社交，这些真的想说的话，就这样在社交网络上对着茫茫人海讲，取名"可与人言的二三事"，结果反而找到了舒服的交流方式。

写猫写了两三年，写不太动了，就开始写人的生活。她写东西受吴念真影响很深，吴念真的文字平白亲切，不刻意掉书袋，她也如此。

她喜欢写那些自己嘴巴里讲得出来的句子。她写台南，人情特别浓厚，乡亲来家里拿药，常常会带一点自家种的水果，所谓"带一点"，往往就是半篓，香蕉更是"一整弓"。她写面摊老板，每次她去买一碗面，老板讲话时虽然一张臭脸，却总会叮咛她"拿好，别烫到"。她写阿嬷的节俭，冰箱里的咸鱼总是舍不得扔，膏药贴布也舍不得扔，贴过继续贴，睡醒以后，阿嬷背上的膏药贴布四角都卷起来，粘上细小的棉絮，看起来灰灰脏脏。

这些文字被结集起来，出了一本小书，讲述在这些人生细碎里，一个来自台南乡下的女孩如何一点点长大，慢慢窥见并进入成人世界。

她给这本小书取名《俗女养成记》。所谓"俗"，意思是"俗常"，一种很普遍的、世间都有的状况；所谓"俗女"，也就是"普通女孩"，那种并没有成为世俗意义上"好命女人"的普通女孩。

她还给自己取了个笔名——江鹅，没什么特别的寓意，毕竟，刚开始写书的时候，这位新晋作家觉得最多卖800、1000本就差不多了，所以随便选了个名字。她怎么也没想到，自己有一天居然要出去签售——"鹅"字笔画真多啊，给人签名的时候，她想，如果取名叫"江龟"就好了，每次签名还可以省下几画，但"江鳖"不行，因为，"鳖"的笔画比"鹅"还要多。

2

《俗女养成记》是那种书——看一眼目录就能感受到整本书的气质——

满仔家的菜包、妈妈的早斋、中药房里的跟屁虫、中药房的下午茶、来去呷一碗面、学校里的公共电话、去隔壁册局买一块垫板、买一缕幼面、亮起来的房间、窗台上的花布帘……

总之，都是家常、琐事、日子里最细微的那点滋味。这多少得益于江鹅自小就有一种"阅读空气"的本领，擅长观察人类，也很会捕捉人与人之间关系的流动。

但将这些"空气"付诸文字，江鹅真正想讲的则是——一个落在社会期待值之外的"俗女"，在40岁时，如何回望与思考自己的成长。

书中第一篇，写的就是小时候阿嬷告诉她："不要嫁恬（安静）的。"这是阿嬷的择偶观，她说，嫁给安静的人，一世人都不知道他在想什么，"激死！""像你阿公！"比这一条更重要的是——有钱。江鹅写道，她跟阿嬷吃过许多喜酒，如果新郎是医生、律师、公司老板、大企业主管等貌似高收入人士时，阿嬷才会赞许地点头，"为新娘下一个'嫁得好命'的论断"。

但阿嬷又是个浪漫的人，看很多电视，"体内的浪漫细胞是我的数百倍，她在我长大的十数年里，无一天间断地追踪着电视里的男女主角，期待他们能够终成眷属"。江鹅去海外留学前，阿嬷唯一给过她的正面建议，是"可以交阿度仔（外国人）"。

如今，再次谈起阿嬷的愿望，江鹅写道，如果自己当年真的嫁了一个话多又有钱的外国人，生一个漂亮的混血儿，"依照阿嬷的建议来看，稳好命的"。但阿嬷没有料到的事实却是，这个孙女长大后，遇到话多的人就会忧郁，还总是有一些独特的见解，"得捏着大腿想着薪水，才能逼出耐性戴上温婉的面具"——"至于'有钱'嘛，阿嬷，我跟你说，钱这种东西终究还是自己有比较好"。

第三篇《妈妈的早斋》，讲的是妈妈那一代女性面对的生育压力。

因为结婚五年后才生下女儿，妈妈一直保持着吃早斋的习惯，以此来感谢老天爷的帮助。江鹅是接受过高等教育的新一代，自然明白这种生育压力是父权制对女性的挤压，但她并不会强求妈妈去抗争，因为，"我隐约记得，小时候巴在妈妈脚边，看她就着梳妆台打排卵针的画面。每次回想起那个景象，都由衷庆幸还好后来有了弟弟，并不是乐意默认这个父权结构，而是当绑在十字架上的人是自己母亲的时候，就觉得无论如何可以先下来真是太好了"。

即便是在女性主义声浪高涨的当下，江鹅也不认为需要强求每一位女性抗争或觉醒，毕竟——"仍然有许多女人，因为压力，或爱，或制约，自主选择或身不由己地投身传统角色，背负起一身的责任重担。无论甘不甘愿，都是难。如果有旁人还要说些挑剔的闲话，说人家没有端好哪杯茶，捧好哪块碗，任何人听见都应该立刻把茶杯塞进他嘴里，或把碗砸在他头上"。

至于那篇《查某人嘛有自己的愿望》，写的则是江鹅教阿嬷唱歌的故事。

她一直负责教阿嬷唱歌，她教阿嬷唱的最后一首歌，是潘越云的《纯情青春梦》，那时候她已经在高雄读书，放长假才回家，相处的时间不多，只能密集教学。这首歌对阿嬷来说并不容易，阿嬷学得很辛苦。但是不论多难，每当战战兢兢唱完紧张的一段，终于来到"唱歌来解忧愁，歌声是真温柔，查某人嘛有自己的愿望（女人也有自己的愿望）"的时候，她总能在阿嬷终于放松下来的歌声里，听见感动，"阿嬷非学会这首歌不可，大概就是为了能唱这几句吧"。

全书的最后那篇文章，取名《六年级女人，你好吗？》，是江鹅的几位女性好友的故事。她们都是六年级女生，也都来自普通人家，在彼此眼里，她们各有成就，但自己看自己时，却又是完全另一回事。

S善于陪伴，愿意为朋友贡献自己的时间，开心的事她不抢风头，悲愤的事她同情同理，"无害无求地成全别人一段心里踏实……这样的人很珍贵"。但每当被问起自己最骄傲的人生成就，她却从来不会提起自己的体贴细心，反而会为至今单身、仍然住在家里，觉得难以向父母与这个世界交代。

A看上去非常符合社会预期，在有规模的企业工作，嫁给温柔体贴的伴侣，养育两个聪明活泼的小孩，但即便是这样的女生，也答不出父母家人会赞许她哪一点，而且一直记着，自己选择的伴侣并不是父母眼中最理想的版本。

J是一位发型师，技艺出众，乐观勇敢，江鹅每次找她剪完头发，都会沾染上她勇猛的生命力，觉得自己特别好看，视野特别宏大，但她却很怕有人问起，"你的发廊赚不赚钱？"

这似乎是每一位"俗女"都无法摆脱的命题——面对所谓的社会标准和期待值，是疲于奔命到勉强及格，还是放过自己，接受自己成为社会期待值之外的普通女生？

在《俗女养成记》的自序中，江鹅早已摆明态度："那张优秀又好命的女人蓝图，我勉力跟着长了大半辈子的，我看也就这样算了，长成了的部分没让我容易多少，长不成的那些显然这辈子就不干我的事。"而在全书最后这个故事的末尾，她如此写道："在此郑重邀请你，把握有限的今生，先一起耸耸肩，挺这个既优秀又普通的自己一把，那些需要努力的事，反正放一阵也不会有人偷做了去。"

3

这些年，《俗女养成记》一直在给江鹅带来惊喜。

　　许多读者告诉她，从书里看见了自己，也收获了力量，"虽然我不是六年级生，但身为追在后面跑的妹妹，在长成后的牵绊，在进退之间也懂得了作者说的风景，俗女长成平凡却也理直气壮。"

　　还有专业人士的赞许。作家黄丽群评价说，江鹅写一碗红豆汤，写一丸汉药，写一块垫板，写水银泻地的夏日午后，再小再琐碎，都能是"一个干净明亮的地方"。"她的书可明眼目，清心肠，健精神：这个中药房的小孙女果然得到药家真传。"

　　江鹅没有想到，自己这样一个"很不起眼的小小的个人"，写了一些"自得其乐的喃喃自语"，竟然会有那么多人喜欢。

　　而最意外的惊喜是一则私信，发件人是台湾的资深舞台剧演员严艺文。严艺文在私信里说，想把这本小书改编成电视剧，问江鹅是否愿意。江鹅没多想，直接回复了一句"好啊"。自己的书能被改编成电视剧，她"开心到想跳舞"，觉得自己祖坟冒青烟了，"想去考察三代祖公祖妈烧来敬天礼祖的香是哪个牌子"。

　　严艺文也是一位六年级女生。她出身传统家庭，父母都是公务员，她是家中的大女儿，从小乖乖按照父母安排的路走，小时候的严艺文在家很安静，不敢顶嘴，爸妈甚至觉得，她太安静了，安静到好像没有叛逆期。

　　高中时，她参加戏剧社，一下爱上了戏剧，高考报志愿，她偷偷报考了台北艺术大学戏剧系，妈妈知道后打了她好几个耳光，住在花莲的奶奶都被拉来劝她，最终，她落榜了，按照爸妈的意愿读了公共行政系。

等到考研时，严艺文又想报考台北艺大，因为上次落榜的事，爸爸觉得她肯定考不上，就让她去考了，结果她以最后一名被录取了。

她就此活在了父母的期待之外，成了一名"俗女"。戏剧系毕业后，找工作不容易，严艺文投简历，招聘公司给她推荐的职业是电梯小姐，因为没什么门槛。这些年，她做戏剧，也参演一些影视作品，还拿过金钟奖的最佳女主角，但一直过着普通的生活，年纪渐长，没有结婚，有时睡觉时还会被自己的磨牙声吵醒，与所谓的"好命女人"没什么关系。

对于严艺文而言，江鹅的这句"好啊"非常重要，因为，这是她第一次计划做导演，怀着一种忐忑的心情给原作者发去私信，没想到对方答应得那么爽快。后来很多次接受采访时，严艺文被问到，如何说服江鹅答应改编，她都会大笑，"江鹅直接就说'好啊'。"

拿到改编权后，严艺文决定找谢盈萱来出演女主角。

谢盈萱是严艺文的学妹，也是一位六年级女生。她和严艺文有着非常相似的人生经历，为了做戏剧，她们经历过非常拮据的时期，最穷的时候，两人卡里的钱都没超过 1000 块，谢盈萱曾在接受采访时提过，当时为了把这些钱取出来，还得专门去找那种可以取百元钞票的取款机。

严艺文找到谢盈萱时，她正在给电影《谁先爱上他的》做宣传，口头上答应了出演。但没过多久，谢盈萱凭借这部电影拿到了影后——拿影后当天的情节也非常"俗女"，谢盈萱根本没想到自己会获奖，最佳女主角颁奖前一刻，她都准备好要站起来鼓掌了，鞋带也没有绑，结果却被念到了名字，只能冒着鞋子会掉的风险走上颁奖台，幸好脚已经够肿，鞋刚好就吃住。

谢盈萱拿奖后，严艺文一面为她高兴，一面想着完蛋了，之前谈好的女主角要飞了，也不知道还要找谁来演，自己去演的话，这么短的时间，也减不了肥了，幸好，谢盈萱并没有爽约。

关于为什么决定出演《俗女养成记》，谢盈萱曾写过这样一段话："到了这个年纪也都别自欺欺人，我们已清楚知道：每个职业或扩大到人生的过程，皆有为自己感到骄傲的闪光部分，当然也有令人力不从心、想抛下一切远走高飞的时刻。也许是到了该抬起头来面对交叉路口的时分，也许是书中的那个段落点醒了我们。陈嘉玲对同属这个年龄段的女性来说，有深刻的投射。每个人都有自己心之所向的俗女，属于严艺文的、属于另外两位编剧黄馨萱和范芷绮的，还有看着剧本的我。"

一位俗女写下了自己的故事，被另一位俗女看到，又找来了一位俗女出演，江鹅笔下的文字变成了一场大型的化学实验，总之，又一段奇妙的旅程开始了。

4

江鹅同意把作品交给严艺文改编，但却婉拒加入编剧团队，因为她认为编剧是很专业的创作，自己未必可以胜任。严艺文很欣赏这样的个性，"江鹅就像《俗女》里的陈嘉玲，绕了一圈之后终于放过自己，懂得衡量做一件事的痛苦与快乐，然后取舍。"

虽然不是编剧，江鹅却被严艺文称为"团队不可或缺的缪斯女神"，她分享自己的生活和职场点滴，转化成剧本的灵感，所有剧中人的名字也都是江鹅亲自取的。

严艺文从书的最末篇《六年级女人，你好吗？》开始发散，女主角陈嘉玲一开始就设定成那种被世俗视为女 loser 的人，活到快要 40 岁，人生却活得一事无成，没房、没车、没婚姻、没小孩。

陈嘉玲的职业被设置为董事长特助，刚好江鹅曾做过类似的工作，她非常慷慨地跟编剧团队分享了自己生活的点滴，告诉大家特助生涯就是"一口砂糖一口屎"——说是特助，实际工作就是董事长的 24 小时私人保姆，得帮忙董事长处理各种"猫毛蒜皮"的小事，包括带董事长的情人看房，监督董事长吃药、吃爱心水果餐，吃完拍照给董事长夫人反馈。

《俗女养成记》每集都有一个主题，是非典型的连续剧结构。为了完成这个设计，严艺文会先从江鹅的原著中找出有感觉的主题，比如说谎、性禁忌、重男轻女、升学压力、望子成龙等，再根据大家分享的生命经验延展出剧情。

一开始，严艺文跟两位编剧、同为六年级女生的黄馨萱和范芷绮一起，彼此分享心事，写进剧本。后来谢盈萱也加入进来，再加上江鹅，变成了五个六年级女生通过聊天梳理自己的生命经验，共同炼出了一个"女鲁蛇和自己和解的故事"——江鹅为这个故事提供了源头，其他几位六年级女生则丰富和延续了其中每一个人的人生。

《俗女养成记》从立项到完成只花了7个月，普通台剧制作成本一集大约在300万台币，《俗女》制作费每集仅190万元。

2019年8月，《俗女养成记》第一季正式上线。很多人都有这样的感觉，看这部剧，不知道自己为什么笑了，为什么哭了，不仅能感受到真实，还很疗愈。

《俗女养成记》里几乎没有坏人，经常来"骗药"的老伯，其实是爷爷给爸爸设置的小考验。街头流浪汉靠近离家出走的小陈嘉玲，只是为了给她一个面包。这部剧甚至没有怪人，因为它总是用一种很温柔的视角，去试图理解所有人。

这种温柔的底色源于原著，也源于江鹅。小学一年级入学时，江鹅发现自己体能特别差，跑一百米，她落后别的孩子一大截，那种落后程度，会让体育老师直接误会，"你跑这种速度是在跟老师开玩笑吗？"

她想了很多办法，无果，问爸爸妈妈怎么办，他们也不理解，为什么会跟不上？但这种体验从小就教会她，这个世界上每个人都是不一样的，可能有些人就是听不懂一段文法，有些人就是背不出一段课文，一些自己做起来易如反掌的事，有些人就是做不到。所以不要轻易指责。

童年时期，她印象最深的童话故事是《红萝卜与白萝卜》。故事说，有一座白萝卜城，里面住的全是白萝卜。有一天城里来了一条红萝卜，大家蔚为奇观，朝他指点讪笑，长得好奇怪噢！喝醉酒了吗？真是太好笑了！

红萝卜深感困窘，愈发脸红，赶紧离开。其中有一条白萝卜小朋友笑得特别起劲，舍不得好戏这样散场，心想，一条红萝卜已经这么好笑，要是跟着他回去红萝卜城，岂不全城都是笑料吗？于是尾随而去。去到红萝卜城，情况果然如他想象，到处都是红通通的萝卜，有趣极了。他放声笑起来，却发现四周传来更大的笑声，原来身边环绕着的红萝卜全都指着他在笑：长得好奇怪噢！是生病了吗？真是太好笑了！

白萝卜小朋友吓坏了，逃回家去。

江鹅一直忘不了这个故事，从很小的时候她就知道，在这里觉得很对的事情，去到别处可能不对。

书中，尽管江鹅有时言语犀利，嘲讽婚礼上新娘掷捧花的环节，她是这样写的，"好像火锅店里吃牛肉的人，硬是把那些吃猪肉的人叫出来抽签，抽中的人就恭喜他，下一餐能够吃到牛肉"。但对于很多具体的人和事，她的笔触却始终温柔。

《香蕉紧来呷呷咧》那一篇，讲乡下人重情，经常会带一大篮水果来看病，家里大人就会说，这香蕉在烂啊，卡紧分分呷呷咧（赶紧分分吃掉吧）。于是，之后的好几天，她们全家便不得不"为了留下一颗水果当中可以吃的部分，必须握着菜刀东片西片，和各处软烂的果皮果肉果虫搏斗"。

即便到了近些年，状况也还是一样。几年前的夏天，江鹅回老家，看到天井地上排着半张报纸的土杞果，青的很青，熟的长满黑点，"削开来会见到许多活跃蠕动着的生命力"。妈妈说，那是阿桃婶拿来的。阿桃已经八十几岁，两条过劳的腿弯成一个O形，还是天天骑着野狼125到山坪去"做田"，她的几个孩子在城里过得不错，也老老实实供养着母亲，但老人家就是没办法让地空着。故事的最后，江鹅写道——"妈妈问我，这样的土杞果你说要不要收下来吃？我点点头，是应该要吃。"

写阿公和阿嬷去世，她是这样写的，"我出生在阿公和阿嬷人生最丰盛的时刻，我在学习拥抱生命华美的一路上，同时见证他们被迫逐一放下手上的人生资财……我迈向每一个成长阶段的同时，他们也在滑向每一个老死阶段，同一件物事，以欢娱的面孔迎向我，用决绝的背影离开他们。"

电视剧中，严艺文也延续着这种温柔。在她的理解里，《俗女养成记》是一个和解的故事。跟上一代和解、跟自己和解、跟这个社会和解，"我希望当每个女人40岁的时候，可以把那些肩负在身上的东西放下，就算被人家当作是失败者，那又怎样，关你屁事啊！这是我的人生。即使别人不喜欢你，辜负别人期望，又怎样？"

《俗女养成记》收视爆红后，有很多找严艺文谈女性成长议题的演讲、座谈邀约，但都被她拒绝了，"因为我拍的不是一个勇敢追梦的励志故事，也不是大张旗鼓宣扬女性主义的电视剧。相反的，《俗女》只是一部希望观众在哭过、笑过之后，明天起床继续过日子的喜剧。"

2019 年金钟奖上，《俗女养成记》获得迷你剧集奖、迷你剧集 / 电视电影女配角奖、戏剧类节目剪辑奖三项大奖，严艺文领完奖后特地感谢了江鹅，"因为没有她把六年级女生的想法与经历写出来，成就不了这样的故事。也谢谢她告诉我们，只有自己认为的开心，才会是真正的开心。"

5

《俗女养成记》的奇妙旅程还在继续。

2021 年 8 月，《俗女养成记》第二季上线，豆瓣评分 9.3，比第一季还高出 0.1，有观众看过后写下评价："你可以永远相信陈嘉玲和她的家人带给你的快乐和感动。"10 月，江鹅的《俗女养成记》在大陆出版。

但对于江鹅，一切好像没有太多改变。剧集播出当下，会有一阵热潮，朋友们偶尔会聊到一两句，但也就过了。总会有更要紧的话题，比如，谁谁谁最近好不容易抢到非常难买的蛋黄酥，留给她一盒，"多少钱啊"，"八百块"，"什么东西八百块这么贵"，朋友之间就是聊这些。

最近倒是有发生一个具体的"改变"，因为接受采访的缘故，她去了一趟自己最喜欢的森林步道。

那是一个森林游乐区，叫太平山。江鹅很喜欢那里，喜欢那里的森林步道，但那里的住宿有严格的限制，一次只能住一个晚上，为了能多住些日子，她甚至想过自己现在也没工作，如果混不下去了，去那里端盘子倒是一个退路，"端盘子不需要什么技巧吧，我去端盘子，端一年，那我就可以看到那个山头的四季变化"。她说，这是一个"过度浪漫的玩笑"。

但就是因为这个玩笑，记者提出可以去那里采访，还有资深专业摄影师帮她拍了个人美照，"谁的人生有这种经历呢，我跟朋友说真的很稀奇，就这样。"

《人物》和江鹅视频通话了两个多小时①，她说话很慢，语气也很温柔软糯，不像陈嘉玲那样"悍"。她这样形容自己与陈嘉玲的不同，"大概是我必须咬碎三次牙根才下得了的决心，她咬一次就能往前冲。"

她说，38岁辞职时，她其实已经忍耐那份工作很多年，很多人以为她提出离职毅然决然，义无反顾，其实并不是，她拉扯很多年，经历了很多彷徨忐忑焦虑，一步一步摸着石头来到现在这个位置。

她想告诉大家的是，不需要义无反顾推翻什么东西，现在所有的纠结摆荡都有正当的意义。果决服务的是别人，如果你还没明确自己到底要什么，就先服务自己，"你的纠结、摆荡是为服务自己。"

现实中，有很长一段时间，江鹅跟父母也没有很亲近。家人之间是很疏离的，"连吵架都不会，何况是表达感情"。等到了30多岁，才开始变得会跟父母多聊几句。

---

① 本文首发于2022年，采访于2021年。——编者注

每次要回台北时，她会先把车开到定点，把东西拿上车，父母就跟在她身旁，有一搭没一搭地问，水果有拿了吗？东西都带齐了吗？江鹅一一答有，等到所有东西都拿上车后，她会说：谢谢妈妈煮大餐、谢谢爸爸种的玉米，然后拥抱，开车北上。

刚开始当然很卡很害羞，但几次之后，她就发现，很奇怪的，父母会慢慢地"蛇"（挪）到她旁边。肢体的碰触可以建立共识，超越语言，"可能就是爱，无论怎样，我们是在一起的。"

写下《俗女养成记》，也是一个诚实对自己交代的过程。这件事情一开始她并不觉得有什么了不起，但是意外的，读者的回馈让她发现，原来这种血淋淋的诚实，这种爬梳，会触及那么多人非常朴实的真实生命状态。

有读者看完《俗女养成记》，写下这样一段话：不管选择了何种人生，生或不生，分或不分手，接下来的生活都仍会一地鸡毛。但是最重要的是，我们拥有选择的权利、选择的能力。这也是江鹅想表达的，"赞许自己普通得理直气壮，这一点就很成材了"。

现在的江鹅在台北过着乡下般的生活，五点多起来，拉一张小凳子到阳台，倾听附近疯狂的鸟帮派吱吱喳喳，坐到清晨的凉意散去就进屋打扫，煮一锅最爱的米饭，再炒个小白菜或煎荷包蛋当早餐。一杯米刚好够吃一天。

没什么特别的烦恼，除了结婚这件事还是会时不时地跑来叨扰。

亲戚们逢年过节逼婚，她会选择直接对决，有个姨丈每次都要问她，"你哪时要请客？"她会立刻回答，现在就可以请你，走吧你想要吃什么？

但为了应付陌生人（比如spa会所工作人员）的询问，她正考虑是否要捏造一篇完整的身世——

首先得是自由职业，德文系出身，自由译者最合乎逻辑。而且只接商业文件，不碰出版，因为前不久，她回答某个业务人员自己是文字工作者，下一题接着就是有没有出过书，"我反问他如果出过书是不是多打一折，他听了只是呵呵笑"。

然后要生过小孩。一男一女，十六岁跟十五岁。孩子的爸爸，生完妹妹就离了，不想谈他。毕竟，结过婚就能挡掉后续八十个质疑，至于另结新欢的前夫，反而人人觉得寻常，不会追究。

孩子们呢，虽然都是中学生的年纪，但是都不爱读书。老大喜欢唱歌，平时在家里会突如其来张嘴练嗓，半夜唱得还比白天大声，搞得她好怕邻居来敲门抗议。妹妹也有自己的兴趣，喜欢短跑，虽然小小一只，但是跑起来好像猎豹那样，很有爆发力哦，她以后可以读体育系，去当体育老师啦。江鹅最担心她的就是挑嘴，弄什么给她都吃两口就不要了，瘦得像条蛇——是的，她讲的是她养的两只猫。

当然，也不是完全没有理想的结婚对象。

上一个让她身心妥帖到想要结婚的对象是个枕头，宜家最平价的那个睡枕，内芯被洗得或结球或离析，高低不平，但好好抱，套上用了十几年的棉布枕套，隔着旧枕套才有的细软棉绒搓揉枕芯里的棉球，安心入睡。可以结婚。

最近出现的想结婚对象是凉拌龙须菜。

江鹅这样描述这位对象：麻油和胡椒粉用香气纯一点的，植物油用清爽无味的，天天眯着眼睛监控马路对面有没有那个阳明山上的阿桑终于下凡来卖免撕免挑的嫩龙须，终于巴巴等到了，回家杀鸡用牛刀地拿小 V 锅来烫菜。滚水加盐，下菜，加盖，转身取冰块备凉水，回头掀盖捞菜，不出二十秒翠翠脆脆。拌起来是童叟无欺的龙须，没有土气没有草腥，在麻油和白胡椒陪衬下清新得像仙食。一筷子夹进嘴，身心无比妥帖 —— 想结婚，一生一世在一起。

参考资料：

1.《俗女养成记》，江鹅，理想国 | 北京日报出版社，2021 年 10 月。

2.《俗女日常》，江鹅，时报出版，2021 年 8 月。

3. "可对人言的二三事"，江鹅脸书主页。

4.《中药行女儿的生活药方——专访江鹅〈俗女养成记〉》，OKAPI 阅读生活志，2016 年。

5.《作家江鹅：真正的快乐，是不做什么就很快乐》，今周刊，2019 年。

6.《"人如果接纳了自己，看世界就会顺眼"》，OKAPI 阅读生活志，2021 年。

7.《专访严艺文：一肩扛起制作人和导演责任，为自己为台湾影视试出一条新路》，娱乐重击，2019 年。

我就觉得年轻女性一定要多看书，多看电影，不要把学习停掉。我现在看多了，老觉得我太想学了，我的时间太不够用了，而且你看多了心会更安定。

唐小雁

野草一样的女人

文＼翟锦

编辑＼金焰

唐小雁曾是徐童多部纪录片的主人公，做过老鸨，开过黑煤窑，被人拿土枪堵过门。而现在的唐小雁是徐童倚重的纪录片制作人，出入国内外各大电影节，上过《锵锵三人行》，在文化人的圈子里混得风生水起。

"咳，老头打起来了。"善缘养老院院长冲着屋内喊。

正是午休安静的时候，唐小雁一支棱，几步出了门，拿着手机就开始拍。被打的老头拄着拐，走到走廊尽头，委屈地碎碎念：他打我，我要告诉我儿子去。另一个打人的老头颤巍巍扶着墙，瞪着拦他的院长，想下楼。

唐小雁站在几步外的楼梯下，把镜头正对着老头的脸。纪录片导演徐童在离人物更近的地方，拎着5D单反，不停游动镜头。

这是国内独立纪录片导演的代表人物之一徐童新开拍的纪录片现场。唐小雁曾是徐童多部纪录片的主人公，做过老鸨，开过黑煤窑，被人拿土枪堵过门。而现在的唐小雁是徐童倚重的纪录片制作人，出入国内外各大电影节，上过《锵锵三人行》，在文化人的圈子里混得风生水起。

偏门

唐小雁爱美，人也俏丽。她今年46岁①，柳叶眉，棕色眼影，看不大出年纪。剃光了小半边头发，像是做了一半的莫西干头，剩下的头发编满了红蓝绿色的小麻花辫。耳朵上串着五六个环，高鼻梁上镶着个碎钻鼻钉，五官棱角分明。

2009年，唐小雁还是北京一家按摩店的老板，是个在灰色地带讨生活的女人。在燕郊的算命先生厉百程家里，她碰上蹲在屋子里拍摄的徐童。命运在那时发生了改变。

在纪录片里，唐小雁讲述了自己的遭遇。1988年3月，刚刚15岁的唐小雁就离开黑龙江老家，到北京讨生活。

22岁的时候，她遭遇了性侵。那时她天天去迪厅跳舞，一次碰到一个穿西装，看着特文静的男人找她聊天，邀她出去喝点东西，

---

① 本文首发于2019年。——编者注

没任何防备的，唐小雁跟男人上了出租车，车拐到了胡同里。"我一坐那儿，就傻了，后悔了。"屋子里一张床，一个柜子，男人进屋后从抽屉里拿出把刀，架在她脖子上让她脱衣服。男人说自己是通缉犯，已经杀了3个人。唐小雁知道反抗不了了。

"你一个人出来，没有人去保护你，遇到那种情况，你只能靠自己去应付。"多年后回忆起这段往事时，唐小雁用手掩住了眼睛。

30岁的时候，唐小雁离婚，结束了7年的婚姻。前夫出轨，儿子才两三岁。那几乎是唐小雁最低谷的时候。"我说我这辈子也就这样了，那时候觉得人生很昏暗，活不下去了。"她带儿子回老家，在东宁县城的赌场做服务员。

那时候，唐小雁的妈妈总是生病，哥姐4个，有的条件不好，有的跟父母关系疏远不顾家，唐小雁作为幺女，反而承担着最大的赡养责任。父亲老唐头一有事就喊她拿钱，唐小雁实在被逼得没办法，只好当衣服、当表、当首饰，把能当的全都当了。"那个时候，就觉得这人生没法活了，很多回想死，后来我想我要是死了我妈怎么办啊（笑），一想这个，哎呀，活着吧，为了他们活着吧。"

2007年，唐小雁在北京开了一家按摩店。接触的人极其复杂，又游走在法律边缘。唐小雁成天提心吊胆，不得不与当地的地痞流氓、还有一些收红包的管理者打交道。人狠，她不得不比别人更狠。"信不信我弄死你？"她在店里打电话，厉声落狠话。有无赖汉赖在店里，她直接上去拿棒子招呼，把男人赶了出去，扔了200块钱给男人去缝针。

在外面受了委屈，唐小雁几乎从不找人倾诉，最难受的时候自己躲被窝里哭，不然就去找算命先生，平时不愿说的，能跟算命的唠半天，把对方当心理医生，直到碰上拍纪录片的徐童。

报恩

在徐童眼里，唐小雁身上有野草一样的生命力，"那种江湖的感觉，她身上这种东西吸引人。她被反复碾压，但是怎么压这苗也死不了，还长起来了。"

在徐童的镜头前，唐小雁抱着人哭，爆脏字，打无赖汉，她毫无顾忌。《算命》剪完后，唐小雁才反应过来，骂自己："你是不是疯了，你那时候为什么要跟他说？"

让唐小雁决定抛下顾虑出镜的原因，是因为她要报恩。当时，唐小雁的按摩店被同行举报了，干女儿供出了她的名字，她在拘留所托人打电话给徐童——因为徐童号码特别好记。在云南参加电影节的徐童立刻赶回北京，因为手头紧，他抵押了自己的车，凑了7万块把唐小雁捞了出来，那时他们认识才两个月。

在唐小雁眼里，这从此就是"你让我干什么都行，你要我的命我都给你"的交情。徐童说："希望你出镜，《算命》这片子不能没有你。"行，必须上。唐小雁没犹豫，"你把我救了，我就帮你，愿意把我丑事放在《算命》上。这个人这么够哥们，你不帮他怎么行，做人不能这么做。"

一年后，在"第八届中国独立影像年度展"开幕式上，唐小雁获得了第一个"真实人物奖"，授奖词里说："有感于她在影片中的表现力即她勇敢生活的能力，她的出现将有助于探讨纪录片本体问题和纪录片伦理问题，也有助于揭示我们自身的生存境遇。"

唐小雁的获奖感言，也一如其风格："我觉得这奖就该我拿，因为如果没有我们这帮人，你们这些导演就喝西北风去吧！"

很多看过纪录片的观众一下子就喜欢上了唐小雁，羡慕她的顽强和勇气，一直在泥淖一样的处境中，出奇镇定并想法子自救。

即便这样，唐小雁也从没想过自己会和纪录片、徐童再有什么联系。但命运好像早就指了方向，徐童救她，她要报恩，徐童需要她的帮忙，两个人在纪录片这条路上越走越近。

游民

拍完《算命》半年后，2009 年秋天，徐童去看已经回到黑龙江老家的唐小雁，见到了唐小雁的爹老唐头。

"老头儿就跟个录音机似的……他讲话特别有意思，当时我就觉得这个老头儿是上帝赐给我的一个礼物，我不拍都不行。"徐童很快回到北京，把他所有的设备装上汽车又开回了唐小雁的老家，一住就是半年。

拍完《老唐头》之后，徐童又以唐小雁的四表哥和三哥为主角拍了纪录片《四哥》《两把铁锹》。有影迷对标"漫威宇宙"开玩笑说，这简直是个"唐氏宇宙"。

在拍摄过程中，徐童曾对媒体感叹，自己和摄像机成了唐小雁的"工具"："很多时候，是她在控制节奏，她突然想表达对生活的看法，想利用影像传达自己的东西，那么我们就拍。我觉得这已经是一种合作关系，这种合作关系甚至是不平等的，因为她成了编剧，也是故事脉络的导向，我们之间已经不是导演和剧中人那么简单的关系，而是在共同创造一个作品，而且创造的过程以她为主。"

徐童拍摄的游民世界，是属于唐小雁的世界，她在其中游刃有余地处理各种关系。徐童发现，唐小雁的存在，某种程度上会帮忙消弭他和拍摄对象的距离。"徐导进不到我们里面，他本身就特别向往嘛，但进不来，就像我吃饭喝酒，骂骂咧咧那劲儿，他这辈子都做不到，他就不是社会人，他永远都是导演。"唐小雁很清楚自己做制片人的优势，就是为人处事打交道，联系人、建立关系，"这对我来说就是轻车熟路，没有挑战性的。"

2013年徐童拍《挖眼睛》时，主角是草原上流浪的瞎眼江湖艺人二后生，徐童估摸着接触难度挺大，就叫唐小雁过来帮忙。一开始这群流浪艺人都不理他们，今天让跟着，明天就不让了，一起待在屋子里的时候，一群人拿审视的眼光盯着他俩，问他们拍纪录片能挣很多钱吧。唐小雁找人唠嗑，给二后生的老婆买衣服，寻着里面最有善意的人拉近关系。

后来，唐小雁和二后生之间，都是打情骂俏处着的，二后生喜欢跟她说话。在乡下热闹的葬礼舞台的幕布后，二后生围着唐小雁开玩笑说："情人儿，这是我的情人儿！"唐小雁笑得露出一排牙齿，应他，跟他逗，她知道怎么同这些人打交道。

在社会上混的时候，唐小雁骂骂咧咧，抽烟喝酒，撂狠话，做事雷厉风行，把自己武装成个爷们。"你别欺负我，我很厉害。在外面做事，女的，稍微有点姿色的，人家就想跟你睡觉，男人跟女人遭受的根本不同，这社会对女人太不公平了。"她想各种办法，无论是收保护费的，还是无赖，她都有办法应付。

徐童觉得，唐小雁的强悍，是因为很小就脱离庇护，一个人在外谋生，就得个性张扬，但相比于其他人，她虽然迫于生计做了偏门，但仍然心地善良，有担当，这很难得。

在拍《挖眼睛》的时候，瞎眼流浪艺人二后生的妈妈是个瞎子，两个瞎子坐在炕上聊天，聊得非常风趣，这次见面可能见的就是最后一面，临走的时候他妈妈说："走了儿子，什么时候再回来。"二后生说，他也不知道什么时候，老太太就哭了。唐小雁在旁边也哭了，抱着只见过一面的老太太哭。

"这就是真性情。小雁的感情是没有遮拦的，是很纯粹的。往往我们很多人，经过各种包裹之后，感情就变得比较冷漠麻木。"徐童觉得，她一直保有情感的热烈和真挚。

在养老院拍摄的时候，老人身上疼，唐小雁就去揉一揉，扶一扶，尽管老人身上沾了屎，她也会去帮忙，"我愿意对你好，我喜欢，不是刻意的。"

唐小雁的侄女唐雪娇觉得这是她身上很童真的一面，就像对《算命》里的痴傻老太太石珍珠，"她就是能亲亲抱抱，脸对脸，我做不到。你要说同情，那我们都有，但你还是做不到亲她或是抱她。"

导演

纪录片《两把铁锹》拍的是唐小雁三哥误杀人入狱的事件，在片子里，老唐头突然昏迷，倒在地上，唐小雁抱住他，掐他人中："爸，爸，你怎么了。"

这个镜头是唐小雁抢下来的，她在去扶老唐头的时候，先对侄子喊了一嗓子，你快拿机器拍。在掐着老唐头的时候，唐小雁还瞥了一眼镜头——她在看侄子有没有在拍。

不仅是老唐头突然昏厥，还有三嫂哭，侄子上监狱看他爸，都是唐小雁拍的。2016年拍《两把铁锹》时，唐小雁还不会调参数，她让徐童把单反调整成全自动模式，但时常出现曝光问题。现在她会调了，边拍边学，徐童指导她，不要推拉镜头，要靠近。她自己跟自己较劲，不满意的时候，她痛骂自己，"你傻啊，这你怎么能拍啊，这镜头怎么切成这样，这画面为什么这样？"

为了解决这个问题，她问徐童，也在酒桌上问徐童的朋友，一个很厉害的摄像："有没有机器不需要焦点，永远都是实的？"对方说，他们有时候也虚焦点，接着又说："小雁，你已经深深地被徐导坑害了，中毒了，你现在怎么变成这样了？"

唐小雁觉得自己的确是变了，以前是东家长、西家短，现在总想着这个素材好，一定得拍下来。每次格式化素材的时候，她心都揪在一起了，担心万一这素材保存有问题怎么办。她还跟别人学：一旦对拍的东西不满意，就直接删掉，倒逼自己再去拍更好的镜头。

好几年前，和一帮电影学院教授吃饭，他们对唐小雁开玩笑，徐童拍你了，你回头也拍他。"我说等着，等着我去拍他。"

相比于寻找爱情，挣钱，唐小雁现在认为最重要的事情，是努力转型做导演。"如果自己能留下来一个片子，那太牛逼了。"当时席间的笑言，唐小雁后来觉得不失为一个好主意。以前是徐童拍她，现在是她总举着手机拍徐童，无论是拍摄现场还是在车上、影展上。有次徐童生气，唐小雁想拍下来，结果一拍，徐童就冲镜头乐。她教育徐童，"你一定要表现得真实，像你拍我一样，不然这不公平。"

徐童不觉得技术问题会阻碍她，"小雁随老唐头，有灵性，什么东西一看就懂。"他没特意去教唐小雁什么，相比于学院派，"小雁更接近于直觉的状态，敏锐，有感受力，她没有很理性分析要拍什么主题，就直觉觉得对这个感兴趣。"

在养老院待了两三天，唐小雁唯独最喜欢门老太太，觉得老太太有意思，她常常主动凑过去搭话，给门老太太喂饭、拍照，尽管这老太太除了骂她一句之后就一言不发，还一靠近就抓她。

这同徐童的判断一致，"这个养老院的老人，最有意思的就是这个门老太太，她有个性，不喜欢你就不喜欢你，躺在床上还自己拿一本白雪公主的小人书看，看我们来了就藏被窝里，再近就准备挠我。"这种艺术创作里的敏感，唐小雁有。

从命运崎岖的游民到纪录片制片人、导演，这样的变化如果换另一个人，可能意味着艰难的冲击和适应，但对于唐小雁来说，似乎从不曾存在这些问题。

同样是拜访阿城，电影学院的博士后恭恭敬敬叫"阿老"，请阿城在文集上签字，阿城各色，不喜欢人就嘟噜着脸，经常不买人账。徐童形容，唐小雁"从来没大没小，没老没少，见阿城第一面，就叫老爷子"，直接下厨房，咔咔做一西红柿汤，"老头子坐在那儿，慢慢地喝一口，说，你这是俄罗斯味，有点意思。"

看着别人一口一个"阿老"客气的劲儿，唐小雁收紧双臂，表演出蜷缩的样子。"他们全都是这样的，我不这样，我说他们又不是神仙哪，我就很自然，想做什么做什么。"有不懂的问题，再白痴，也不惧提出来。唐小雁觉得他们像对待家人和妹妹一样，很耐心，不轻看。

这样的生活，放在以前，唐小雁想都不敢想。提到以前，唐小雁现在就一个字，"累"。"随时都有事，老有事，就没完没了的事。"

拍纪录片也累，但唐小雁心是安定的。拍《挖眼睛》的时候，他们跟在瞎眼江湖艺人二后生后头，内蒙古草原上四处跑。大晚上，漫天漫地的雪，开车往回赶，车只敢开20迈，路都找不到，晚上和几个人挤大炕上，每天都换个地方，但她还是喜欢拍纪录片，她咂摸着："有点像在流浪，但你可以过各种各样的生活，多好啊。"

再连线

距离上次在养老院见唐小雁，已经过去了三年，她的生活有不少变化。她第一次当了导演，拍了自己的纪录片；她进入电影剧组，萌生出拍电影的想法；她开始看书、看电影，目标是五千部，她在谈话中也惊异地感叹自己的进步。2021年12月，老唐头去世了，唐小雁时不时想起爸爸，也想起妈妈，她说自己变得脆弱了，想他们想到哭，她也想过往的事情，如果再发生，自己是不是会扛不住。

但2022年底的这次谈话，你依然能感受到唐小雁身上强悍的生命力，她喜欢的人物也都是坚韧有力量的，她不喜欢《被嫌弃的松子的一生》，也不喜欢《苔丝》，她觉得那些女性有不止一次机会可以避免悲惨的命运结局，可以更好地活下去。她以自己能摆平剧组里的复杂问题而自豪，不觉得有什么问题能真正阻碍到她，她直接而坦荡，想要继续待在这个圈子里，想要拍电影，她给自己定了80岁之前拍出一部电影的目标，现在她只需要奔跑。

《人物》：这几年对您来说印象最深的事情是什么？哪段记忆会时不时被想起？

唐小雁： 养老院拍完之后，徐童导演又开始拍新的电影，我就进了剧组，负责拍剧组的纪录片和剧照，一直到今年6月份杀青。我没拍过剧照，就在剧照老师后边，偷偷看他的取景器，哦，原来照片还可以这么拍，学到了。我后来拍的镜头，徐童导演看着都特别佩服，夸我，不是虚的。

这也是我第一次当导演，一天忙得坐的功夫都没有，得站十个小时，还得拿着机器，有时候还得单手拿机器跟人跑。我又当导演，又当制片，跟所有部门的人关系都得打好，不然你想进屋拍纪录片，没你的位置。但我非常适合这个工作，虽然剧组人际关系很复杂，但是我觉得很有意思，有挑战性，你能把这个摆平了，每天拍东西，非常开心。杀青了，还成天想我上哪去拍点东西呢。

从你上次采访到现在，这几年，最不开心的是我爸没了，没人陪我玩了，我就后悔，那时候为啥不能跟他好好说话？为啥不哄着他？其实我陪他时间很多，但人都是这样。我经常想我爸，也经常想我妈，偷偷地掉眼泪，劝自己说不要想了，对身体也不好。我妈走了十几年，我连她长什么样基本都忘了，得看照片。但我就后悔当时为什么不给她拉到北京治病呢，拉到北京是不是她就可以不死了？这种想法总是折磨我，让我心里很不舒服，我会想我妈没的那一刻，在炕上非常难受，要咽气了。

也有开心的事情，我孩子拿手机拍了一个纪录片，拍的他自己，一个青春期的孩子出走再回来，找到方向了，还得了一个奖，这也是让我很自豪的事情。我没跟他说，我怕他骄傲。

《人物》：您觉得自己在这几年发生了什么变化？

唐小雁：我现在懂什么叫"玻璃心"了，更年期到了。我以前真的很刚强，你看我那个时候遭受了那么多事情，但就劝自己，一闭眼也就过去了，有人需要你，因为你是顶梁柱，你是家里的一切，把牙打掉了咽肚子里，但是现在，我要是再遇着那样的事情，不知道能不能挺过去。现在抗击打能力不强了，也没人需要了，有时候想爸爸妈妈能给想哭了。

我原来不看书，现在还看书了呢，《悲惨世界》《战争与和平》，看了不少。这三年我看了将近两千部电影，当了很多地方的纪录片节评委，目标是看五千部电影，这三年我真的成长太快了。一开始是我儿子推荐余华的《第七天》，我说拉倒吧，我可不看。他就让我听书，说很有意思，我就给他面子，听了七天听完了，后来他还专门给我送了一本纸质的《第七天》，我就开始看书。

我原来想当纪录片导演，这次进剧组，就想我以后要当电影导演，我觉得其实不是很难。我想一直学习下去，80岁之前还能整不出个剧本？我一直在奔跑，奔着目标去，能不能行再说，这样你就对生活一直有希望。

《人物》：最近几年，给了您启发或者鼓励的女性是什么样的？

唐小雁：我比较喜欢《隐藏人物》里的三个女的，《自闭历程》里也有一个女性特别值得学习，她有自闭症，但后来当了数学家，这样的人会给我带来力量，看着你会，哎呀，真带劲。还有纪录片《时尚女王：Iris的华丽传奇》，她今年都快90了，没事就逛街买衣服，参加展览，把收藏的衣服送去参加展会，一直工作，有点像我说的80了还要拍电影的感觉。我不喜欢《被嫌弃的松子的一生》，没有力量感。我这人就是有困难了一定要想尽办法解决掉。

《人物》：面对当下，您有什么建议和年轻人尤其是年轻的女性分享？

唐小雁： 我感觉年轻女生，没处对象的时候，很阳光、很自由、很自主，但有了对象之后就不自由了，干什么都要问一下，有了小孩之后又不一样了，变成了宝妈。我就觉得年轻女性一定要多看书，多看电影，不要把学习停掉。我现在看多了，老觉得我太想学了，我的时间太不够用了，而且你看多了心会更安定。

这一生我和我妈妈是聊不通透的，但是我不放弃和她交流我的感受，她也没有放弃和我的沟通，我们都想去找到问题到底出现在了哪里。我们现在还是常常会聊天，不是以母女的身份，也不是一个妻子和另一个妻子，是女性之间的沟通。

郭柯宇

敏感从何而来

文＼林秋铭

编辑＼姚璐

导演叶大鹰去郭柯宇家吃饭，他看到郭柯宇在家里头忙前忙后，照顾孩子，叶大鹰问她，"你还演不演戏了？"郭柯宇说，"你看我这样，我怎么演？"叶大鹰想了想，说，"你还是应该找回自己。"

一种独特的节拍

"就剩我和他了／许多人中途离场／许多羊抵达了黄昏的草场

而风也静下去了／我的裙角仿佛兜起了愁苦

低垂，慌张／不，一些事情我一定要问清楚

你看，就剩我和他了"

车子在新疆漫长的公路上行驶。郭柯宇从沙发上弹起来，冲旁边的朱雅琼说，"我给你读一首诗啊，特别逗"，她握着电子书，"你听"，接着念起余秀华的诗《面对面》。

在《再见爱人》剧组，她每天睡得很少，夜晚的新疆又干又冷，冻得她脑仁疼。严酷的环境把每个人的外壳一层层剥开，裸露出各自真实的面貌。但郭柯宇没有钝化她的感知。

她管月亮叫"月亮婆婆"，"那里的能见度太好了，你会觉得好像月亮婆婆在听你诉说一些什么似的，她什么都知道"。写给节目的歌里，她把月亮比作一个"慈爱的哈密瓜"，歌里她还写，"照亮我们赤裸的盛装"。郭柯宇说，"你看我们即使裹的是大妈们的头巾，但人可以赤裸坦诚相见，其实是最华贵的。"

2021年，这档以离婚为主题的真人秀节目里，郭柯宇以一个极为朴素的形象出现，头上裹着暗红色的围巾，嘴巴干燥得起了皮，对镜头细声细语地做着内心剖白，毫不隐瞒自己在亲密关系中的勇敢与局限。她的表达真诚、细腻，像一根敏锐的探针，扫视着生活的边角，再精准地将之呈现。

你很难把她归于某一种类型。但又感到欣喜，一个丰富而难以被定义的女性，已经很少在公共场域被看到了。而这竟然是一档真人秀节目。这档节目辐射的范围完全超出了家长里短，这样特别的女性样本让人惊喜。

"你要是跟她说什么，她就会仔细听，讲一小时，两小时，她都能在那儿一直听。"好友进进甚至记得，郭柯宇的瞳仁有些不同，是一种很淡的棕色，这使得她的眼神显得比别人更亮、更透彻。她就这么望着你，听你说话，眼睛湿润明亮，好像所有吐露出的困惑和失落都可以被她很好地承接。

"一天下午，我去传达室取报纸，忽然看到青影院门口有两个女孩子在玩'跳房子'。其中一位的红裙子在夕阳的照射下，一闪一闪地格外耀眼，我定睛一看，发现穿红裙的女孩子不仅有一副清秀的容貌，气质也是那么纯真、透明，好像是从大森林里走来的。"导演章家瑞描述他在1991年夏天第一次见到郭柯宇的模样，这之后，郭柯宇出演了章家瑞导演的电视剧《太阳鸽》。

这和多年后好友们形容郭柯宇的词语不谋而合，他们都提到了郭柯宇身上最特别的气质，灵气和敏感。

"这种敏感是从何而来的？"《人物》拍摄的那一天，我们问她。[1]

郭柯宇摇摇头，她也不知道。她脑里存放着一些细节，比如她想起，自己有一种能力，一场聚会结束，众人散去，她能根据朋友们在桌子上的痕迹，判断谁坐过哪些位置。有人满地扔烟头，有人规规矩矩地把烟头收好。个性强烈的朋友，连撚灭烟头都是带着劲儿的，会在菜的残渣里扎得很深。

再比如，多年前落榜北京电影学院的那个下午，一个小学同学陪她去学校看榜。同学先去看，她在马路的另一端等他。等同学从校门口出来时，脚步变得犹豫，很难向自己走近，同学还没走到她

---

① 本文首发于2022年。——编者注

身边，她就哭着转身走了。"那时候车不多，车速也不快，但是他一直东张西望，一段很短的马路，他走得很缓慢，我就知道他有难以开口的话要对我说，知道是怎么回事了。"

剧组拍殡仪馆的戏需要大量的群众演员扮演死尸，她注意到那些群众演员，"他们穿上自己觉得特好的衣服，饭后自己给自己补妆。我很好奇，他们对自己这短暂的表演片刻是怎么理解的？为什么选择这份工作？他们在演的时候，躺下和起身的时候是什么样子的？"

这样的敏锐也延伸到表演中，和她合作过《红樱桃》的导演叶大鹰曾经这样评价她，"她就是一个非常好的文艺片演员，所有的戏，你交给她的时候，她都能从内心里激发出来一种特别的感染力，这个东西不是每个演员都有的。"他拍《走过幸福》，正愁找女主角，就想起郭柯宇来，想办法和她取得联系，她急匆匆赶来。叶大鹰交给她一张纸，让她念词，"哇噻，我当时就觉得又是她了。"

我们一起共读一本关于植物的书《怎样观察一棵树》。她说，植物其实有语言的，它们会发出很多信号，"你轻轻捏它们的茎，如果松松的，它们告诉你它喝饱了。"

郭柯宇在时刻表达一种生命力，它不是沉重的、悲苦的，而是轻盈的、灵动的，像是马上要跳跃起来。

她的手机存有很多视频片段，一些是空镜头，例如天空的鸟飞过，路边的含羞草开合，还有一些是周遭生活的人。比如最近，她成了楼下一位大爷的听众，大爷吹萨克斯，她顺着声音溜过去看。

大爷从《女人花》吹到《洪湖水浪打浪》，她在一旁听得入迷。

《人物》第一次和郭柯宇见面是在夏末。一家咖啡馆里，她穿着薄开衫，松散的发尾扎着棉布发圈。那时的她拘谨、礼貌，只有在完成了充足的观察和判断后，她才慢慢放松，坦诚的话语开始流淌出来。那天，她点了一份芝士蛋糕，轻轻把蛋糕推向我们，"一起吃吗？"

第二次见面，是"四处光秃秃的季节"。前一天，她从珠海回到北京。来拍摄的路上，车窗上结了一层霜，亮晶晶的，像散落的雪。她拍下来发微博，"跑回玻璃上都是小花花的世界啦。"她显得松弛多了。那天风大，她裹在一件军绿色的长款羽绒服里，和伙伴因为一件小事大笑起来，笑声和风声裹在一起。

好友张海颖说，她从未看过《再见爱人》，在她看来，综艺节目总是布满表演，郭柯宇又是这么真诚的一个人，把自己裸露在那个场域中，是多么让人心疼的事情。

藏 着

一个女孩坐在沙发上，及腰的长发又厚又黑，没有任何妆容。说话的时候，她微微低着头，齐刘海下一双灵动有神的眼睛，注视着房间里的另外三个人。

这是进进和郭柯宇第一次见面，是1996年的事了。在珠海一家宾馆里。听说做记者的表舅妈要采访郭柯宇，才上高一的进进提出想来和郭柯宇合影，要一张签名照。那年，郭柯宇来珠海参加电影节，她因为电影《红樱桃》被飞龙奖提名最佳女演员，才18岁，身边没有家人，没有经纪团队，一个人住在一间大套房里。

郭柯宇也注意到房间里这个和她年龄相仿的女孩，拍完照片后，她拉了拉进进的手，请求她，"我一个人在这边很闷，你晚上可不可以陪我一起住？"

进进答应陪她。接下来的一周，白天，两个高中女孩在电影节的各个会场走来走去，在酒店里打台球。晚上，她们躲在被窝里说悄悄话。每天，不断有人来房间里找郭柯宇做访问，进进注意到，郭柯宇的姿态是收着的，"她的刘海很厚，快要遮住她的眼睛，她那时候的眼睛有一点点犹疑的感觉。来的人对她的宠爱也好，对她的探索也好，她都会有一些抗拒。那时她还很小，一个人走到外面，不得不保护自己。"进进回忆。

她应郭柯宇的邀请，去北京玩。汽车开过西单，那里挂着一幅巨大的招贴画，印着郭柯宇的脸。那个年代，几乎没有人不认识郭柯宇，少女影后，光芒万丈。在那个属于表演的世界，郭柯宇被视为明星，但在真实的生活里，郭柯宇却把自己缩得很小很小。

当时，郭柯宇因为在电影中裸露后背备受争议，她会下意识地把这些身体特点隐藏起来。她总穿带高领的衣服，衣服宽宽松松，把青春期的身材紧密地包裹住。她常做的一个动作，是低头、闪躲，用手指把刘海扒拉到眼前。"她是越来越敏感，越来越敏感，并且一直维持到了现在。"

初二开始拍戏，全国各地的人往她学校寄信。给她写信的，有监狱里的犯人、部队的士兵，还有一些信件来自农村。信件不探究彼此隐私，只是分享年轻男孩女孩们纯净的感受，他们和郭柯宇聊汪国真，聊三毛。郭柯宇在信里说，自己数学成绩不好，对方就教她怎么学数学。"我们都是彼此尊重的，没有强烈的目的性。"

远方的人希望亲近这个特别的小女孩，离她更近的人却希望与她隔绝开。学生们的信件被统一暂放在传达室的书架上，后来，郭柯宇发现，它们越来越频繁地被人私自拆开，丢弃在厕所的坑位里。自行车车胎也经常被扎破，她不得不推着车回家，"我能理解他们。你会觉得你在学校里要再谦虚一点，再低调一点，你有点太特殊了。"

初中时，她结识了一个高年级的男孩，两人成了很好的朋友，但是拍戏之后断了联系。有一天，她乘坐公交车，又见到了那个男生。发现他在天桥下躲雨，郭柯宇马上从车上下来，拎着裙角，冒雨跑了过去，冲他打招呼。对方冷漠地看了她一眼，"你是谁啊？"他拒绝承认认识她。郭柯宇生气地离开了，"这人怎么这样呢，我湿漉漉地跑过来，见到你可开心了，大家那么久都不见，我也没有你的联系方式，会走散了呀。"

很多年后，她开始理解那个高中生男孩，"他可能会觉得，我是一个骄傲的人，你和我不是一个世界的。"气愤的劲头过去了，她感到心酸，"那个年代，失去了就真的失去了。有什么事情能障碍住我们这么小懵懵懂懂的缘分呢？"

在家里，她同样要把自己藏起来。

从小到大，郭柯宇和父亲都是疏离的。一家人从没有一起在一张桌子上吃过饭，有时，母亲不上桌，在厨房里吃饭；有时，父亲的饭菜在自己的房间里解决。父亲房间的门不总是锁着，走进去，先是各种各样的木头块，上面浮着锯末、刨花儿，然后是一尊尊可怕的石膏像。她记得父亲房间里的味道，是毡布吸饱了乳胶、墨汁和松节油散发出来的气味，后来有几次她去文具店，那里的味道常会激起这段记忆。父亲最经常和她说的话是，"你别往里面蹭了，一会儿这儿那儿被你弄翻了。"

"他是一个情绪化的人。"郭柯宇评价父亲。开心的时候，他给郭柯宇学狗熊偷蜂蜜，狗熊馋蜂蜜却够不着，又被蜜蜂蜇得落荒而逃，逗得郭柯宇直乐。但脾气上来的时候，他又切换到愠怒的模式，表情吓人。他的多变控制着郭柯宇和母亲，他一不开心，她们就往自己身上找问题。

"小的时候，怕因为我哪儿做得不好，让爸爸妈妈不高兴，尽量不要因我而起。"好汉不吃眼前亏，观察他今天"路数不对"，郭柯宇就躲到一边，不要出现在他的视线范围之内。

"我从来没有渴望过他对我有什么认可，他不要注意到我就好了。"她被同学夸漂亮，被称作校花，说给父亲听，得到的回答是，"女孩子漂亮有什么值得骄傲的，气质好，那个味道才最重要。"郭柯宇记得，父亲画葡萄，会真的买来葡萄，画出葡萄的紫色、绿色、灰色，他画动物的毛发，会一根一根地去勾画。作为父亲生活的旁观者，她对世界的辨析度也变得精细起来，很久以后，她还是能想起葡萄的层次、动物皮毛的松软。

和父亲相关的回忆太少，零星记得，父亲会带她去滑冰和游泳，理由仅仅是因为父亲自己喜欢。他告诉她，别娇气，你扎进去呛两口，你就学会了。他在郭柯宇的腰上绑了一根粗绳，任她在水里扑腾。

施加在郭柯宇身上的疏远和凝视，使她在后来的人生中不断审视自己。她解释，她的敏感是向"内"的，不伤人的。"如果这个人太敏感，那他对周围人有太多的挑剔，我觉得那是会伤害到周围的人。但你不要那样啊，你敏感到很多东西，你更知道，原来他也挺不容易的，或者怎么着。"

她拍戏赚了点钱，去秀水街买衣服，从来不砍价，"除非对方拿我当大傻子，我基本上不砍价，我知道他想赚我多少，我认，我就给他了。我觉得人家也挺喜欢你的，说这衣服适合你啊，没必要跟人家砍。"

"不知不觉地就有了这种感知，我都不用刻意地去观察我爸爸，或者观察周围人，基本上打眼就知道，这个人是不是真诚的，对你友好的。"郭柯宇说，"但是我不会设防，那种设防挺可笑的，如果你的思路困在这个人会不会算计我这一点上，什么事情都还没发生呢，你就已经是一个受害者了。"

17岁，她去莫斯科拍《红樱桃》，在俄罗斯度过了一段诗一般的日子。那时候，她跟着副导演嘉娜学俄语。在白桦林，嘉娜老师用俄语给她朗诵普希金的诗歌。"在莫斯科半年多的时间，虽然环境艰苦，吃得很差，但精神始终很饱满。"郭柯宇说。

一位饰演凶残的德国将军的俄罗斯老演员，在她拍文身那场戏的时候，怕她受寒，就把巧克力分成一个个小块给郭柯宇。拍戏前，他会用力搓手，坚决不让冰冷的手碰到她的后背。她在这些纤细的情感中长大成人。

纯真年代的终结

1993年，周广斌来北京打拼，后来结识了郭柯宇。相识的时候，她不过20岁上下，乖乖巧巧的长发，套一件朴素的T恤或裙子，"扔人群里估计也找不着"，但是一开嗓，她就浑身充满灵气。他们常常在一栋平房里玩音乐，唱着唱着，郭柯宇会突然用特别奇怪的方式唱歌，逗大家笑，"就那么古灵精怪的一个女孩"。

组乐队的想法就这么出现了，他们拉来欧洋一起搞音乐，让他当队长。这个乐队的名字和它的组成一样随意，叫作"蘑菇"，"实在是没文化，实在是不知道取啥名，他们说是什么什么名，都行，无所谓。"郭柯宇说。她觉得乐队的音乐本身胜于名字，签约华纳以后，他们寻思要选一个正式的乐队名，就改成了"追星族"，选这个的原因是它看起来比"蘑菇"好像更正经一些。

欧洋说，每次登台表演，郭柯宇都几乎是静止地在台上唱完整首歌，眼睛只盯着面前一块很小的地方，更多时候是抬头望着天，没有任何附加动作地结束表演。欧洋那时劝她，可以发泄一点，在舞台上更活泼一点。劝了几次，郭柯宇还是那样，静止，看天。他干脆不干涉了，"我突然觉得挺好的，这可能是她最释放的一个状态。"

《纯真年代》那首歌是在周广斌家写的。那个夏天，没有空调，只有一把吱呀呀转着的电扇。一人手里拿一根双棒牌老冰棍，周广斌在那儿弹，郭柯宇就对着扇叶"啦啦啦"哼曲儿，声音颤颤巍巍从扇叶里传出来。

周广斌对这个不懂乐理的女孩感到惊异，"她不懂乐理，但她心里头有的东西，那种对生活和音乐的敏感，又是别人很难达到的。她就有，她血液里有，你知道吗？"

车道沟附近的那个平房也是追星族的排练地。四五个人坐在客厅的大沙发和搬来的凳子上，靠着茶几围一圈，随意地弹奏吉他。有人哼起了旋律，或者用吉他弹了几个小节，觉得这个"动机"不错，顺着往下发展，不好玩了，就换一个动机。玩得差不多，周广斌起身去给大家做饭，再撬几瓶啤酒，继续玩到天明。这么一宿一宿地写歌，每天的日子都恣意自由。

那是属于千禧年的空气，新鲜、畅快，一群人在街上晃晃悠悠，做未来的梦。因为没有指望做乐队能赚钱，他们写歌速度很慢，一首接着一首，最后也算凑成了一张专辑。

有一回，他们一起去北京游乐园玩，坐一个类似飞椅的游乐设施时，郭柯宇在空中大叫，"这太吓人了！"另一个吉他手冲她喊，

"郭柯，没事，你看远方，你看远的地方就好了。"郭柯宇转晕了，"远方在哪儿呢？哪儿呢？"

"那种日子，再也回不去了。"周广斌说。

2010年的圣诞节，好友进进接到一个电话，郭柯宇在那头告诉进进，自己怀孕了。进进为这个朋友开心，同时为她担忧。

和郭柯宇认识的20多年，进进一直把郭柯宇视为挚友和"偶像"。她几次来北京，跟着郭柯宇去和乐队的朋友们见面，在饭局上，郭柯宇一开口，大家就静下来，听她慢慢说。一屋子的男男女女分享音乐、戏剧，有朋友那段时间在构思剧本，会请教郭柯宇的意见，"他们从不认为这个女孩是来调剂氛围的，是一个附属的存在，他们尊重她，把她视作一个有才华和思想的人。"

如果选择了结婚生子，是不是意味着她就要离开自己的事业了？进进知道，在此之前，郭柯宇一直没能完全达到自己想要的目标，还没有拍到特别满意的作品，她会在这里就停下了吗？

一切确实停了下来。

得知怀孕后，郭柯宇和乐队成员都默认了暂停这个决定，专辑的发行也搁置了。她甚至不记得乐队最后一场演出是在何时何地进行的，没人知道哪次排练是最后一次。"大家都停下来呗，也没什么可说的，平时该干吗干吗。"周广斌说，"郭柯特别不好的那几年，我都做好了放弃的准备。"追星族停了以后，成员们分头展开各自的人生。周广斌继续从事音乐制作，欧洋把重心挪移到了其他乐队上。

周广斌和欧洋见她的次数越来越少，欧洋解释，那是一种礼貌性的疏离，次序发生了变化，家庭被摆在了第一位。"那时候我们之间的接触都少了，之后她有什么身体不舒服，老去看病，这我都不知道。我觉得她有家庭了，如果她不主动联系的话，我也就很少给她打电话嘛，毕竟有小孩、有老公什么的。"

一个女性的后撤

"我进入婚姻是因为我那时特别想当妈妈。那时候，我在每个城市到处飞。有一次印象很深，我早上下床的时候，'咚'一声就撞墙上了。我忘了自己在哪个酒店，下床的方向是哪个位置。我害怕每个戏杀青。杀青之后，好像也没什么念想了。走了就走了，回来也没有人接。只有我妈偶尔问，你怎么样？吃了没有？喝了没有？我特别想要一个孩子，想要一个有生命上缔结的东西，我跟他永远是缔结在一起的。"很久以后，郭柯宇回想起自己的选择，这么解释。

2011年，孩子出生。照顾他的头两年，担心家里的长辈熬不动夜，影响脑供血，晚上由她来换尿不湿、喂夜奶。孩子一岁多，开始学会走路了，她仍然脱不开手，"我一直觉得，三岁他上了幼儿园能熬出头吧，上小学能熬出头了吧，结果发现是熬不出头，他不同阶段对你的需要是不一样的，永远都得操心。"

她和进进的人生呈现出不同的走向。高中毕业后，进进前往新西兰求学、工作，一去就是十多年。女孩们见面的机会越来越少，电话里，进进向郭柯宇讲述新西兰的一切。远离国内社会时钟的影响，进进度过了偶尔艰难、长久自由广阔的日子。郭柯宇的生活却少了流动，聊天的内容不再是音乐和表演，取而代之的是育儿经验和家庭琐碎。

秉持旧时婚姻观的母亲常常劝郭柯宇，"你作为妻子，应该再体谅一点，再包容一点，你做得还不够。"郭柯宇抗拒这些解读，"在这个过程中，我不知不觉地离自己的东西越来越远了。"

父母离婚后，母亲和郭柯宇的关系变得更加紧密。母亲把她当作情绪的出口，希望她孝顺、守护自己，提供安全感。家里找小时工阿姨，母亲会生气，觉得自己不再被需要。郭柯宇想给儿子请老师周末补课，母亲不满，给她发来一连串60秒的语音。为了看懂孩子的题目，母亲戴上老花镜，研究习题集背后的答案，她已经快80岁了，头发花白，"像个老花猫似的"，年轻的时候，读书是为了走近丈夫，现在读书，是为了走近她的外孙。

儿子在学校寄宿，郭柯宇去外地工作，留下母亲独自在家。郭柯宇回来，一眼就能看到客厅墙上的投影亮着，母亲在沙发上睡着了，电视声音放得很低很低。郭柯宇能感受到她的孤独，一个前半生把自己奉献给伴侣、家庭的女性，仍在遵循着这样的惯性，她不责怪母亲，"她的生活好像只有我们。"

"这一生我和我妈妈是聊不通透的，但是我不放弃和她交流我的感受，她也没有放弃和我的沟通，我们都想去找到问题到底出现在了哪里。"她说，"我们现在还是常常会聊天，不是以母女的身份，也不是一个妻子和另一个妻子，是女性之间的沟通。"

进进却觉得，郭柯宇在婚姻家庭中同样在实行一种奉献，只是她自己没有意识到，"她觉得她在抗拒母亲的那套模式，其实她也控制不住地去这样做了，她反对的正是她身上就有的东西。"

相比母亲，郭柯宇往前走了一步，挣脱了传统家庭对她的期许。但她依然不可避免地卷入家庭生活的惯性，承担的部分越来越多，自我再次开始塌缩。她从未停止和母亲以及母亲所代表的"女性美德"进行博弈，包容和忍让的界限变得模糊、难以辨清。

过去自由支配收入的年纪，两个女孩一时兴起想去哪里玩，在电话里立马就开始做计划。天马行空畅想着未来，保持着随时动身的状态。珠海刚出现卡拉OK的那几年，郭柯宇请客去唱歌。不论等车还是在干吗，她的嘴里永远哼着歌和旋律。小时候家里不富裕，买不起钢琴，她一直期盼父母能送一台钢琴给她。拍了戏，有了收入，她为自己买了一台钢琴。

进进想起，那年珠海电影节的一次晚宴上，她牵着进进的手去赴宴。组委会的人走到两个女孩面前，说进进不可以坐在这里。郭柯宇听完仰起头，轻柔地、坚决地对那个人说，"如果她不能坐这里，我也不坐这儿了。"说着就要带进进走。组委会的人妥协了。

"你知道吧，小时候我喜欢、我崇拜的郭柯宇，是那样的郭柯宇。"进进说。

她鼓励郭柯宇也出国读书，但是最后未能成行，具体的原因忘了，"就是她考虑得更多了，柴米油盐的。"婚后的郭柯宇变得理性，她们再也没有一起想象的时刻。

导演叶大鹰去郭柯宇家吃饭，他看到郭柯宇在家里头忙前忙后，照顾孩子，叶大鹰问她，"你还演不演戏了？"郭柯宇说，"你看我这样，我怎么演？"叶大鹰想了想，说，"你还是应该找回自己。"

旧屋檐下的风铃

病症发生的时候，郭柯宇正在美国，陪儿子旅行。她突然感到天旋地转，四肢一旦做什么大动作，就会吐得很厉害。她的行为失控了，美国当地的医院查不出任何异常，只是开了一些止吐的药物。最后，是4岁的儿子帮助她一起推着行李箱，从美国返回北京。

最难受的几天，她夜里给好朋友张海颖打电话，"海颖，如果我发生了什么事，你多帮我照顾照顾孩子。"张海颖慌了，她看到郭柯宇老得像一个七八十岁的老太太，不停敲背，走两步就喘息得厉害，要找椅子休息。她陪郭柯宇去医院看病，诊断结果是频发室性早搏，服用的药里含有一定激素，导致郭柯宇出现浮肿，迅速胖了三四十斤。

张海颖去她家看她，郭柯宇精神恍惚，但坚持下厨做饭。回来后，儿子偷偷告诉她，以后不去柯宇阿姨家吃饭了。她问为什么，他说："他们家的饭都是夹生的。"张海颖难过得要命，"我们那个时候还去打扰她……"精神稍微好一些，郭柯宇和她念叨，"海颖，你一定要注意身体，我这次生病以后，感知到好多东西。我们还是要去做自己喜欢的事。"

过去，追星族是郭柯宇的一个栖息地，音乐让她可以喘息、可以表达，现在这个空间被关闭了。2016 年到 2018 年，是她身体最差的日子，也是最寂静的时候，她没办法开口唱歌，因此害怕听到任何音乐，周广斌偶尔给她打电话，他们达成了一种默契，不聊和音乐有关的事情。

同时暂停的还有话剧。2014 年，话剧导演杭程邀请郭柯宇参演话剧《旧爱》。《旧爱》的演出结束后不久，郭柯宇的病情加重，她不得不缺席杭程的下一场话剧《鹅笼先生》的排演。但大部分的排练，郭柯宇都会悄悄跑来工作室看。

她来的时候不会发出声音，默默地找个地方坐下，谁也不知道郭柯宇最后是什么时候离开的。后来，她会给大家做凉面，从自己家里背来一包包面条和佐料。一群人在上面演，她就在台下边盯着话剧边剥蒜，一边剥一边举大拇指，"你们太神了！这儿特别棒！"

"我不知道怎么跟他们示好，怎么告诉他们我爱你们，所以就去做饭。"杭程忙着排练，没顾上她，一回头，十几碗凉面都做好摆上了。

《鹅笼先生》排了十个月，季节变了又变，在场的人都恨不得穿背心的时候，郭柯宇怕冷，依旧紧紧裹着羽绒服，蜷缩在角落里看他们。"那个眼神里，有爱慕也有羡慕。"杭程说。

演到第三轮，杭程觉得，得把郭柯宇拽回到戏剧中来，不能再让她眼巴巴地做一个旁观者。他把导演的权力交给她，让她来尝试完成这个作品。

郭柯宇导演下的《鹅笼先生》有了一种细腻的质感，杭程擅长从更宏观的角度把握戏剧，这和郭柯宇相反，她更想去挖掘每个人物的情感，杭程说，"她愿意去雕琢他们。"

杭程评价郭柯宇版本的罗米，外表美丽文弱，但内心强劲，"她心里涌动着一股很巨大、很特别的力量，我能感受到的。"话剧《旧爱》有一个段落，舞台中央竖立着一个纸盒子搭建的房子，郭柯宇走到这个房子上面表演。从观众席看去，郭柯宇像是在舞台上飘荡，在空中行走。"柯宇就是一个在空中飘荡、行走的演员，她有时候挺不落地的，活在一个很自我的世界里，不受一地鸡毛的污染，很自由，很飘逸。"杭程说，"但是这种状态需要人欣赏，也需要有人接着她，得有东西把她托起来。"

郭柯宇那时候常常梦见，她在剧场里，剧场变暗了，马上要开始敲钟了。没有话剧，她就像丢了魂似的，一轮话剧和下一轮话剧之间有空当，演完一轮话剧，她极其失落。"我去做话剧，是因为做话剧不用出差，这样子就不太孤单了吧。十年又不是十天，对吧？我认了，我也乐在其中，我喜欢生活，但我也喜欢演戏，怎么办呢？"

"她过去错过了那个时代，年轻、恣意妄为，我认识她之后，觉得这个时代又错过了她。她是一个天生的演员，但这个时代不需要她了，没有人再拍特别艺术的电影。我当然怜惜她，但是没有办法。"杭程说，"我觉得柯宇是那种生命艺术家。她拿自己的生命来交换这些艺术、朋友。别看外表她是低调的、温柔的，她的内心是一个极其热烈的人，她需要燃烧生活，我很希望她能有好的状态、好的生活。"

2020年，郭柯宇离婚。退出旧日生活的过程是缓慢的，一步步，没那么干脆。搬家那天，郭柯宇面对着一屋子的家具，哭了一场。她计算着，搬家的车来一趟要多少钱？哪些东西需要舍弃？今晚的晚饭怎么解决？到点了吗？是不是要去接孩子了？

那场崩溃不是因为分离，而是太累了，"突然觉得好烦好烦"。她一直记得，旧屋的屋檐下那串风铃她很喜欢，可惜的是，已经没有更多空间带走它。

她承认，她出现过物质和经济上的焦虑、对未知的恐惧，"一定是会有的，但是这和原来那种不太理想的生活状态比起来，太微不足道了。"

捡回来了

2021年的农历新年，郭柯宇为自己制订了一个前所未有的计划——去拜访朋友。她知道，虽然说是拜访，但终究是"目的不纯"。她买了一些礼品，孩子的玩具、老年人的生活用品，把每一天都排得满满当当。于是，那个春节假期常常会出现这样一个画面，朋友们吃过饭，坐在一边闲聊，那句憋了很久的话从她的嘴里蹦出来，"我需要一份工作。"

怕对方觉得为难，她马上又跟了一句，"有适合我的角色就可以，没有也没关系，别为难剧组。但我可以……我可以演得很好。"

下这个决定对于郭柯宇来说，需要鼓足勇气，她过去是一个生怕麻烦朋友的人，但是她知道，自己必须要"蹚出这一步"。

每天她在环绕小区的塑胶跑道上跑一个来回。通过节食和运动，从生病到回归工作状态，她瘦了近50斤。

离婚后，她亟需一份工作，去照料年近80岁的母亲和儿子，她已经想好了，等身体慢慢瘦下来，去剧组跑龙套也可以。

一年前，郭柯宇签约了新的经纪公司，姬畅成了她的新经纪人。那一年，姬畅拿着她的名字，为她四寻工作机会，得到的回应无非两种：郭柯宇已经没有什么热度，另一种是，离开了十年，她还能演好吗？十年，还是太漫长了，漫长到这个行业已经渐渐遗忘了她。

姬畅收到了一些拒绝，但他仍然充满信心，他坚信，只要给郭柯宇一个演戏的机会，把她扔进一个剧组，她一定能让人信服。他能拉着人说两个小时郭柯宇的好，给对方听郭柯宇唱过的歌，你听你听，她唱得可好了。"朋友说我就像搞传销的。"

《人物》视频采访拍摄的现场，郭柯宇被问到一个问题，"重新进入工作状态，适应和不适应的地方分别是什么？"她提起，自己在片场候场，有一种回家的感觉，很想念。说完，她的眼眶红了，她急忙道歉，离开了镜头。

她对剧组充满乡愁，"我生活中其实话特别少，我没有机会去说一些什么，更多时候就是过日子。当我可以去表演、去塑造一个角色的时候，它让我有一个光明正大的理由，我可以去表达很多东西，把我对很多东西的理解放在这个事情里面。"她说，"我觉得我刚刚

（的反应）特别不好，我知道，但是（那场景）真的太亲切了。"

"我们现在经常会互相安慰，说没事，我们一定会更好的。有的时候大家很累很累，或者我有点情绪不高，她就会逗我，嘻嘻哈哈。"姬畅说，"她对于我来说，是很特别的朋友。不可能是商品，怎么可能是商品呢？如果有一天，她能再创造点什么成绩，我肯定比她还开心。"

从新疆回来，落地北京那天，她甚至没有时间去咀嚼那18天的旅行。她急匆匆去找澡堂泡澡，搓了泥，闷在家里睡了好几天。等精神恢复过来，她又开始忙碌于找工作。她说，一路下来，自己没有时间去感慨、感伤这些别离，只有马不停蹄地跑起来，"离婚这个行为已经为这段关系做出了最好的答案，每个人的路都太长太长了。"

朋友们爱她，得知她要上综艺节目，进进带她去奢侈品店挑名牌墨镜，她们都给她买来各种衣服包包、护肤品，给她做耳环，大家要把她打扮起来。

郭柯宇像是一个他们曾经"丢失"过的人，终于被捡回来了。

"她经常做傻乎乎的事情。"杭程说。两人一块聊天，郭柯宇蹦出不着边际的话，杭程嘘她，"你能好好想想嘛，什么乱七八糟的。"别人评价郭柯宇细腻，他不太同意，郭柯宇的细腻是放在表演里的，生活里，她对人晶莹透亮，啥话都往外蹦，弄得朋友们都替她操心。作为朋友，他得时刻准备接住她。

病快痊愈的时候，郭柯宇兴奋地和他说了好几次，"赶紧准备好，我们要开始干起来了！"他听说她签了新公司，赶紧叮嘱了她一堆事儿，得注意这儿、那儿。郭柯宇在一边听得认真，"其实她特明白，不用我提醒，但我就觉得她傻乎乎的，不放心。"杭程在电话那头笑起来。

改变之年

被大众看见后，找郭柯宇帮忙的人多了起来，有朋友饭店开张，让郭柯宇帮忙录视频，她都照做。姬畅觉得又好气又好笑，提醒她，"很多工作不能乱接的。"郭柯宇委屈，"人家让帮帮忙，帮帮忙。"

郭柯宇喜欢去公共澡堂泡澡、蒸桑拿，一次，她告诉姬畅，自己在澡堂被人认出来了，"有个大姐好像认识我。"姬畅说，"以后不要去大众澡堂了，被人认出来多尴尬呀。"郭柯宇倒是把这话听了进去，她后来又去了一次，姬畅问她怎么回事，她解释，"我今天泡澡戴了口罩的！"

她的世界由各个生动的细节组成。张海颖去她家，会看到她的墙壁上贴着她和儿子画的小画儿，他们把摘来的花做成标本，压进书里，再串起麻绳。母亲教会她钩织后，她开始一条一条地织围脖、披肩。她给母亲布置任务，她设计沙发盖布的款式，母亲来完成。她最喜欢去逛附近的花鸟虫鱼市场，不论她买什么花，都要给张海颖带一份，一盆一盆地往她家里送。

做家庭主妇的那段日子，她的聊天对象是家里的小时工，"人家不知道你是谁，她们天天为五斗米折腰，跟你聊的全是接地气的事儿。"她会逮着机会问外卖员，"你知不知道附近哪家串儿卖得最好？"由此，她得知了附近哪家串最好吃、量最多、哪家串离得近，送来的时候不会太凉。

生活经验在她身上的累加，都成了日后理解他人的途径。好友张海颖这么总结她的敏感，"其实这十年，她一直在家里也未必是一件坏事。她没有去接触风云变化的娱乐圈，可能把她最纯真的东西保存了下来。等到她再出来的时候，她还是像以前那么热爱，那么真诚。"

她来珠海拍戏那几天，进进去酒店找她玩。郭柯宇一边开着摄像头，和儿子视频通话，一边和她们聊天。母亲和女儿这个身份，成为她的生活背景。

郭柯宇解释，"这也是关乎我的自我的一部分。我去外地拍戏，我妈就会说，燃气怎么怎么了，其实她并没有占有我很多，或者说，她在抢夺我的时间，放大我成为她的女儿那个部分。这不就是我的日子吗？关键是那个轴心，不要变成妈妈希望我是一个什么样的女儿。在剧组的时间，我也会觉得挺清静的，看看书，听听音乐，可是那个时候的我，未必就是真正的我。我跟他们在一起，也丝毫不会损害和侵犯到我的自我，它是不冲突的，不矛盾的。除非是我自己不接纳或者平衡不好。"

2021年的年末，她在北京、珠海、三亚、成都这些城市穿梭，得到了一些演戏机会，"它开始了，它发生了，那么我要重新分配好自己的生活律动，它需要你有足够持续的智慧和认知来去把控好。"

关于音乐的部分也在重启。去年10月，追星族乐队再次聚在一起做歌。欧洋提出，把十多年前一首未完成的歌录完，当时它因为郭柯宇生育而中断录制。"她现在有大把的时间可以做她想做的工作，拍戏也好，唱歌也好，whatever，什么都行，因为她有充足的时间了。"欧洋说。

重聚那天，三个人的状态都很好，郭柯宇又在唱歌时搞怪，"这才是她嘛。"周广斌说。十多年后，三个人都发生了新变化，欧洋上了《乐队的夏天》，周广斌在音乐制作上有所进步，最重要的是，郭柯回来了。

今年1月，郭柯宇去外地录节目，录制地点在海边。节目设置了表演环节，她穿着一身白色连衣裙，在海滩上唱歌。风把她的裙摆吹得高高的，一波又一波的海浪卷过，她还是像舞台上的每次表演那样，目光凝视远方，唱完了歌。

当日录制结束忙到很晚，第二天，他们需要赶早班飞机，睡眠时间不足三个小时。去机场的路上，大家都累了，只有郭柯宇是兴奋的。她掏出唱歌的软件，请姬畅和她一起唱歌。他们高歌了一路，司机也跟着哼。唱完，她像是自言自语，又像是对着同行人说话，"昨天表演完，我发现，我还是好喜欢音乐啊。"

工作走上正轨后，郭柯宇赚了一些钱，给张海颖买了一个小包。张海颖很开心，并不是因为收到了一份礼物，而是它足以证明，郭柯宇又能够支配自己的生活、自己的工作，正如她在节目《再见爱人》里所说，"这是我唯一手里能攥紧的东西。"

一切始于上一个寂静的冬天。

"那时候天还没怎么亮，有一点风，空气很凉，气温比现在还要冷一些。早晨七八点，我从家里出发，绕着小区开始跑。耳机里放的是樊登读书。"郭柯宇习惯性地仰着头，视线落在远方的某个点上，一点点地和《人物》回忆，"一边听一边想，我得准备好自己，人家努力地帮你去往前蹚路，你不可以偷懒。这条路我总是能跑通的吧，就这么一圈一圈地跑。"

"一圈圈地。"她说。

再连线

缺席公众视野的10年，郭柯宇经历了疾病、生育、婚变、至亲的死亡，但她始终用她敏锐的感知力探索和解读生命。《再见爱人》之后，作为演员的郭柯宇再次上路，重新开始书写自己的命运。2022年，她感觉到，过去"升腾"起来的东西，在一点点地往下沉淀。

《人物》：最近一年的生活和工作是什么样的？

郭柯宇：我这一年就是拍戏出差，去了湖南、深圳、杭州，过剧组的生活，过当下的生活，你会更真切地认识到无常发生在我们每个人身边。

有戏的时候，我就是两点一线，到剧组拍戏，完事到酒店。同事之间也不聚餐，晚上健身，看看书，洗洗澡，听听讲座，睡了。一天过去了，一直是这样周而复始的。我们的日子变得那么静，那么慢。好像之前什么东西升腾起来，现在又一点点在尘埃落定似的。

《人物》：最近一年给了你启发或者鼓励的女性是什么样？

郭柯宇：每一个让我觉得特有感触、特别扎我心的人吧，都不是一些什么所谓的名人、大家。很多人其实不是刻意要给你感悟的，反而无心插了这个柳，就让我心里有凉爽和通透，都是神来之笔吧，老天点化你的。

《人物》：女性这个身份，有

没有给你一些不一样的视角和感受？

郭柯宇：我觉得女人一定不要特别地自怜吧，不管怎么样，都要让自己是坦荡的、勇敢的、悲悯的。自怜有时候它会长出一个芽儿，不利于自爱和自重。不光是对两性关系、对婚姻，你对朋友，对良师益友，无了情不能无义。

《人物》：面对当下有什么建议，跟年轻人或者年轻的女性分享吗？

郭柯宇：（沉默了15秒）哎呀，我觉得我不配（笑）。我只活了半辈子，也没活明白呢。

《人物》：很多人会说，他们从你身上得到了一些力量。

郭柯宇：这真的不是我多么好，说白了，他们是有这个种子的，但是自己眼睛是蒙蔽的，是视而不见的，我只不过是个载体而已。不是我有多好，而是他们自己有这个暖房，所以才开了花。哪儿是我好？我真挺邋遢的，生活中，我就是一特普通的人，我也不知道怎么就撞了什么大运了，被选中。你们千万不要再捧我了。

我心里一直长着一个劲呢，他们其实是我的恩人，对于十年空白的女演员来说，他们是给了我特别大的力量。我希望自己以后要配得起他们，得好好干呢。不能人一说郭姐姐特别好，特别善良，我却特别卑鄙，特别无耻，这样不可以的。咱不能让人看走眼吧。

我很想大喊出来一声——原来我这么多年的坚持，是有人能看到的，还好我没有放弃。

沉潜

李娟 / 安超 / 朱晓玫
春风奶奶 / 向京

现在的我，比以前任何时期的我都让自己满意。

李娟

躲在文字背后的猫

文\李婷婷

编辑\金焰

　　比起说话，写作是让李娟更安心的表达方式。文字让李娟收获了巨大的赞誉，王安忆评价李娟的文字让人"看一遍就难以忘怀"。她自己却坦言："我不是社交型作家，真的，我好好写我的东西，我觉得比什么都强。"

　　在朋友眼中看来，生活中的李娟和在文字里展露才华的作家李娟，常常无法等同。她不爱出门，她更喜欢待在家里，看书，写作——想写的时候坐下来，迅速就能进入写作状态，养花，好几天才出一次门。如果没有朋友主动联系她，她可能一个月才会和外界联系一次。即使这样，她依然保持着敏感，总是"能体察到很多别人体察不到的东西"。

写的比说的好

3月底的广州已经有点闷热。CBD一家商场里，藏在百货店里的书店入口被满满的人堵住。像一只突然暴露在人群中的猫，39岁的作家李娟披着及腰的黑长发，戴着黑框眼镜，穿着黑色尖头细高跟，坐在人群最前面的高脚凳上，紧张得脸抖了起来，"其实全身上下都在抖"。主持人拿着提纲不断抛出问题，但李娟的回应让她挫败——"这个问题好难回答""好吧，就这样"……尽管已经出版了11本书，这还是李娟的第一场读者见面会。

4天后，李娟在酒店房间接受《人物》记者采访。尽管此时已连续4天参加见面会，"脸皮厚了"，能独自发言3分钟了，李娟还是不太适应，她总是感到焦虑，晚上睡不安稳，一小时醒来一次，"我不是社交型作家，真的，我好好写我的东西，我觉得比什么都强。"

比起说话，写作是让李娟更安心的表达方式。"她驱使文字已经十分了得，随手一写就能风生水起。"作家苏北曾在一篇文章里赞叹道，"我要是能和上帝通上话，我就请他一定要永远将李娟留在人间，专门让她写文章给人看，给人们带来美和快乐。"

文字让李娟收获了巨大的赞誉。王安忆评价李娟的文字让人"看一遍就难以忘怀"，梁文道在2010年说"李娟绝对是我在今年最大的发现之一"，李娟的伯乐、新疆作家刘亮程更是毫不掩饰对李娟的赞美，"我们这个时代的作家已经很难写出这种东西了。"

写作之外，李娟在网络上也相当活泼。因为读者总说从小看她的书长大，她就开玩笑地自称"娟姨"。2018年要在两个星期里到5个城市开9场读者见面会宣传新书《遥远的向日葵地》，她发微博预告："人在江湖漂，哪能不搞读者见面会。"

在第5场读者见面会当天，李娟接受了4家媒体采访。她很疲惫，总是说着说着就想打盹。她不爱出门，这次远行是以"好像壮士赴死一般的心情来的"，但她还是发了那条"昭告天下"的预告微博，她解释说，"（在网络上）那是不一样的，那东西是有强大的掩体保护你的。这种程度上说，我算不算是一个键盘侠呢。"

"哎呀，她现在已经很会说话了。"和李娟相识17年的画家段离说，李娟以前一句话说完了，总是拿第二句话否定第一句，不停地修正自己。她看到李娟在活动期间接受的一个视频采访中形容新疆阿克哈拉的荒野——"你就站在地球的最高处，然后四面八方都在往下面下沉，有那样的感觉，星球变得很小"，"说得挺好啊，她过去总是写的比说的好。"

在段离看来，生活中的李娟和在文字里展露才华的作家李娟，常常无法等同。在好朋友面前，她是一个叽叽喳喳、极其普通的女孩，说话从来不掉书袋，不聊文学也不聊写作，吃饭时聊天会不自觉地把脚架到凳子上，开心时会像个孩子一样毫不掩饰地展示出来，不会碍于面子承诺自己做不到的事。"她是一个非常本真的人，没有任何的修饰，现在很多人成了知名作家，总是端着，她到现在没有这种毛病。"

李娟在文字里拥有更大的能量。她总是可以把稀松平常的事物讲得异常精彩，比如捡牛粪——"有时候踢翻一块牛粪，突然暴露出一大窝沸沸扬扬的屎壳郎，好像揭开了正在大宴宾客的宫殿屋顶。"段离也捡过牛粪，李娟把她的感受写了出来，让她也有了想写作的冲动，"但是就像有些人唱歌唱得那么自然，我就觉得我也能这样唱，其实一唱就是不对的，五音不全，根本做不到。"

那些看起来随意写就的文字，事实上也被李娟反复斟酌、修改和确认，改稿的时间甚至长过写稿的时间。每再版一次书，她都会亲自审校一遍，把书改得"面目全非"。《冬牧场》再版前，她改了近万处细节，那些"轻浮的态度、自以为是的判断、不流畅的语句、错字病语、含糊不清晰的表达"都被她改掉了。"我这个人口头表达不是很厉害，我有这方面的缺陷，所以在文字上面我就更加固执一点，非要把它写得非常准确、有力。"

写作让她强大

最后一场读者见面会结束后，中午，大伙聚在书店一个房间里聊天，说话声很大，而李娟坐在一旁的躺椅上睡着了。这是她两星期以来少有的一次平稳入睡。

回到乌鲁木齐后，李娟又在家里睡了3天，把前两周缺的觉补了回来。她不爱出门，一出门就有压力。她也从不一个人出去旅游，"太傻气了，花钱买罪受。"

她更喜欢待在家里，看书，写作——想写的时候坐下来，迅速就能进入写作状态，养花，好几天才出一次门。很少有人打扰她的清净，每个星期她大概只会接到一次电话，连骚扰电话都很少收到。如果没有朋友主动联系她，她可能一个月才会和外界联系一次。阻碍她写作的是打瞌睡，她外号"李三觉"，早饭吃完睡一觉，午饭吃完睡一觉，晚饭吃完又睡一觉。李娟很满意现在这种乏味却平稳的生活。

有读者从她的新书里读出了沉重和悲伤，觉得她没有以前那么快乐了。"我还觉得我比以前过得好多了。我以前真的很压抑，可能你缺什么，就渴望什么吧……现在我上了年纪后，很多事情处理得比以前更好了，心里也安稳多了。"李娟说，"现在的我，比以前任何时期的我都让自己满意。"

从小到大，李娟跟着妈妈、外婆从四川搬到新疆，从县城到牧场，从这个牧场到那个牧场，从这座城市到那座城市，"搬得够够的"，有好几年每年要搬上两三次家。

她在一篇文章里回忆起一个搬家的片段：我5岁的时候，体重只有11公斤半，还不及8个月大的婴儿重。我都上小学三年级了，还在穿4岁小孩的童鞋。妈妈虽然为此非常担忧，但多多少少也满意这个分量。她说："你要是永远那么小就好了，从来不让人操心，上火车只需轻轻一拎，想去哪儿就去哪儿，根本意识不到身边还带着个人。整天也不说话，静悄悄的。给个小凳就可以坐半天一动不动。困了倒头就睡，睡醒了继续坐在那里，一动不动。"

这个沉默的小孩很早就学会用文字表达。她3岁还不会说话，上了小学说话也含含糊糊，但在小学一年级学会了拼音和有限的几十个字后，在四川跟着外婆生活的李娟就开始给远在新疆的妈妈写信，那些平时说不清楚的事情用文字却能准确表达。

李娟人生最初的高光时刻，是在小学二年级的一堂作文课上。那是李娟第一次写作文，她用两三百字记述了当天的一场雪。老师在全班同学面前念了她的作文，念完还不过瘾，又抄到黑板上，让同学们都抄一遍，抄完还不行，得一个个上讲台背下来才能回家。李娟被同学恨惨了，回家路上，一个男生在没人的地方把她拦了下来，报复性地踢了她几脚——她小学时总是被欺负，踹胸口，抽耳光，烧头发，那些恐怖的时刻困扰了她整个学生时代。

动荡的生活充满了不安全感。有一回李娟在段离家借宿，半夜她突然惊醒，坐了起来，"我在哪儿？"然后又躺了下去。高三还没毕业，李娟就辍学到乌鲁木齐打工。2000年，李娟的妈妈在阿尔泰深山牧区开了一个杂货铺兼裁缝店，牧民转场到哪儿，她的小店就开到哪儿。李娟跟着妈妈在山里待了不到1年。妈妈带着货物不停地搬家，住过塑料帐篷、铁皮屋子、木头房子、土坯房子，后来才定居在额尔齐斯河南面戈壁滩上的阿克哈拉村。10年前，李娟放弃了长达5年的机关工作，到南方打工、恋爱，后来又回到阿克哈拉村。

李娟曾带一位朋友在阿克哈拉的荒野里散步。他长这么大从来没去过一个人也没有的地方，本能地感到恐惧，哪怕在乡村的小路上，起码有房子，远远也能见到牛或者车。在望过去什么都没有的荒野里，天特别大，风声呼呼，地薄薄一层，人的气息——心跳声、吞口水的声音，甚至是转动脖子的声音都听得清清楚楚。

写作是李娟唯一能抓住的稻草。2010年冬天，她参加了《人民文学》举办的非虚构写作计划，跟随一家相熟的哈萨克族牧民去往乌伦古河以南120公里处的冬牧场，在地下一米深的地窝子里生活了3个多月。李娟接受一个视频采访时说，"我离开冬窝子以后，一下就感觉到什么都不怕了，道路一下变得特别特别明朗。"

段离说，李娟那时候生活中有很多的无奈和苦楚，但是她通过文字让自己的生活获得了希望，并不是说她当时就生活得那么快乐，"她原来是有各种各样的怕，所谓的怕实际上就是对自己命运的那种不确定，所以是写作让她更强大起来了。"

小孩变成女人

李娟不高，瘦瘦的，及腰的黑发三七分披在身上，圆圆的脸上架着方框眼镜。这是李娟18岁之后第一次留长头发。在此之前，她俏皮的齐耳短发更为人熟知。她的头发长得迅猛，两年就从脖子长到腰间，长发散开，她感受到不受束缚的自由。

这几年生活稳定之后，段离觉得李娟最大的变化，就是从一个小孩变成了成熟的女人。2001年，李娟在段离所在的杂志社当编辑，那时候她二十几岁，单薄得就像个小孩子一样。她的头发稀稀拉拉，没什么弹性，贴在头皮上，薄薄的。她常常给自己剪头发，剪失败了就几天不敢出门。如今李娟的头发茂密得很，又长又黑，看起来还很柔顺。因为头发的生长，李娟觉得自己"全身到处蠢蠢欲动，跃跃欲试"，除了头发，好像还能再长些什么出来。

"现在是李娟最好的一个状态，她自己的机体也完成了，她的文字风格也逐渐完成，更有文学力量了。她原先可能只是一个种子，慢慢长成了小树，现在已经长成一棵大树了。"段离说。

这棵大树越发旺盛，受到的关注也越来越多。读者见面会期间，读者们从全国各地涌到李娟面前——有从北京坐7小时火车来的，有从山西自驾到郑州的，有从上海、香港、台湾、珠海来的，还有人连着跟了4场见面会。在东莞的读者见面会上，一位职业是教师的读者说，"我现在也突然能够理解（为什么）我的学生们去追他们喜欢的明星。"李娟觉得自己"像得到了万千宠爱"，但又实在不适应这种当众的自我暴露，不想再参加这种活动。

她依然敏感，总是"能体察到很多别人体察不到的东西"。周思仪是李娟新书《遥远的向日葵地》的编辑之一，"晚上那个路灯吊在树上面，她会说，哎呀，这些树太可怜了。"在郑州参加读者见面会时，路上的牡丹花开成一片，陪同的人都在感叹这些花太漂亮了，只有李娟为牡丹花下的土地感到悲伤——在面积这么小的土地上，这么密集地培育这种非常耗地力的植物，对地力损害很大。

如今最让李娟头大的是她和妈妈的关系。她俩吵架了，两三年不直接往来，也不说话，妈妈住市郊，李娟住市区。但她每年会给妈妈寄钱，今年还给她换了一辆车，原先的小车在雪大路滑的冬天开太危险。妈妈每天开车到城里上老年大学，表演节目，扭扭秧歌。

一直以来，她和妈妈就不太和睦。李娟在新书里写道，"我从来不曾认同我妈的人生选择，同样，我妈也对我的人生表示怀疑。我俩没法在一起生活，超过两个月就有问题。"

李娟的妈妈是一个豪情万丈的人。2007 年，她在阿克哈拉的荒野里种了一百亩向日葵。地的南面是沙漠，北面是戈壁，四周没有树也没有人。天气又热又干，她在葵花地里锄草，锄一会儿脱一件衣服，锄到中间就全脱没了。她赤身扛着铁锨穿行在地里，晒得一身黝黑。她还喜欢骑摩托车，在荒野里每天骑车打水，渐渐骑出了一条野路，"这条路是我的。"她还托人报名过类似野地拉力赛的摩托比赛，可惜超龄了。

对待女儿，妈妈也一样豪迈又霸道。李娟小学三年级从四川转学到新疆后，经常写信给四川的伙伴，有一天，妈妈当着别人的面，把信的内容念了出来，李娟气哭了，把信撕碎扔进火炉。李娟买的第一个房子，原本是希望在院子里种满鲜花，在门前空地铺满红砖，最后风格全被妈妈掌控，成了"农家乐"。

"我非常欣赏她美好的一面，我作为她的女儿，天生对她有依恋之心，我会歌颂她，赞美她。另一方面，我感觉到痛心，因为她是强势的母亲，任性的母亲，自私的母亲，所压迫的，尤其是我这样的，不安分的人，有自己想法的人，很痛苦的。"李娟说。

她渴望被妈妈柔软相待，但她同样也很难做到柔软地对待妈妈。十几年前，李娟在阿勒泰市区上班时，妈妈第一次去出租房看她。

回去时，李娟把妈妈送上大巴，因为堵车，车刚驶出客运站就停下来了。车停了很久，李娟也站在原地看了很久。那一刻，她迫切想走到妈妈窗下，踮起脚敲打车窗，让妈妈看到她，然后再和她离别一次。"我很想这么做，很想告诉她我的真实想法，又想对她柔软一些，是的，实际上做不到，做不到。"

李娟试图通过写作开导自己。在写新书《遥远的向日葵地》那两年，她和妈妈的关系降到了冰点。但李娟笔下的妈妈，像大地之母一样，潇洒地驰骋在向日葵地里，现实中她对妈妈的怨言、不满、委屈在书里不见踪影。"与其说我是在向外人展示这样的母亲，不如说我是想说服我自己，我想改变我自己，我想缓和与她的关系。"

李娟曾独自在向日葵地边的蒙古包里待了十几天。那时候李娟的妈妈每天骑摩托车回村里继续开杂货店，好挣钱雇工人来帮忙干农活。李娟总是把做好的晚饭热在炉子上，就和家里的两只狗一起等待妈妈的到来。每隔两分钟，她就出门朝东南方向张望，一听到车的引擎声就跑出去看。时间不断地被拉长，李娟总是忍不住胡思乱想起来。荒野里没有路灯，天黑了下来，如同深渊一般，直到明亮的摩托车车灯远远地出现在路的拐弯处，李娟的心才安定下来。

每个人都在受苦，诉苦是没有用的，不要只是宣泄情绪，要超越个体性的、"祥林嫂"式的自我叙事，和更大的公共世界对话，真正从文化和制度意义上去为这样的一群人找出路。

安超

以女人和学者的身份访问母亲

编辑＼沈时
文＼王双兴

　　北京师范大学青年学者安超2021年7月出版了一本新书，书名是《拉扯大的孩子：民间养育学的文化家谱》。这是她的博士论文，研究对象是她自己的家族。几年前，她回到故乡，访谈了她的同辈、父辈以及祖辈，并在论文中呈现了整个家族百年间的养育史。

　　我们的谈话是因这本书而起的①，但又在很大程度上超出了书的议题本身。在北师大对面的咖啡馆里，安超用近6个小时的时间向我讲述了一个80后乡村女孩长大成人的故事。她的讲述像她的书一样，既有敏锐的个人感受，也有社会学的凝视和超越。

　　三十余年里，她从出生并成长的山东，走向武汉、北京，通过

---

① 本文首发于2021年。——编者注

读书实现了阶层跃迁，但传统习俗和劳动阶层的家人常常将她"拉回"，因此安超自称"两种文化、两种阶层之间的摆渡者和穿梭者"。摆渡和穿梭中，安超经历了种种痛苦。居无定所的漂泊，寄人篱下的孤独感，进入城市时的拮据和窘迫……六年前，安超回到老家生育，从产房出来，遭遇了传统里很多难以撼动的厌女习俗。

博士论文的主题也正是那一刻定下的，她开始重新思考性别问题，思考拉扯孩子到底是件什么事情，以及她曾经身处的乡村世界到底意味着什么。她用行动开始了"回望"，原本似乎更像是某种情感宣泄，没想到慢慢变成了更广阔意义上的和解。这位曾经在乡村世界里疯跑的"野丫头"，在研究中开始超越自己的痛苦，看到了别人的痛苦，以及痛苦背后的结构性压迫；同时，她也更加清晰地看到了劳动阶层文化中珍贵的部分。正是那些来自旷野的力量，给了她"对世界自由探索的勇气和愿望"。

以下是安超的讲述——

流动

我的童年是在流动中度过的。

20世纪90年代，全国掀起了下海潮。在这波时代浪潮中，我的妈妈是小镇里为数不多的从单位停薪留职下海经商的女性。所谓"经商"，就是在县城的商贸一条街"不夜城"摆摊卖衣服。作为第一批向"城市"流动的家庭，妈妈的摊位是流动的，我的幼儿园是流动的，整个家也是流动的。

我儿时上的是育红班，不是正规学前班，也没有什么正规幼儿园，就是退休老师自己开的，老师既当老板又当老师，收了10多个父母没空管教的娃娃，教一些简单的东西，多数时间就是玩儿。教室在私人的出租屋里，因为租期什么的，经常要搬家，那一年，我们大概换了三次教室，像打游击一样，小朋友自己顶着自己的小桌子，排着队就搬了。

和育红班一样，妈妈的摊位也始终在流动，作为城市流动人口子女，我的学习环境就跟着妈妈一起流动。最初是在摊位旁边的角落，我搬着小凳子坐在衣服堆旁边写作业；渐渐地，妈妈攒钱租到了门面，店里的楼梯间被改造成了试衣间，边上那个逼仄的一角属于我；后来妈妈终于买下了一个门面，我藏缩的角落也越来越好，变成了入口处的收银台底下，明亮宽敞了不少。

平时，妈妈摆摊，我学习，她总是赶着我去写作业，语气很生硬："你别伸手帮倒忙，做好你自己的作业就行！"我就在角落里缩着，有种待在"市井中的孤岛"的感觉，看她和三教九流打交道：遇到老主顾，就多聊几句；遇到难缠或者找麻烦的主顾，就小心翼翼地赔不是；遇到来收保护费的凶神恶煞，就低三下四，有时候周转不灵，保护费无法及时给，摊子就被砸得乱七八糟。

同一时间，因为父母工作的变动、经济的不稳定、房东的缘故等等，我们要不停搬家，印象中，我上大学前搬了有十几次家。

我妈经常干活到很晚，夜里11点多才收摊回家，有的时候还要出去进货，两三天才能回来。爸爸在外地工作很少回来，所以我经常寄住在房东家。那时候房东和租客的关系和现在不一样，不是收了钱就没有关系了，我们那时候的房东人非常好，经常把我叫到她家，和她女儿睡在一起。

虽然有人照顾了，也有热菜热饭吃，但你知道，"吃人家的嘴软，拿人家的手短"，还是会有看人脸色、寄人篱下的感觉。我会非常乖巧、非常努力地"报答"他们，主动帮房东打扫卫生，陪他们说话，同时还要应对他们的女儿——一个比我大五六岁的姐姐。她对我的情感很复杂，有一种家境优渥、父母在身边的优越感，还有一股自己妈妈被我抢走的酸味，但同时她也需要同伴。

那时候我上小学，姐姐上初中，她上学时间很早，而且要梳洗化妆，所以我就得随她很早起来，然后送她去上学，再走很远回到自己学校。北方深冬的早晨乌漆墨黑的，到学校后又冷又饿，一个人都没有，小卖部也没开门，我就只能朝着小学唯一有灯火的地方走过去，看见屋里有个老爷爷在烧锅炉，在那里窝着暖一会儿。

我印象最深的就是我睡在他们家的时候，最早北方冬天没有暖气，但我和姐姐只有一床被子。经常在大半夜睡着睡着，姐姐就把整张被子都裹走了。很冷很冷，我又不敢叫醒她，就会半夜偷偷爬起来，把棉袄什么的全都穿上，害怕吵醒她让她尴尬，就摸摸索索地穿好，然后裹着在那里坐一夜。

即使这样我也不敢和姐姐结怨，不会因此来记恨，更不会和房东或者和妈妈诉苦抱怨，依然对她言听计从，就像"伺候"着大小

293

姐，甘心做"使唤丫头"。就是你知道有一些东西你要忍下来，为了一个更大的和睦，这是一个小孩在父母缺席的日子里，自己学会的对人情世故、人情冷暖的体察。

这些不安慢慢内化成了性格中的一部分，你知道你的人生是动荡的，流浪的，没有归属感的，虽然房东会让你去住去吃饭，这是什么呢？你要把希望寄托在房东身上，寄托于这个世界上有善良的人。但是你怎么知道你一定能碰到善良的人呢？如果没有这样一个房东，你该怎么办？心里是不知道的。

因为心里有不安，也更会知道体察大人的辛苦。我上小学和初中时有一个习惯，父母不在家时，我会经常到处翻，然后偷看家里的存折，看看我们家还剩多少钱。如果看到这个月存折上的钱没有多少，我就会老老实实，更加听话；如果这个月存折的钱还挺多的，我就会跟我妈要早餐钱，对她的态度上也敢顶嘴了。

不安

上育红班之前，我一直在乡村和爷爷奶奶生活在一起。那时候父母特别忙，很少能回家看我。听我妈妈讲，她每个月回来，走的时候我就会拉住她的自行车不让她走，哭得很厉害。爸爸在外面当兵，做部队里的卫生员，退伍之后去了一个比较远的地方，后来又去南京的医院进修，一直都很少回来。

对祖辈来说，我并不是一个受欢迎的存在。我有四个姑姑，我爸爸是家里唯一的男孩子，承担了很多很多期望。一下子我被生下来，一个女孩，其实整个家族都没有那么高兴，尤其是我奶奶就更不高兴了。

我跟奶奶的关系是非常的奇怪的。一方面我们很亲密，因为她把我养大，我还能记起，小时候我都是和她睡在一张床的，更大一点儿，为了节省空间，我们俩就腿对腿地睡，我在床这头，奶奶在床那头，冬天的时候，我就把脚使劲伸到她胳肢窝里取暖，奶奶一边嫌弃一边还是默许了。但是另一方面，她又很讨厌我，这种讨厌不是来自于一个女性对另一个女性的讨厌，而是来自于重男轻女的传统，某种程度上是几代女性之间关系的一个缩影。尤其在弟弟出生之后，这种讨厌就变得更明显，我能明显感觉到她对男孩子的宠爱和偏袒。

其实我很早就有了女性意识，对于这种女性身份的不安，以及对家庭里这种隐秘伤害的抗争。大概小学三年级的时候吧，记不清楚具体发生了什么事，因为奶奶对弟弟太好了，我非常愤怒，写了一封信，说奶奶你这样做是不对的，这种重男轻女对我伤害很大，而且你对弟弟太偏袒了，对他的成长不好等等，然后就离家出走了，穿过一大片玉米地，走十几里路回了城里。

我也特别讨厌我的名字，据说起名字的时候好像父母都不在，是舅舅或者上户口的人给我取了这个名字像男孩的名字，然后大家又都觉得我也像一个男孩子，我就很不喜欢，而且"超"，意味着可能要"超生"，要再来一个。所以这个名字对于女性来讲，意味着一种他者的身份，我需要用一个男孩子的感觉和身份来活着、来生存。

我5岁那年，弟弟出生，因为是超生，爸爸丢掉了公职。他换过很多工作，后来到沂蒙山区的一个工厂工作，要下井，但收入不高。父母要养一大家子人，我和弟弟，爷爷奶奶，还有尚未成年的四姑姑。所以妈妈离开了原本工作的印刷厂，成了第一批下海的人。

受传统观念的影响，一开始妈妈提出做生意，全家人都反对，不想让一个女人出去抛头露面。所以她其实很孤独，作为一个女性承担了所有的家务，要照顾爷爷奶奶、我和弟弟，还要挣钱，为整个家庭经济做出了巨大的贡献，但是她是不被认可的。

妈妈是外公的小女儿，从小不干活的，极其的纤细和瘦小，长得也漂亮。但结婚之后，变成了所有事情自己挑着，去进货的时候，早上两三点钟就要起来，带着小推车，坐长途汽车去临沂，然后一个人拖着五六个蛇皮袋子的衣服回来，有时候一去就是两三天。

她就会觉得委屈，委屈多了就会埋怨，埋怨多了男性的自尊就会受损。我爸很有能力，但因为超生，没办法施展自己的才华，又不能为家里贡献经济支持，所以他是一个失败者。整个社会的氛围是无法容忍男性成为失败者的，如果他在家里又没有地位，接下来就是无休止的吵架，让我随时处于不安之中。

后来我在田野调研中发现，这些是很多80后的共同记忆。作为新中国第一代农民工的子女，我们和父母一起经受着"流窜"中的动荡和漂泊之苦。虽然没有直接参与生计劳动，但间接体会到了生活的苦难。这种苦难不是体力上的，而是情感上的，比如感受到父母忙于生计而疏于照顾的"冷锅冷灶冷菜饭"、随父母在动荡不安的家庭空间流动中学习的艰苦、父母由于经济和情感问题无休止的吵架等，是一种与父母的分离感、对人情过早的体察、委曲求全和自我压抑，是动荡不安、漂泊、孤独和情感上的苦闷。

参差

我第一次感受到人生的参差，是在上小学的第一天，妈妈那时候还没从印刷厂离开，在当时算是拥有一份很好的工作，就托关系让我上了市里最好的小学。

那天，我刚一进到教室里面，就好像"哗"的一下进入到另外一个世界。相当于市里的干部子弟、官二代都在那里了，大家非富即贵，女孩子打扮得很好看，男孩子也白生生的，就像公主和王子。而我站在门口，穿着我哥不穿了的黄黑格子衣服，头发短短的，脸又黑，那种差别感和自卑一下就涌过来了，很震惊，也很怯懦，我觉得自己就是他们中的一个"异类"。

老师看见我，指了指教室后排说："坐那里就可以了。"其实我中不溜秋的个子，并不是最高的那个。

我在那里待了一个多学期，因为没怎么上过学前班，什么都不会，成绩经常是在倒数第一和倒数第二之间切换。我同桌经常欺负我，拿我的东西，上课打我，老师都是不管的。更痛苦的经历来自于交学费，包括订一些书报杂志，他们都能够按时交，但是我每次回家跟我妈要钱订课外杂志，我妈都不会给，因为没有钱。

所以每次交钱的时候就会成为极其痛苦的时刻，老师会直接在讲台上点名，说谁谁谁没有交上。我后来才知道，订书报会是老师收入的一部分，我总是不订，再加上是成绩最差的小孩，老师其实很气愤。但这些我从来没有跟爸爸妈妈讲过，因为已经很早地洞察到了父母的境遇，这些事情讲了也不会怎么样，只会让他们更难堪。

那是我人生中第一次感觉到被羞辱。更大的羞辱是，有一次好像是班里一个同学的字典丢了，结果我被老师叫到了办公室"审讯"，老师揪着领子让我站过来，然后再推搡出去。记忆非常深刻，即使已经远离那个场面很久，还是会难受，会很痛苦。我的童年在这一刻永远地结束了。

而这种歧视带来的痛苦不会结束，它会贯穿你的整个生活。

后来，我被保送到北大读研，那是又一次直面人生的参差，有来自于心理和经济的双重的落差。我遇到了无数的牛人，是真正的牛人，你可能只是靠小聪明到这里，就是一个聪明的人而已，他们都是学神，第一次要面对智力上、学业上巨大的压力，无论怎么努力可能都很难望其项背。而且他们真的是十八般武艺样样精通，女孩子跳舞，弹钢琴，各种乐器，你可能是永远都达不到的那种文艺造诣，第一次感觉到那么大的差距，也第一次知道自己的局限性。

我揣了两百块钱到了北京，要面对这种心理压力，也要独立面对贫穷这件事。

最窘迫的是，有一次我在网上看到一个信息，出版社的人找人给蒙台梭利的文集出一个简本，我就应征了，约在了北大的咖啡馆。那是我第一次走进咖啡馆，出版社的老师点了一杯咖啡，我没有钱，就一直在想，点什么呢，我甚至不敢看那个单子，就和服务员说，给我来一杯白水就好了。埋单的时候，我以为我点了白水，不需要他埋单，但是服务员说，这杯白水5块钱。哇，特别的窘迫，一方面是5块钱也拿不出来，另一方面是，我觉得它不值啊。走的时候那里有台阶，我很紧张，还差点摔倒了。这是一种自我羞辱，它跟我小学一年级被老师冤枉的羞辱是不同的，它是经济窘迫带来的羞耻感。

旷野

我不是容易被生活打趴下去的那种人。很多时候回过头去想，可能是性格中带着的属于原野的粗韧在帮我渡过难关。

我的童年是在乡村度过的，爷爷奶奶其实也不太管我，把我喂饱，就下地干活了。所以我从小是跟男孩子一起混大的，跟在哥哥们屁股后头到处玩。

那时候我们有很多游戏，夏天最喜欢做的事情是捉知了，我哥会把那种长长的竹竿绑在一起，然后用从家里偷出来的面团洗出胶来，粘在竹竿最顶上，举着去粘知了。粘知了对技术要求很高的，要在茂密的树林里找到一只目标，然后拿着竹竿轻轻、轻轻地伸上去，停在离知了不远的地方等，不能晃，不能出声，等知了趴在那儿松懈了，就把竹竿猛地往上一顶，胶粘住翅膀，知了就被捉住了。哥哥们负责捉，我就负责用针线从知了身上的一个小孔那里穿过去，一天下来，串成一大串戴在脖子上。

这是夏天的游戏。春天我们会去挖野菜，每个人都能识别各种各样的野菜；秋天最深刻的记忆是收完玉米之后去地里扑蛐蛐、蝈蝈、蚂蚱，还有很长一段时间，地里有成垛的麦秆，我们就爬到麦垛上面，一直蹦，很多蛐蛐就跳出来了。更多时候就是在山野里乱跑，草地、麦地、雪地。你会发现其实我们的游戏是跟季节、跟农活连在一起的。食物也是，槐花摊煎饼、烤麦子、地瓜干、煮玉米，每个季节都有可以大快朵颐的东西。

我小时候是不学习的，有很多游戏，很多同伴，每天时间都过得很快。村里的老人们一般把在田间地头玩耍的孩子叫作"野小子""野丫头"。说"野"的时候，老人们的眼睛是亮的，是半嗔怪半赞赏甚至是憧憬的。"野"对于大人来说，意味着不娇贵、能跑能闯，意味着能自己玩了不用大人操心。现代人对传统教育存在刻板观念，认为中国父母倾向于让孩子要"乖"。事实上，"听话"在农村仅仅只是教育的一面，大人们更欣赏不过分的、带有干劲和生命力的"野"。可以这么说，"乖"不是乡土儿童的内在本性，"野"才是乡土世界的生命力量。

这段经历对我的滋养和对成长的价值是直到我长大之后才能感觉到的，是一种粗糙的生命力。一个是锻炼身体，再就是有股"不怕"的劲儿。小孩子是不怕世界的，一个永远在都市里没有见过阳光、空气和原野的人，是无法让他心胸开阔的，但是一个从小在旷野或者在海边成长起来的人，他见过那种广阔，养成对世界自由探索的勇气和愿望，你就不可能再绑住他了，那种"野"会根植进了天性里。

真的，你爬过高山，你见过大海，你在原野里奔跑过，就会对生命不放弃。你不肯那么轻易地放过生命，因为阳光、草地太美好了。每一次想死的时候，那个儿时的你就会冒出来，让你觉得这个世界有很多可以留恋的，这是一个原生的力量。在我长大之后，无数次遇到挫折、痛苦甚至抑郁的时候，是自然治愈了我，只要一回到乡村，哪怕是在城市里找一片贴近自然的地方，走一走，想象一下，都能感觉到那股力量在恢复，乡村的野性是一种原力。

这一路，我还遇到了很多很好的老师，他们的爱和支持，对我来说是另一片旷野。

去市里最好的小学读书之后，后来我得了什么疹子，因为传染在家休息很久，可能是学校借机把我开除了，只听到妈妈说你没办法上这个学校了，我给你转学。

我被转到了市郊的一所村小，南关小学——一定要把这个名字写上，它现在已经消失了。上学第一天，所有人都好奇地围过来问我叫什么名字，但从前的野丫头因为一年级的经历变成了一个极其脆弱和内向的人，那一刻我特别害怕，不跟任何人讲话，趴在胳膊上就哭了。

我是从什么时候开始振作的呢？那天，我的第一堂课，是一位姓于的老师的最后一堂课，她马上就要退休了，所以在上完课的时候，仪式性地叫了班里每个人的名字。我第一天转来，她可能不太记得我的名字，也可能忘了，叫完了所有人，我还是没听到自己，就继续在桌子上趴着。就在我认为可能已经没有希望的时候，她突然说："还有安超。"

在第一次见面也是最后一次见面的老师口中听到了自己的名字，大概是被看见和记住的感觉吧，从那一刻开始，好像有什么东西不一样了，真的像一束光照进了黑暗。

对我来说，因为遇到了好的老师，人生好像一下子又回到了幸福的时候。于老师是第一个改变我的老师，第二个是从外地调来的郭老师，她随着丈夫一起从外市过来，暂时被安排到了我们这所离市区不远的村小。

我们的语文课是怎么上呢，现在想想太幸福了。教室在二楼，老师说，你们不要在房间里读书，要对着天、对着地读书。我们就跑到楼道里，把小桌子搬到栏杆旁边，坐上去，把腿从栏杆里伸出去，然后抱着书，对着天地读，对着阳光空气和风读。现在谁敢啊？但感觉太好了。

如果天不冷的时候，她就把我们拉到小学唯一的花圃里晨读，在花旁，在树里，和同学结伴，一起读书背诵。现在不是推崇说不要横排上课嘛，不要秧田式，要参与式，其实我们很早就尝试了参与式。那个小花圃几乎成了我们的秘密花园，有时候读累了，大家就围成一圈，把题目写在纸片上，然后用抓阄的形式来背诵。那时候我们对学习热爱到什么程度，从来不觉得学习是乏味的，周六日都要相约，和小伙伴一起跑到秘密花园里读书。

她还设计了最早的作文展览，两颗钉子一砸，一根线一抻，把写得好的作文挂在上面，然后让大家自由阅读。自己的作文被挂上去的感觉是非常好的，就像站在了世界中央。

郭老师带来的其实是一种实验教学改革，在当时可能算匪夷所思的，但好在村小特别自由，也可能是因为她老公是市里的领导，总之，她给村里的小孩们打开了另一个世界。

平日里郭老师很温柔，她还把女儿带到教室里面，让我们当小老师，批改她女儿的作业。她还把我们叫到家里去，哇，家真好，但她从来不会说进门脱鞋之类的，虽然是一群村里的孩子，但是从来没有感觉到她歧视我们。现在回过头想，如果说于老师唤醒了我，那郭老师就是用自由的教学和毫无芥蒂的爱滋养和托举了我。

读书

另一重滋养和治愈来自于读书。

我妈夏天收摊都很晚，因为在不夜城，越是到夜里生意越好，她经常要摆到十点多。妈妈摆摊的旁边是一个书摊，老板很好，所有的书我都可以看。所以，每天写完作业没事干，我就去书摊上开始翻，相当于课外阅读是以这种方式实现的。

那时候阅读的内容极其丰富，不是被强迫的，而是来自于公共世界。我妈也没说让我去看书，她没有时间管我，我就被扔在那里，只能自己去找事做，其实复制了我在童年时代的自由探索。

好多童话我都读了，《安徒生童话》《格林童话》，还有中国四大名著的小人书，就像海绵吸水一样，只要有字、有画的我都看。言情小说也看，有些现在回想起来其实是很滥俗的情节。我还爱看《故事会》和《故事大王》，借着路灯和书摊上的光，全都看完。对于孩子来讲，那些书是具有天然的吸引力的，进入到另外一个世界，另外一个原野，书的原野。

今天我们看到的童话，很多是被挑选和精简过的，怕伤害到小孩子的心理，留下的都是最美好、最童真的，王子和公主永远在一起。但其实，很多童话的原版是包含所谓的"黑童话"的，我看过很多很无奈、很悲伤的故事，包括《卖火柴的小女孩》和《美人鱼》这样的故事，其实也是很悲伤的，你会知道不是所有的努力、付出和爱一定会得到好的结果，很朴素的道理，小孩子不会用这些话总结，但是很早就从故事里体会到这个世界的无奈和复杂。

后来，进了社会这所大学，我对读书、学习这件事情有了双重的热爱。只有真正体会到讨生计的困难之后，才知道读书是一件多么幸福的事。一方面它能实现你的价值，另一方面只有在这个时候，你是最自由、最平等的，在这里没有人会歧视你，你可以获得心灵意义上最大的驰骋，价值也会有最大的体现。

在北大、北师大，我开始接触到了教育社会学，了解了教育公平的概念，一下子就被它迷住了，我开始进入到一个学术领域做探索。

当年的北大十分包容。我同班的同学里，有一个是从赣南师范学院考进来的，有一个是在东北财经大学学经济学，毕业之后在中关村电子城卖电脑，漂了三年又重新考进来的，还包括一个从来没有上过高中，高中和本科都是自考，在小县城邮局当职员的。现在已经几乎没有这样的人了，硕士基本是保研，而且是名校保进来的。

现在有个词形容我们叫"小镇做题家"，我其实很不喜欢这种说法，它延续了两种对于底层子弟的偏见，一种认为他们很平庸，没有什么才华和天赋，就是靠吃苦耐劳，靠一遍一遍地刷题成功的；另一个就是会认为他们就是为了翻身，为了以后能有个好的工作、好的经济收入、好的阶层。总之，既认为他们是平庸的，又认为他们是功利的。

当时，我们这些所谓的"小镇做题家"在干吗呢？在探索社会生活，在国家图书馆读一些社会变革的著作（笑）。北大有一个平民学校，当时在做平民教育，针对学校内部的保安、工人、食堂师傅的夜校，我们去做志愿者；那时候还经常会去后八家，后八家在拆迁之前，是北京最大的电子垃圾集散地，聚集了很多做电子废品收集和买卖的最底层的工人和最早的流动儿童，我们去那里的打工子弟学校考察、上课。

上质性研究课的时候，陈向明老师把北大的保安请到了讲台上做访谈。陈老师属于顶尖高校的大师级人物，把一个在经济意义上属于最底层的保安请到了课堂上，平等地对话、访谈，那个场景对很多有点理想主义的学术人来讲是非常美好、非常感人的。

　　我们这群人虽然学业成绩不是最顶级的，成长比那些北大学生更慢一些，但是我们都在社会生活的探索当中找到自己的方向。

　　这些年观察年轻人的生活，发现会有两种分化，一种在被规训的生活里长大，走向了安分守己的规矩的生活；另一种在探险的世界里养成，选择了自由探索。

　　第一种其实并不是说他不想，是人就会想，但是呢，我们的公共世界或职业生活没有给他提供可以发挥力量的机会。我今天在看一本书，叫作《狗屁工作》，它就讲，现代社会生产出的一些工作是毫无意义的工作，而你又不得不靠这些工作来维持生计，这就导致了我们的工作跟我们的精神生活、娱乐生活的分离。只有一部分人是幸运的，比如我觉得我也是幸运的，能在某种意义上，把职业生活跟我的兴趣生活结合在一起。但即使是我这种学术生产工作，看似是创造性的生产，也存在极其多不得不去做的一些无聊的杂事，使人不得不退回到一个"安稳就好"的状态。而那些从真空里长大的一个小孩，会变得怕这怕那，不敢去冒险，不敢一个人去攀登，所以安安稳稳就好了，安安稳稳过一辈子。

　　我最近在写一篇文章，讲的是规训和抑郁之间的关系，别以为追求安分守己的生活就能开心，其实第一种人大概率会走向抑郁，不是抑郁症，但是会抑郁，也叫倦怠，他们内心有很多隐秘的、被压抑的情绪。

　　我始终觉得我很幸运，在自由探索中找到了自己喜欢做的事情。我爱读书，我在书里找到了可以摆脱把我困在一个斗室里面的女性身份限制的力量。它可以让我做无边的想象。马伯庸之前说过的一件事让我印象很深，当时他在带孩子，孩子在他怀里哭，然后他望着窗外，一方面听着儿子在哭，一方面脑海里已经开始展现出一个英雄拼杀的世界——他在构思故事——就是你始终有两个世界可以来回跳跃。当我在这个家里很痛苦，在世俗里被这些爱恨情欲纠缠，但是有一个书里的世界，或者说更大的公共世界，让一个女性可以施展力量。

但是这种自由闯荡的人也有风险，有不易，尤其像我这样的人，可能会有更大的风险。第一种他可能不失败，可能一直中不溜秋的，也没有成功的惊喜，但第二种，像我这种从底层走出来，始终又带着理想主义的人，生活就像走钢丝，你根本就不敢回头看，因为一回头看就掉下去了，你知道后面是什么样的境况。我们这群人跟一个有优渥的家庭支持的人更不一样，我们所冒的险要更大，我们自由探索的代价会更大，可能一不小心掉下去，就再也起不来了。

传统

硕士毕业后，因为一些家庭变故，我选择工作了几年，攒够应对变故的积蓄之后，我就又想读博了，因为我真的想要当一个老师。我觉得我这一路能够支撑下来的，改变我命运的都是老师。所以我也要做学术，然后要当老师，当一个像一路基于纯粹的爱而支持我的老师一样的老师，成为讲台上最有魅力的那个人。

可能是延续了儿时的自由探索，我在一些重大事情上都遵从了自己的内心，没有给自己设限。上高中的时候，奶奶想让我辍学嫁人、找工作，我还是想继续上学；大学报志愿时，他们都想让我留在山东，离家近，毕业找个人嫁了，多好，但我选择了武汉；包括后来辞职读博，也是辞完告诉家人的。

博一那年，我怀孕了。因为当时在北京没有钱，也没有房子住，生孩子各方面都不方便，也没有人照顾。我说那我就回老家生产、坐月子吧。回山东的时候，那些传统的东西其实就又回来了。

山东的习俗是，女人回家坐月子会给家里带来晦气。我们现代人可能不会理解这件事情，但在传统习俗里，来月经的女人、坐月子的女人是非常不吉利的。

社会习俗会在什么时候让你感觉到它的力量呢？不在你遵守它的时候，而在你触犯它的时候。作为一个女性，我上过北大，又为家族做了那么多贡献，但你觉得你这几十年的奋斗和付出没有任何价值和意义。有一句话叫作"身体的康健抵不过社会性的瓦解"，我经历了社会性瓦解，因为最爱我的人把我抛弃了。大概就在那一刻吧，我觉得失去了世界上最有力的、根源性的归属和支持。

父母可能也很痛苦，因为他们处在这样一个拉扯的关系当中。但凡他们可以，他们就不会让你这样，他们也是无奈。我高中的时候，因为家里很穷，奶奶想要让我辍学，早点嫁人，假设我妈当年同意了，我就是另外一重人生。但是我妈当时觉得我成绩也还好，而且喜欢上学，就没有让我辍学。其实她如果同意了，负担会减轻很多，但她还是选择用自己的牺牲来成就我。只不过在坐月子这件事情上，在社会压力之下，她还是遵守了传统。

所以真的很荒诞，你很难想象，一个现代女性，一个女博士，还是搞性别研究的，经济上已经走了一大步，但面临婚姻和生育，面临坐月子，还是要忍受这些，她甚至不能够撼动这个习俗在当地的任何的改变。

而且，我发现在性别问题上，虽然男性是根源，但他不是一个直接的施力者，压榨女性的从来都是女性，这就是吊诡的地方。你看那些宫斗剧，她们会围绕男性而转，但是男性绝对不是那个施害的力量，男性不参与这些事情的，直接的施害者肯定会是女性。男的都在外面呢，他在另外一个公共世界里拼杀，在这个家庭他参与得很少。真正落到细微的生活、落到事儿上，是奶奶在照料我们，也是奶奶更多地责备我，反而是爷爷对我更好，在我离家出走的时候，也是爷爷骑着自行车把我追回来的，奶奶反而是把我赶出去的力量。在这件事上，说这句话的人也是妈妈。这是一个很有意思的事情，就是重男轻女的力量很多时候是由女性发出的。

这些痛苦让我重新思考性别问题，思考拉扯孩子到底是件什么事情。女性在生育时所遭遇的极端无助和痛苦的困境到底该怎么办？当时正好是写博士论文，我就打算以"拉扯孩子"为题。家庭是一个很复杂的场，我不太想反抗或者说指责我的母亲，但很想用这本书去撼动更大的反思吧。某种意义上在说，一个女性在那样一个力量下成长起来是多么的不容易。

超越

郑新蓉和陈向明是我在女性主义研究方面的两位老师，在我特别痛苦的时候，她们领我走了一趟甘肃。在甘肃的上空，我看到裸露的黄土地，感觉好像进入到了一个异世界当中。20世纪90年代初，她们在参与甘肃基础教育改革项目，在甘肃最贫困的四个县支教，去做教育改革，参与式教学，去支持第一批甘肃女童，努力降低甘肃女生辍学率。

那时，她们大概每周都要飞一次甘肃，一次可能要待三到四天，去到甘肃最穷的地方，比如积石山，那时候根本就没有路，可能一天的时间大部分都要花在路上，在最冷的时候还要冒着生命危险。到村里面，给当地的村小老师做参与式培训，修建校舍，给残疾人做融合教育设施，还有专门做社会性别教育的，敲开当地每一家农户的门，问你们家的女孩有没有上学，辍学了，想方设法说服家长把她们送到学校。当时有一个女童叫康兰兰，是一个孤儿，就是在这个项目里面上了学，读了书，后来留下来成为当地一名乡村老师。

看到她们你就觉得，哇，在社会结构对女性有如此大的压制和强迫的困境里面，很多女性读书、上学，在经济上改变自身命运已经很不容易了，但还是有很多女性在不断探索和超出这个天花板，冲破女性身份，探索自己能力的边界。我还能不能做得更好？能不能改变更多人的命运？能不能改善教育公平、社会公平？那种感觉特别吸引我。

你见过了真正伟大的女性（笑），那些人走出了家庭，在公共世界里大放异彩。所以，又一次是公共世界的女性把我拉回到公共世界当中，就不再只是为我个人那点东西而痛苦。

确实在一开始写论文时我的宣泄欲和倾诉欲是非常之强的，因为我特别痛苦，很想找一个出路，所以我自己的故事在论文第一稿里占的篇幅很大。

现在好多自我研究也是这样，讲述我们这一代人长大的心理代价，吃了多少苦，但是我在书写的时候，为什么把"我"放得越来越少，后来就不见了，只在前言和后记里有，是因为我发现父母更苦，他们所承受的社会不公的力量比我们更加强。越写他们，会越发现自己的苦真的不值一提，所以最后就变得很克制，更多地写他们：我的祖辈、父辈甚至兄弟姐妹，而自己退守在一个更小的角落里。

郑老师不断跟我说："要超越自我经历，要看到你的母亲，她对你的伤害不是因为她不爱你，因为当年她可能也是这样的。"每个人都在受苦，诉苦是没有用的，不要只是宣泄情绪，要超越个体性的、"祥林嫂"式的自我叙事，和更大的公共世界对话，真正从文化和制度意义上去为这样的一群人找出路。

其实后来我去访谈我的母亲，她生我弟弟的时候也是这样的，因为是超生，她都没有在医院，就在一个小屋子里面，接生婆来给她接生的。每一个女性都在她的年代里承受社会结构对于女性的伤害和创痛，我产生了走出自己、看到更多女性和母亲的想法。

自我研究其实是一个行动研究，最困难的是研究自我内心深处的创痛。所有连接创痛的那些人，你都要去跟他勾连，去访谈，其实会触到自己的伤痛。走出这一步实际上是一个行动，通过这种行动再去写，是行动中反思的路径。我要回到那个一生都在逃避的小家庭世界里面，回到那个我特别不想见的父母吵架的情景当中，我甚至还要把他们当年吵架的情景讲出来，说："妈，你们当年为什么要吵架？"其实都是一遍一遍地撞击你，是很痛苦的。但不论我多么生气，都要慢慢听他们讲完，这个过程本身就是很疗愈的，然后才是书写，书写就是一个重构和反思的过程，然后又超越，从情感上超越了这一段经历。

我从小就会体会他们的辛苦，但是这种理解仅仅是知道他们辛苦而已，还纠葛了很多的埋怨，比如埋怨他们无法给我更好的经济条件和文化条件，埋怨他们永远在吵架，里面实际上是有恨的。

这次不是以女儿的身份，而是以同样的女人和母亲的身份，而且是一个公共人、一个学者的身份，开始看她。我不只把她当作我的母亲来看，她是无数的社会结构里面承受过痛苦的女性之一，我好像能超越这段痛苦的经历了，对她就会有更多的原谅和更多的理解。

对我来说可能不是和解，理解比和解更重要，理解了也不代表我跟你握手言和，只是说，我们互相理解了当年对对方的伤害，理解了你当时的处境和痛苦，但并不代表这个痛苦没有在我身上留过痕迹，也不代表我们互相原谅对方了，只是我相信未来还有希望，还可以有更多创造和拥抱希望的可能性。我从来不是想宣泄自己的情绪，而是代际上的互相理解吧。我从来不是想要做自我和解，真正的自我和解是几代女性之间的互相看见和握手。

访谈完她之后我就发现上一辈的母亲、老人原来是这样的，所以我就从女性的生育和养育经验、拉扯孩子的经验回溯到了每一代人是如何长大成人的，越写就越理性，越写就越觉得超越了自己。

那一代父母会需要更长的时间才能理解我们年轻人，因为我们已经受过了高等教育，已经有反思性，但是他们还在那个世界里痛苦。我觉得我是年轻人，我先走出了这一步，不仅从个人角度上，说爸爸妈妈我觉得你们当年很厉害，很辛苦，我用整本书来告诉他们，向全世界宣告你们也承受了很多的不公。

回望

我上高中时有个很虚荣的阶段，自尊心特别强，学习好已经不足以在同伴中挺直腰板，总希望自己能像那些家境好的女孩子一样，穿得漂漂亮亮的。那段时间我喜欢上了一个男孩子（笑），你知道，第一次爱上一个男孩，这个男孩家境也好，人长得也俊，又很有教养，而我就是一个丑小鸭，又笨拙，又没有魅力，总觉得自己配不上他，会陷入无限的自卑当中，而这种自卑会让我回避一切，包括父母，整个高中，也从来没告诉过别人我的父母做什么工作。

后来上了大学，读了那么多的书，对性别、对阶层、对公平这件事情有了更多的理解，会对自己有思考，人被抛在这个世界上，我被抛在这个家庭，但是我可以改变自己的命运，也就不再因为他们的劳动阶层身份而自卑。

就像夏林清老师在《斗室星空》里写的："尽管完全熟悉使用都市文化资源及符号的方法，很少还能在我身上看到来自乡下在劳动家庭长大的痕迹……实在不敢回头与我的原生家庭相认……忘掉从前，我就只会记住，我一直都是一个充满干净、快乐、有品位、希望的中产阶级。"但你不回看，就解决不了这些困扰，你不解决它，它就永远在那里。

底层的小孩什么时候才能够从文化意义上承认底层生计是值得尊敬的？不仅是经济上养活了你，而且父母无论是做农民，做砖瓦工还是其他，都是自食其力。但这个社会在不断告诉你歧视这样的人。

在梳理整个家族养育史的时候我发现，劳动文化在我们中国有一个非常大的变化，以前有地位极其高的时代，像我爷爷奶奶那一代，就是劳动光荣。是从什么时候开始有转变呢？就是从吃农业粮和吃国家粮，开始有了文化意义上的分别，劳动文化就没有那么受到尊重了。

一方面体力劳动收入已经远远少于脑力劳动，在文化意义上，其实它也不再像以前那样受尊重。比如经常有新闻说有一些穿着比较邋遢、肮脏的建筑工人，进地铁的时候都不敢坐在那个椅子上面，我特别理解那种从事体力劳动，从事脏活累活差活那种不体面劳动所带来的自卑，因为我有过年少虚荣的时候，我作为一个女儿都不能认可妈妈做这种劳动。我妈当时该多伤心。

到今天我们其实还没有形成全社会对于劳动价值的认可。体力劳动和脑力劳动是一种分工，但是它不具有文化意义上的贵贱高低。在很多欧洲国家，其实职业劳动或者是说蓝领的收入是不一定低于白领的，是根据你的兴趣和天赋进行的分工，如果我们有一天真的实现了这一点的话，教育焦虑什么的就没有了。

80后的成长阶段处在现代化的转型期，所以这代人所承受的文化碰撞是最激烈的。所以这代人会产生独特的矛盾性人格和存在性焦虑：他们追求中产社会的体面，但时刻面临着阶层回落的恐惧；怀念田园牧歌式的乡土浪漫，但生活在摩肩接踵的城市空间；骄傲于自己"白手起家"的努力奋斗，但要饱受他者对"底层出身"之原罪的歧视，"孤独"和"怨恨"是深植于内心的情绪。

这种焦虑也直接反映在育儿上面。不想让孩子回落到体力劳动阶层中，希望他们学业有成，同时希望他们聪明、优雅，于是想要给他们最好的生活，最好的教育，纷纷投入到激烈的育儿竞赛中。在教育充满焦虑的背景下，很多家庭会出现矛盾。年轻人崇尚中产趣味的育儿模式，上一代人则保留了传统的育儿经验，其实现代教育不是完美的，传统教育也不是一无是处的。最开始我也会和婆婆吵，但现在我家小孩基本是"放养"的。

最初我也是，觉得婆婆的方法不科学，所以要全部依赖育儿书，什么时候加辅食，多长时间喂一次，喂多少等等。婆婆说煮个小米粥一样可以照顾得挺好，我就说不行，要去买那个牌子很有名的米粉。但现在就会把更多权力给她，很多来自于经验的育儿方式其实也挺有道理的，我会以合作的态度来做这件事。

我从性别谈到阶层，然后又谈到了人性，最后想说明的是什么呢，这些劳动人民也非常有人性和文化，他们既有人性的闪光也有文化上的纯粹精神，只是我们今天没有发现和忘记了。

前段时间我看到一个视频，视频里一个上本科的女孩子自我介绍说，我的父母是收垃圾的。她说得很坦然，结果赢得了尊敬和称赞。我特别喜欢那个视频，看得哗哗流眼泪。如果她是用这种方式来表达对于父母的理解，真正承认底层文化，那我就是用这本书吧。现在回想我年少的虚荣，尤其是当我有了孩子，体会到找生计是如此之艰难，我从内心深处觉得欠父母一声对不起，我觉得这本书是一个迟到的家书，也是对底层劳动父母迟到的歉意吧。

再连线

这篇关于安超的报道打动了很多远方的女孩。她们和安超有过相似的经历，有着相同的细腻和敏感，在安超的回望与审视中，得到触动、共鸣和抚慰。她们中，有人在文章下留言，也有人发消息给安超，这些反馈又反过来打动了安超，"我第一次感觉到原来有这么多女孩子，其实是跟我有相同的命运，仅仅这一点，就足以让我觉得诉说特别地有价值。"这些女孩说自己受到了鼓舞，而这些鼓舞又重新鼓舞了安超，她形容，"那是一种浑身发抖的情感上的共鸣。"

她依然在做关于教育、关于女性主义的研究，也依然没有放弃自我成长和自我探索，作为"自然人"去爱、去体验，同时作为"公共人"去发声、去思考。

《人物》：最近这一年，关于女性主义的议题，你有什么新的观察和感受？

安超：我的一位做女性研究的老师经常告诫我们，在自己的家庭里，女性研究要艺术性地处理（笑）。她很担心在理论没有讲透的时候，学生把它当成和男朋友或者老公吵架、争夺利益的武器，但把研究武器直接指向身边的人，对方情感上会接受不了。所以，作为一个实践者，我们在自己的家庭实践当中，该怎么用这些女性主义理论？真的要像之前那篇《成为女性主义者，有什么用？》文章里写的，跟家庭里没有被启蒙过的男性成员拿这个

317

来说理吗，在还没有结婚前，就要把未来谁来带孩子、谁来做家务以及一些非常具体的利益分配讨论清楚，然后才进入婚姻生活吗？进入婚姻生活后，也要继续执行这种计算方式吗？那婚姻一定会崩。这是教女性主义的老师面临的一个特别大的伦理或者实践上的困境。

女性主义者可以撒娇吗？可以有传统女性的特质吗？女性主义者在情感上一定要走向末路吗？女性主义者要在生活实践中成为一名性别警察吗？在亲密关系共同体里，一个女性主义者该怎么去处理不同的立场？对一些做研究的人来讲，这些都会打特别大的问号。

后来我有一点点想通，比如说在自己家里面，对父亲，对孩子爸爸，我表达一个自然人的爱，会让他更容易接受。对他们立场的撼动，不能以女儿和妻子的身份来进行，而是以一个公共人或知识人的身份来撼动。

如果我作为女儿跟我妈或我爸说那些话，他们一定会受到伤害，我不得不曲线救国，转换成一个公共人的身份，去写书、写论文，做这样的表达。我爸妈看到你们的采访，看评论带来的震动其实比直接看我的故事带来的震动要大。因为我的故事他们太熟悉了，也不会觉得这是伤害，但是当他们看到那些评论，可能会想，这是不是有点做错了。必须把它变成一个公共讨论，而不是直接指向他们，效果会好一点。

《人物》：你做学术研究，有这样一个对话的方式和渠道，可能普通人在这种性别议题上，想要表达就变得更难。

安超：对，说到这一点我也想到，为什么我们现在会普遍感到，女性在提到性别话题时表达会更激烈，因为女性获得情感支持的渠道变少了。

现代这种核心家庭形式，对生产有利，工作、雇佣、跨区域生产，对这些现代性的生产方式是有利的，但不利的就是女性的再生产，以及生育和养育。

以前的女性比如我的姑姑们，遇到困难或者受委屈的时候，可以找自己的姐妹、工友倾诉；我妈在家里受到了不公，可以由我的姨或舅舅出面调停，来保护她，给她撑腰。那个时候，谁有点事情，就可以把孩子放在其他兄弟姐妹家，甚至放在村子里，也随时有其他人可以帮忙照看，但现在可以把孩子放在谁家呢？而且现在已经没有"工友"，只有"打工人"的概念。女性找

不到人聊一聊，也没有什么共同体可以支持和帮助她们。可以找警察，但警察是公事公办的；可以上网寻找共鸣，但别人的故事属于"二道贩子"，永远没有和好姐妹抱头痛哭的宣泄来得直接。所以无论是在实质利益上，还是在情绪支持和疏解上，女性的境况其实是比之前更糟糕的。

我觉得生育和养育是女性面临最大的困境，以前这是由一个村子的人、一个家族的人来支持完成的，现在由一个小家庭甚至女性自己来承担。当女性的家族支持没有了的时候，公共支持又不足，女性的个体困境确实是加重了。

《人物》：最近几年，给了你启发或者鼓励的女性是什么样的？她/她们身上有怎样的特质？

安超：（2022）这一年（年轻人

的）大部分都是居家生活，看过最好的书就是杨本芬的女性三部曲（《秋园》《浮木》《我本芬芳》）。我们很多做研究的人用惯高深的词汇，再去看这几本书，就像吃白米饭，浑身很舒服、很熨帖。但是你能够看到她经受了这么多的命运曲折，大概就是活明白了吧，不需要讨好什么人，不需要讨好这个时代，让人觉得这是一个多么伟大的作品，没有，所以她忠于了自己，就是白描，像一个妈妈，有什么材料就做什么饭，给你做出来一个非常原汁原味的白米饭。

《人物》：面对当下，你有什么建议和年轻人尤其是年轻的女性分享？

安超：我觉得我没有办法给更年轻的女性建议，只能是说退回去给20岁的自己一些建议。

首先是攒更多的钱（笑），经济更早独立，不要陷进任何消费主义，其次是要么读书（不一定是文凭），要么有一技之长。

如果还要有什么别的——要有野心（笑）。对，我们很少听说对男孩子来讲有野心是一件坏事，但是对女孩子来讲，有野心可能就会被认为是一件坏事；男孩往往被鼓励"去冒险"，但女孩常常被鼓励"要乖巧"，而且很多对女孩子的规训，把这种探索和冒险赋予了道德价值，会被说你是个野心家，或者说你不安分，好像安分才是一个女孩子应该有的品性。

但我越来越觉得，在职场和日常生活中，野心和自信很重要。很多时候没有野心让我丧失了很多对于女性发展来说非常重要的机会，我觉得自己配不上，会犹豫，会自我怀疑，会担心别人是不是要给我扣个帽子，类似于沽名钓誉。所以我想对年轻的自己说，打破束缚，女孩子要有更多的自信，你值得。

Music brings people together, in ways that politics or religion cannot.

朱晓玫

"灰姑娘"只想弹巴赫

文＼罗芊
编辑＼糖槭

这是一位近乎"隐形"的华人钢琴家。她成名很晚，30岁去美国，待了6年后去法国，40岁之前几乎没有办过音乐会，2011年，她已经62岁了，因为乐评人张克新的一篇文章，才走进国人视线。

法国的《世界报》评价朱晓玫，她总是悄悄走上舞台，穿黑色的衣服和裤子，端坐在钢琴前，她身上有一种沉静的力量，演奏清澈而深刻，总是能带给我们"灵魂的共振"。

不动声色

朱晓玫在巴黎有一处小小的居所，房子是租来的，50平不到，家里东西很少，就是书、钢琴、桌子椅子、一张床，坐在钢琴旁往窗外看，是一排法国梧桐，树的后边，塞纳河缓缓流过。

她今年70岁了^①，没结婚，没有孩子，一个人在这间小房子里住了近30年。每天7点起来，吃早饭，练4小时琴，没有电话，没有约会。因为不喜欢热闹，大部分时间她都待在家里，电话有时接得到有时接不到，常有人找不到她，电话打到她朋友那里去，问她的近况。

这是一位近乎"隐形"的华人钢琴家。她成名很晚，30岁去美国，待了6年后去法国，40岁之前几乎没有办过音乐会，2011年，她已经62岁了，因为乐评人张克新的一篇文章，才走进国人视线。在此之前，"朱晓玫是谁？在中国，即使是最狂热的音乐爱好者都罕有人知晓"。

在那些默默练琴的岁月里，她凭借600多场音乐会获得了欧洲的礼遇和尊重。她在法国数一数二的音乐学校巴黎国立高等音乐学院拥有教职，随意走进一家巴黎街头的CD店，她的唱片总是在最显眼的位置，当她打电话给剧院总机时，接线员常常会说："你好，晓玫，我认得你的声音。"

法国的《世界报》评价朱晓玫，她总是悄悄走上舞台，穿黑色的衣服和裤子，端坐在钢琴前，她身上有一种沉静的力量，演奏清澈而深刻，总是能带给我们"灵魂的共振"。《费加罗报》也说，她是如此出色的钢琴演奏家，却又那样谦逊和充满深度——这两种品质

---

① 本文首发于2019年。——编者注

在当今世界太稀缺了，当大家都崇尚营销和展现自己，她显得如此与众不同。

中央音乐学院钢琴系教授盛原这样形容她的人生 —— 这是大家喜欢看到的故事，她的低调做人、她的苦难经历和她的非凡成就，确实很励志，就好像多年的媳妇经过不懈努力熬成了婆，也好像灰姑娘终于熬成了公主。

可故事后半段，在这个名字被人知晓后，生活变得吵闹，很多吹捧夹杂其中，走到什么地方都要签名要照相，她觉得"苦不堪言"，也正应了盛原说的那句：你本以为是灰姑娘熬成了公主的故事，可公主本人还在想，"唉！其实当灰姑娘也挺好的，可以多一些空闲时间弹巴赫。"

刘苏娴是一位年轻的华人钢琴演奏者，在巴黎待了10多年，她这样形容这座城市，"巴黎只有100多点平方公里，不到上海的60分之一那么大，20个区每个区都有音乐院校，有些区还有两三所，非常饱和，能在这里出来，真的太牛了。"

这里的观众也是"全世界公认地难搞"——法国人清高、优越感很强，你太炫技了，他们觉得你就是在炫技；你演奏过于简单的作品，他们觉得你技术不行；你真的需要足够出色，在台上还得有气质，那个气质就是法国人都喜欢的那种气质，像一幅印象派的画，不动声色的，但是下面的人都"疯"了。

朱晓玫是不动声色的。她从来不穿晚礼服，只穿面料很舒适的服饰，纯色的、没有任何修饰的那种，还特别谦虚，整个人往那里坐，气场是更强的。刘苏娴听她现场的演奏，"那种气质，更像个学者"。旅法钢琴家鲍释贤也说，"她弹琴没有任何show off 的东西，没有大的动作，完全没有自我英雄主义。"

在巴黎，音乐会来的是什么人往往证明了演奏者的地位，一场受到"圈内"认可的音乐会，比较好的位置，将会坐着一片白头发的人，他们是听了一辈子音乐会的老巴黎，代表最挑剔的音乐审美。而朱晓玫的音乐会现场，总是能看到那片白头发。

鲍释贤还记得一件小事，那是2008年前后，他19岁，刚到法国不久，在波里尼一场弹巴赫的音乐会上遇到了朱晓玫。那时59岁的朱晓玫在欧洲已经很有名气了，中场休息时间很紧，鲍释贤走上前去自我介绍然后说，"朱老师，希望以后有机会能跟您上课学习一下"，朱晓玫双手合在一起，身体向前倾了倾，说："不敢当，不敢当，我也是来这儿学习的。"

像水一样

朱晓玫很少弹李斯特或者拉赫玛尼诺夫这种华丽的乐曲，她弹得更多的是舒伯特、巴赫、海顿、贝多芬等德奥系严肃艰涩的大曲，其中巴赫是弹得最多的，仅《哥德堡变奏曲》她就演奏过250多场。

这可以称得上是巴赫最难、最长的一首曲子，曾被人誉为"一匹人人均想驾驭的战马"，它隐藏着大量技术"暗礁"，原本是巴赫为有两个键盘的羽管键琴创作的，到了钢琴上却要在一个键盘上演奏，两只手需要不断穿梭，"虽然只有两只手，但是要弹出五个人在说话的感觉"，而且它充满哲理性，不像浪漫派音乐那么易懂，观众很难一直跟着往下走。

巴赫生于巴洛克艺术的鼎盛期，他的音乐声部很多，结构感又强，乐评人田艺苗形容，巴赫的音乐有数学的"绝对美"，让我们懂得了规则和秩序，他的作品，一个音都不能改，像逻辑缜密的欧洲大型建筑，如果弹得不好，一点也不美，咔嚓咔嚓，听来简直像切菜。在中国，钢琴比赛鲜少有人会弹巴赫，因为不是特别讨巧，弹得好大家也未必能听懂。

在欧洲，朱晓玫的演奏会门票提前半年便会售空。Michel Mollard是一位法国的企业家和乐评人，因为听音乐会成了朱晓玫的乐迷，认为她是"巴赫最好的演奏者"。迄今为止，Michel听过朱晓玫500多场演奏会，他能感觉到朱晓玫演奏巴赫时的"那种能量"，就像中国的书法，沿着一条线，沿着一个方向，"我看见了这条线，感受到了这种能量"。他一直很疑惑，一位中国女性怎么能将巴赫演奏得那样好，尤其是《哥德堡变奏曲》，朱晓玫的版本，不像古尔德那样有机械的火花，"像水一样，纯粹又自然"。

巴赫是需要时间的艺术，40岁之前，朱晓玫几乎没什么办音乐会的机会，"这是坏处，也是好处"，这样她才有时间去钻研巴赫，现在听人弹《哥德堡变奏曲》，她一下就能听出到没到火候，"就像吃东西，一口就知道它是不是煮烂了"。

田艺苗的理解是，"钢琴家的性格往往决定了她的路线。"钢琴家种类非常多，有些人擅长赢得和乐队合作的机会，有些人擅长上台，有些人擅长录音，有些人擅长教学，"朱晓玫这个人非常的单纯，就是专注地练琴，只有这样的人才能弹好巴赫。”

故事他们都知道

九月，朱晓玫受音乐在线教育平台“云音符”的邀约回国，在几所高校办了分享会。几乎没有对外宣传，观众还是挤满了音乐厅。她有一双非常干净的眼睛，像水洗过一样，说话轻声细语却很有力量，许多苦难的经历，她都是浅浅地带过，问得细了，她会说，“啊，故事他们都知道，可别再问下去了。”

朱晓玫有一本自传，名叫《河流与她的秘密》，“河流”一词源于朱晓玫对巴赫的理解，巴赫在德语中有“溪流”之意，水周而复始地流逝，无所而不往。田艺苗初听她弹的巴赫，“青翠欲滴，原来有生命的声音是这样的”，知道她的人生经历后，更觉得“慈悲高洁，还能听见珍贵的真挚、执着与坦荡”。

朱晓玫生于1949年，由于政治原因，刚出生没多久，家里便失去了几乎所有的财产。父亲原本是医生，母亲原本是个富家小姐，父母结婚时，婚房买在上海复兴公园对面，是一栋复式公寓，因为外公做进出口贸易生意，母亲会弹钢琴，知道卢浮宫里最好的画，就好像亲眼见过它们一样。

1950年夏天，朱晓玫随父母投奔亲戚移居北京，他们住在挤了11户人家的小四合院里，地板是黑的，尿布挂在窗户上，夜里能听见老鼠在啃天花板，尽管拮据，母亲还是送她去中央音乐学院附中念书，她自愿一天练琴 10 小时，那时的她喜欢李斯特、贝多芬，至于巴赫，太艰涩了，总是被她留到最后。句子很长，像一串珠子，有时候一个音弹错了，就没办法接下去。

14 岁时，她本要迎来自己人生的第一场独奏会，演奏曲目都准备好了，贝多芬的《悲怆》奏鸣曲、莫扎特的 A 大调钢琴协奏曲第 23 号和肖邦的练习曲作品第 25 号第 3 首，音乐会前几天，她和 3 位同学偷偷去屋顶玩，她说了一句玩笑话："如果我跳下去怎么办？"被同学举报"朱晓玫想自杀"，音乐会变成了自我批评会。

朱晓玫的 20 岁到 30 岁——一位钢琴家最好的时候，几乎都是在上山下乡中度过的。张家口冬天的气温时常零下 20 度，房间像一个石头砌的冰箱，弹琴成了她取暖的方式，她央求母亲偷偷将钢琴寄过来，用音乐老师潘一鸣教她的方法，弹巴赫的复调音乐取暖，一只手摁住一个声部的同时，另一只手得去弹其他声部，一撑一压，手指自然就暖和起来了。

1980 年，朱晓玫已经超过 30 岁了，在老师的鼓励下，她决定前往美国学习音乐。她在自传中写下：生活给了我什么？我三十多岁了，"文化大革命"夺走了我们这一代人的青春，我想弥补失去的时间，看看还能走多远，我知道参加国际比赛已经太晚了，但那又怎样？钢琴对我来说比任何事情都重要，我已经准备好进入未知的世界。

然而，美国六年是一趟现在回忆起来十分幻灭的旅程。先是生存问题，她在一户富人家做家庭清洁工，擦地、洗衣、熨衣、洗碗，由于聚会众多，每次清洗完盘子都临近午夜，还得清理游泳池。

居无定所是常事，最多的时候，她一年搬了35次家，朋友们取笑她，"如果要把晓玫的名字记在通讯录里，得给她的地址留三张空白页。"最难过的是一年春天，雪融化了，水渗进地下室，所有的东西都浮在水面上。她想，要不然不弹了吧，看看自己现在的样子，"巴赫和贝多芬的乐谱闻起来都一股酱油味。"

努力了3年，她终于获得了新英格兰音乐学院的文凭，可是也得不到演出的机会。她感到自己与这里开放外向的文化氛围不合，时常陷入沮丧，后来在朋友的鼓励下，她去了法国，"那个对艺术家最挑剔也最尊重的地方"，一切才稍微顺遂起来。

在法国，她租住在艺术家聚集的地方。她在这里结识许多朋友，Michel Mollard说起他们的相识，是因为一次"借琴"，刚到巴黎时，朱晓玫买不起钢琴，总是去朋友家借琴练习，一次她找不到琴练，试着给Michel拨去电话，不到半小时，Michel便送来了自己家里的门钥匙，他放下了公司的高管会议匆匆赶来，"因为钢琴家比什么都重要"。

1989年，朱晓玫40岁了，终于在塞纳河边的教堂举办了人生第一场正式的音乐会，弹的是《哥德堡变奏曲》，许多邻居买票来听，她这才知道，因为租的房子隔音不好，邻居们会悄悄躲在家里听她练琴。此后，她的《哥德堡变奏曲》一次又一次被邀请演出，科隆剧院、香榭丽舍剧院都办过独奏会，她的唱片总是被评为震惊（Shock）、五音叉（diapason 5）、超强（ffff），《费加罗报》曾这么写道：请一定要去听朱晓玫演奏的《哥德堡变奏曲》，她的演奏就像作品本身那样纯净无邪。

Music brings people together

和大众设想中的"苦行僧"形象相反，朱晓玫从来不觉得自己是苦的，她觉得自己品尝到了最高境界的快乐，"我最幸运的是，很小的时候我就知道自己喜欢音乐了"。直到今天，她每天都在练习，希望用一只手弹出五只手的声音。

比起痛苦，朱晓玫更愿意谈的是生活中那些照亮过她的部分。尽管生在一个艰难的时代，她还是在充满爱的环境中长大。母亲是一个润物细无声的人，不太会逼迫孩子弹琴，每天早上做的第一件家务，是擦拭钢琴。在朱晓玫三岁时，母亲便把钢琴从上海运到北京，那是一架英国钢琴，象牙色的琴键泛着光，手指摁下去，琴键的低音区，声音听起来像一条龙，而高音区，像一只鸟。家里有五个孩子，生活艰辛，母亲一点一点卖掉了自己的首饰，却始终没有卖掉钢琴，因为"晓玫弹它"。

朱晓玫还记得，自己听到的第一首钢琴曲是母亲弹的舒曼的《梦幻曲》，那是一个暴雨夜，母女俩点着小灯笼，感觉整个世界好像开阔了起来。

她还谈到自己的启蒙老师潘一鸣。因为自己的手比正常人还要小一点儿，潘一鸣老师第一堂课便发现了这一点，鼓励她，"某些情况下小手会创造奇迹"。

这是一位很有想象力的老师，他的课堂有许多比喻，令人放松，他会让大家感受琴键的触感，大拇指放松，所有手指才能放松，想象自己是一只猫，用猫爪子抚摸琴键，怕它疼的这种感觉，想象你在揉面，琴键是柔软的，而不是硬邦邦"啪"地触键。

他还带学生到山上去，一起看书，托尔斯泰、契诃夫、陀思妥耶夫斯基、巴尔扎克、福楼拜，甚至，他会教你，音乐是有颜色的，有时是橙色，有时是蓝色，每一个音符都是天鹅绒盒子里的一颗珍珠，弹琴时要有一个画面，一个故事，或者一种感觉。如果想要弹得又清亮又快，先慢而响亮地弹奏，然后又快又轻柔地弹奏，最后就能又快又大声地弹奏了。

细细想来，命运出现转机时好像总是有巴赫。

在光秃荒芜的中国农场，巴赫的乐曲不仅温暖了朱晓玫的手指，还温暖了她的心灵，后来的媒体采访中，她甚至开玩笑，应该在药店里卖巴赫的CD，比什么"百忧解"（Prozac）都好用。巴赫给人的是平和，它不是大悲大喜的，而是很清淡的，让人非常舒服、平稳的东西。

在美国时，朱晓玫需要借用别人的钢琴练习，才能申请到学校，每次练琴，都要看主人脸色，直到有一天，她弹奏了巴赫的《哥德堡变奏曲》，主人安静下来，什么都没说了，于是她每天都花6小时来练习这首曲子。每次弹奏，朱晓玫都觉得这支曲子来自寂静，就像一个人从梦中醒来。

过去这些年，她演奏了超过600场个人独奏会，她告诉《人物》，其中有两场做到了"忘我"，都是弹的《哥德堡变奏曲》。说到这两场在教堂举行的音乐会，朱晓玫目视前方，好像回到了那时，"剧场不存在了，观众也不存在了，什么时候曲子完了也不知道，自己都不存在了，音乐直接冲向观众，那种忽然安静的，空气都凝固了的那种感觉，能量真是不得了。"

她在美国时虽然困苦，但遇到了非常好的老师乔多斯教授（Gabriel Chodos），这位教授师从二十世纪最重要的钢琴家施纳贝尔（Artur Schnabel），是美国很有名的钢琴家，却会在音乐会结束时问朱晓玫，"你真的认为我有能力举办音乐会吗？我该继续吗？"这样的谦卑深深影响着她。

她也几乎每天都会挣扎，我是该继续弹呢，还是就干脆别弹了，再也别弹了——不是因为生活辛苦，而是因为觉得自己弹得不好。每次录完音后，朱晓玫都不敢听自己的CD，怕发现这里不好，那里不好。有一次，朋友在汽车上放了她的录音，问她，觉得这个弹得怎么样啊？她说，还可以啊，朋友哈哈大笑，告诉她，这是你自己弹的。

她经历过动荡的年代，有着很深的愧疚感，认为自己是时代的幸存者，"我们这一代人，死的死，残的残，放弃的放弃，我的音乐，要献给那些再没有机会的人。"

2014年，她受邀回国办了几场音乐会。济南那一场，当年音乐学院的同学们没有告诉她，从世界各地赶来，默默坐在第一排，都低着头，怕打扰她，演出结束后，灯光亮起，大家全都站起来，那一刹那,她感觉到了同辈的支持。

这场音乐会,就像她在自传里写的那句:Music brings people together, in ways that politics or religion cannot。

莫扎特的曲子

短暂回国后,朱晓玫又回到了巴黎的家,这里距离卢浮宫只有十分钟,离巴黎圣母院、毕加索故居、伏尔泰故居都很近。巴黎的天气一年四季都不热,天空很蓝,她时常漫步在塞纳河岸,看咖啡馆服务员飞快地招呼客人。

尽管腿脚已经有些不方便了,拎包跑腿还是她自己来。物质和欲望好像都和她没什么关系,她鲜少购物,积攒了很多年的钱,最后在房子和钢琴之间,选择了一台斯坦威三角钢琴,母亲曾教育她,钢琴不是一个物件,而是"家庭的成员"。

旅法钢琴家顾劼亭这么形容她,"朱晓玫老师,她身上很少有世俗的东西,好像所有关于朴字组词,朴实、朴素、质朴……都可以往她身上揽。"

这些年,朱晓玫穿的衣服都是妹妹和朋友帮忙买好的,赞助商邀请她参加活动,要给她订商务舱,她说经济舱就可以了,一次她去音乐会弹琴,门卫误把她认成了女佣,说今天早上女佣已经来过了,她一点不生气,"把我当成普通人,多好这个评价。"

顾劼亭还记得第一次去朱晓玫的家,那是她们相识第五年的中秋节，她去巴黎市中心的中国城买了月饼，打电话问朱晓玫，"是不是方便，我去看看你"，听到那声"好啊"，提着月饼就去了。

尽管有心理准备，顾劼亭还是有些震撼，她没有想到，一位年近60的钢琴家，还住着租来的房子，什么家具都没有。"一个有本事的人在乎钱，她一定能挣到钱，朱晓玫老师很有本事，经济状况一直都不怎么好，就说明她不是很在乎钱这个事儿，对吧？她不觉得自己是贫穷的。"

在巴黎，她们聊的大多数都是审美层面上的一些东西，文学、艺术、历史。顾劼亭回国后，尽管两个人好几年才能见一次面，都很怕打扰对方，有时，顾劼亭会收到来自朱晓玫的留言：顾劼亭，你最近怎么样啊，我最近挺好的，好了，那就不打扰了。"就像一封信一样，问候一下你怎么样。至于这封信什么时候能到你手里，什么时候你还能回信，她都不会计较。"

朱晓玫在巴黎的生活还是那样，每天起来第一件事就是弹琴，这是一天的开始，有时候她弹到都有点不懂了，才觉得安心，"因为什么时候你觉得自己弹得已经很好了，这说明你没有进步了"。

她经常被问到的一个问题是，如果没有钢琴，人生会是什么样子？在70岁这个年纪，再一次面对这个问题时，她回答说，"可能结了婚，生了三四个孩子，买了三四套房子，也可能早离婚了，因为结婚可不是一件容易的事，那真是不堪设想。"

许多朱晓玫的同学会担心，她年纪越来越大，如果她生病了，谁来照顾她，年少时音乐学院那批同学，有人做了房地产经纪人，有人成为针灸师，有人从事钢琴进出口业务，有人成为音乐家——几乎所有的人都变得富有了，除了朱晓玫，大家很想关心她，但是又怕打扰她。

朱晓玫反而很淡然。前些时间，她录了几位音乐家最后的作品，贝多芬、舒伯特、海顿、莫扎特，她发现，莫扎特最后一首作品跟第一首作品一样，他对死亡没有恐惧。

她也希望自己做一个对死亡没有恐惧的人。音乐家会聊的一个话题是，"葬礼上要放什么音乐"，曾有人问过她，"晓玫，你的葬礼上要放哪一首巴赫，是《哥德堡变奏曲》吗？"现在她找到答案了，她不想在自己的葬礼上放巴赫。莫扎特是永远年轻的音乐，他从来没有长大过，莫扎特最后一首和第一首是一样的，纯真，对生活的热爱，永远像个孩子。她希望自己的葬礼上放的是莫扎特的曲子。

部分资料来源于朱晓玫的自传The Secret Piano

出版社：Amazon Crossing; First English Language Edition edition (March 6, 2012)

作者：Zhu Xiao-Mei

译者：Ellen Hinsey

现在我就想把它练好了，练好了给年轻人拉，年轻人爱听。我也是告诉他们，你要想赢必须得拼，有点这个意思。

春风奶奶

春风奶奶在地铁里拉琴

文＼戴敏洁
编辑＼槐杨

　　春风奶奶坐在高楼前的这束阳光里，手风琴搁在微微踮起脚的双膝上，眼睛看着琴键，开始演出了。她的身上突然有了一种庄严感。搁边上的两只手套被风吹走了，她不管不顾，接着拉，上身随着琴轻轻摆着，曲子也随着风越传越远。一个路过的人停了下来，她住在附近，常常见到春风奶奶，她说啊，"哪儿有阳光，哪儿就有她"。

　　天气好而手指不疼的日子，她在国贸地铁通道里拉琴。《喀秋莎》《莫斯科郊外的晚上》，总之，是一些老的苏联民歌，你总会听到的那种。她有年纪了，戴黑色墨镜，米白色帽子，帽子两侧卷起，露出松软的白发。面前散落一些零钱，还有一张塑料壳包着的收款码。你不一定要给钱，她从来不会流露任何要钱的意思，她喜欢说"听着开心就好"。你会相信这是真的，没有负担，一个快乐的奶奶在拉琴，还会不断摆手和你说再见。如果你扫一下，会看到收款人叫"春风"。

立春那天，春风奶奶在家门口的公交站台等我①，穿着一身史努比图案红色棉睡衣，和站台上的人聊着天。我认出了她的白帽子和黑墨镜。她便挽着我的胳膊往回走，亲亲热热地。我们此前没见过，她以为我是她的哪位听众。前一天晚上，在电话里，我说想见她一面。她说，你来我家呗！是清脆的大嗓门。她脱口而出我从北边到她南边家里的公交路线。春风奶奶总是记不住数字，大女儿今年52、53还是54岁了，她数不过来。但是北京的公交路线她清楚地记在脑海里，就是靠着这些数字，她才到了国贸地铁站。

春风奶奶拉着我往小区里走，像一阵风往里转。保安跟她打招呼，她说，来看我的！保安对我招招手，"北京欢迎你！"一个女人来跟她打听，小区的侧门咋不开啦？春风奶奶说，早不开啦！她转头对我说，"他们都认得我的，因为我拉琴。"这对春风奶奶很重要——他们不仅是她的街坊邻居，也是她的观众呢。

春风奶奶的家里像一阵春风吹拂过。她爱干净，厨房里的抹布都是白色的。一整套的白大褂和白帽子，是她下厨时候怕油烟穿戴的。床铺得整齐，被子上还有床套，怕落灰。手风琴套着她新缝制的衣裳待在床尾。电视桌摆着展开的写着谱的本子，本子上有几片药。怕冻的植物在立春这天重新回到了窗台上，是猪耳朵、君子

---

① 本文首发于2021年。——编者注

兰和幸福树。沙发上两个抱枕上印着春风奶奶穿红衣裳、戴墨镜笑着的照片。一个温馨、体面的家，就和拉琴的春风奶奶一样。在地铁站，拉琴的春风奶奶是如此得体、有尊严。镜子边上贴着一张卡片——祝您永远心态年轻，身体健康！署名是崇拜的路人。每天照镜子春风奶奶都能瞧见卡片。

　　立春这天，是春风奶奶的生日。她生于1946年的立春。父亲给她取名，迎春，赵迎春。春风是她给自己取的，孙子给她注册微信时候，问她要什么名字。她说，"整个春风吧"。只是这春风般的日子，还只存在于这短短的五个月。而在地铁口拉手风琴的收入，颤颤巍巍地，支撑着她的生活。

　　赵迎春其实是个"北漂"。凭着一年不到1000块的低廉租金，她拥有这个和他人共用厨房的小房间。更早，小房间属于丈夫的姑婆。2000年，无儿无女的姑婆得了阿尔茨海默病，赵迎春和丈夫从黑龙江齐齐哈尔来到北京，照顾老太太。这是老太太单位的房，房里两张床，夫妻俩睡一张，老太太睡一张，日常用度，靠着老太太的退休金。

　　她是齐齐哈尔人，跟着被改造下放的父亲去农村插队，结识了同样来自齐齐哈尔的丈夫一家。她是家里7个姐妹的老大，丈夫则是7个弟兄的老大，两人年龄差了9岁。对方常来帮忙整柴火垛，三整两整，她觉得欠人家的了。村里的一位老人撮合，"都齐齐哈尔的将来你们能回去"，她说，"可也行"。三个字，这婚事就算定下来了。1966年，刚满21岁的赵迎春坐上马车，从村东头拉到西头，拉到他家，"就完事了"。

结婚之后，赵迎春一天忙，黑咕隆咚就得起来做饭，春天种，秋天收，种庄稼、捡庄稼、割地，养猪、养鸡……伺候丈夫的爹妈，还有生育，三年生一个，生了三个。1988年，一家人落实政策，回到了齐齐哈尔。她照顾三个孩子，又在家里开了个小幼儿班，收十来个小孩，鸡飞狗跳地，才够了家里的开销。到了北京没有收入，她想，要是老太太去世了，自己怎么办呢？

2008年，赵迎春在小区里看到一个老头给人伴奏手风琴，"了不得"，请人家赶紧带她去买个琴。人家问，你懂乐理知识不？不懂。五线谱识不？不认识。简谱识不？也不认识。那你咋学啊？她要强得很——你咋学的我就咋学！你就帮我买个琴行了。就是这个了，她想着学成以后去教小孩子，"反正能对付点。"

在琴行，她用积蓄买了一把不到800块钱的手风琴，复印了谱子带回家就开始自己"鼓丘鼓丘鼓丘"。但两年之后，她还是没看明白书。书里上面大写的一二三四五，下面一二三四五六七，她到处找，六七是啥？她能拉简单的曲子，《生日快乐》《新年好》，但常别指，有时候蹦多一个、蹦少一个，拉不连贯。

直到她上公园去，拜了一位手风琴老师，问"六七"的事情。老师说，你把手伸出来。她乖乖照办。人家问，你有几个手指头？她说，5个。老师乐了，嘎嘎乐，谁长6指啊？她才明白了，那是指法。

赵迎春更一发不可收拾了。早晨5点，天黑乎乎，她背上手风琴就往外走，练琴。等7点老太太醒了，她便回家来做饭。晚上7点吃完饭，她又练琴去。白天洗洗涮涮，一下也不拉。她怕打扰人家。2010年，老太太去世了。危机确实出现了：赵迎春又要伸手给丈夫要钱了。

一开始，春风奶奶说得含蓄，"其实俺家老头钱他不给我，他揣着。他老怕我乱花"。老头爱算计，出门买菜都会货比三家，春风奶奶大大咧咧，买完就完事了，也不会算账，老头老怕她把钱给他花丢了。她想还是得自己有点本事挣点钱，有个病有个灾啥的，不用管他要，"要钱和自己往外掏能一样吗？"

"尤其是女人，你经济条件一定要独立，这样自己有自信感。咱不能说让他瞧不起咱们对不对？要是想着依赖别人，万一有一天不行了你不就完了吗？"

"因为女人是弱势群体。"不仅仅是自信感的问题。老太太去世后，她尤其感觉如此。春风奶奶犹豫了一下，才说，"俺家老头手脚还不老实"。事实上，身高1米49的她遭遇了几十年的家庭暴力。"你要花钱那啥，他好上手。"因为钱的事儿，赵迎春年轻时候没少挨过打。年轻时候在农村，赵迎春干活一没盯着，拳头就来了，眼眶都青了；回到城里，她买戒指和胃药，花了快1000块，跟朋友一说，被丈夫听到了，踢了一脚又来了个大嘴巴。

这些话春风奶奶不轻易说起，就像她不轻易摘下墨镜。屋里所有拉琴的照片，春风奶奶都戴着墨镜。她刚出生时，妈妈21岁，也不懂，睡觉时把她搁热炕头边，白眼珠全都给烧红了。红了就找村里的老太太打，打得她疼得嗷嗷叫唤，才把她整医院去上了药，左眼好了，右眼却一点点瘪了，没了视力。

她以为这是丈夫老打她的理由。"我就总觉得说，是不是我不配是咋回事，我老这么想。"赵迎春也想着不过了，想离婚。但那时候离婚，她怕唾沫星子能淹死人。妈也劝她，东北人都这样，他脾气不好，咱自个儿忍忍，为了孩子。她就忍啊，她觉得肯定自己哪里没做好，"肯定也是人家看你哪儿花钱了，瞅着不顺眼了"。

她又看看自己的眼睛，觉得是命运在安排自己了，"别人没人要你"。她感觉一点选择权都没有了，就这样一点点说服了自己，用一种天然的乐观承担了命运。妈老问，恨不恨她？她说恨你干吗，天老爷就赐我一只眼睛，还庆幸没成盲人呢。

"你看瞄准，哪有搁俩眼睛瞄准的，都一个眼睛"，突然她举起双手，比出射击的姿势，立春午后的阳光照进了屋里，照在窗和床上。她继续说，"瞄准准啊，能看着谁好谁赖"。她自个儿哈哈大笑起来。

因为有20年的插队工龄，她每个月有2000元退养金，一直给儿子。老太太去世后，赵迎春从儿子手里拿了回来，生了病不用向老头孩子伸手要钱，但日常用度还得依仗手风琴，她练得更起劲了。每周三她去公园上一天的课，其余时间自己练，马路牙子、花池子、河边、竖巷子或者哪个旮旯，只要是公家的地方，她逮哪儿就练，"要用这个去维持自己的生存"。她给自己定了目标，一天背一篇谱，主旋、和声都背。慢慢地，她从只会拉单音到开始拉和弦了，两指硬同时摁下，"咔"一声，更有力。

又三年过去了，2013年，她的手指头才溜了，能规整地、自如地拉出一首曲子了。赵迎春试探地问老头：我出去挣钱去了？老头说，挣什么挣，你这两把手能行吗？一句话又把她的自信心打没了。景山公园的崔姐说她，赵啊，你老搁景山陶然亭拉琴，拉这么好怎么不出去挣钱去？她问，我能行吗？崔姐说，西单地下通道里有一个老头吹笛子，没你好，人家一天都不少挣。她又问，真的能行吗？崔姐又说，你出去看看去。

赵迎春让老头领着自己去西单。在北京十几年，她伺候老太太，在老太太身边转悠，在附近拉琴，对外面的世界不知道。老头常出门溜达，知道哪有地下通道，哪里人多。第一回出去，还真挣着了。之后，老头天天让她出去拉。拉琴时候，老头就离远了看，看钱掉出来了就过来管管。老头也能有点分成，每赚100块钱，老头能拿到10块钱。春风奶奶一个劲拉，甭想停。她老紧张了，舍不得那时间，怕警察撵。多拉一会儿就能多挣点。

那年9月她第一次去国贸。先是从地铁D口进去，被撵了，上A口去，再撵，她就上商场和地铁的连接处，来回折腾。有一回，是个女警察走过来，说她在地铁口站岗，挺闷，听到琴声觉得高兴，但职责所在，得让她走。女警察领着她到了另一个出口，"这儿不归我们管"。被撵她心情也不好，寻思着自己没偷没抢凭本事吃饭，怎么就不行呢。人还说要罚她钱。她说，上北京你找去，这么大岁数给你们拉琴的还有没有？那时候赵迎春66岁了，不染头，一脑袋白头发。有人说，这么大岁数，不搁家好好待着，上公园多好。有人说，就看你老太太，搁一般就拘你了。她说，你要拘我还真不错，我有吃饭的地方了，过年不用花钱了……"我说我是生活逼迫没有办法，要不然我也不给你们拉"。

2016年，老头小脑萎缩，走道费劲，她怕他摔了，待在家里照顾，很少出门拉琴了。老头这才愿意把退休金交给她。过了4年，儿子把老头带回东北照顾，问她回不回去。她不回去。在东北，她在屋里拉琴，家人总让她歇会儿，屋外太冷，又拉不了，她还是愿意搁北京待着。

春风奶奶是爱拉手风琴的。年轻时候在农村，她喜欢唱《一条大河》，但只敢在空旷无人的大地里唱，躲在柴火垛后一边刨柴火一边唱。有一次碰巧被婆婆听到了，说她唱得好。她见过木头的脚踏手风琴，听人说还有手拉的，她心里挂念。这一辈子她都照顾别人，照顾妹妹，照顾姑婆，照顾老头，照顾儿子，就是没照顾过自己。来北京第一次见了手风琴，她不愿错过了。

得拉琴，拉那些雄壮有力的歌。特别是《向斯拉夫女人告别》，她说，士兵们在红场游行完即将奔赴前线，多么无畏。《喀秋莎》她也喜欢，她原来以为是在赞美一个姑娘，后来知道，是用一个姑娘的名字赞美大炮呢。最近她在练习的是《往日时光》。拉这些歌的时候，她会想起以前的穷困日子，但那种穷得只剩半根香肠也觉得快乐的感受，也一并来到了。音乐就这样带来愉悦，让她不觉得孤独。只要有1234567陪着，只要两个指头同时摁下，发出铿锵一声，这漫长一生遭遇过的痛苦和暴力，她都忘了。

春风奶奶觉得，如今是她一生中最好的日子。她已经完成了自己"一生的使命"，75岁，照顾的老太太走了，也不用照顾生病的老头了，外孙也都大了。现在啊，她一个人住，想睡就躺着睡一觉，想出门拉琴就拉一会，饿了就做点吃的，再不然啊，就上公园转一圈。"这不我说了算吗？我不看任何脸子，我也不受任何人气"。在75岁生日这天，她发现自己有了全然的自由。

可也75岁了，她感到体力不支，从前能拉五小时，最多一天她挣了1000块钱，现在只能拉两三小时，拉完肌肉还酸痛、疲劳，需要休息。她一周只出门拉一次，挣点钱就买点肉、菜和饺子皮，包好放冰箱，能吃好久呢。

去年底，春风奶奶坐公园石头板上拉琴，没穿棉裤棉鞋，拉了三小时，站起来发现腿疼。她慌了，可别半身不遂了。上医院一查，是腔隙梗塞。她一个人天天去医院，打了一轮14天的针，又打了一轮，才慢慢好起来。六千多块钱的医药费，她自己垫了。在北京的大女儿总说要来看她，也没来过。之前生病，报销的医药费她给了儿子，但儿子在东北给人看大门，顾不上她。

二月初，春风奶奶觉得自己恢复得差不多了，推着琴去了国贸，给来来往往的人拜个早年。她觉得，手里的钱是大伙给的，通道的人养活着自己呢，逢年过节，该去给大家送个祝福。她拉着小拖车走下台阶，在通道里，她拿出小凳子，解开绳子，拉开包，抱出手风琴。墨镜早就戴上了，一定要戴墨镜，她说"遮丑"，"我要把很好的那一面献给观众"。

在国贸光滑的地下通道里，有意大利的导演给她名片，说要给她拍个片子；也有做慈善的人，问她有没有遇到困难。她一视同仁，只是拉琴、微笑、聊点音乐。她说，如今经过她面前的人走路速度比以前快，就像被生活的压力推着走，连站在她面前一下都嫌耽误事。那些掏钱的人都是听到琴声，提前准备好，钱"咔"一摔，继续奔波了。

钱啊，生带不来，死带不去，你兜里有你就给两个，没有你听着开心就行了。她说。有个拄拐的男人给了她5块钱，她撵着还给了他，觉得于心不忍。还有一次，她回东北，在黑河边上拉琴，两个俄罗斯人听了，要给她100块钱，她怎么也不要。她想，自己代表的可是整个中国妇女的形象。最后对方给了6块，她开开心心收下了。她一点儿同情也不要，她要你真真正正地欣赏。

正是因为有手风琴。"人家都高一眼看咱。原来我不会拉琴，北京人看我，他理都不理你。你再会拉琴了，人家都问，赵啊，哪儿玩去？"寄居在这间小屋里，"我就敢跟北京老太太比，你有钱有房有啥，但是你没有我身体好。我肯定要比她强，我就这样想。咱就把钱刨除在外，咱就凭拉琴，我说她就拉不过我。"

前一阵子，老头从东北来了个电话，问她啥时候回。这是他回东北五个月后唯一的电话。她想老头是想自己了。她说，回去隔离，不回去了，来年开春再说。她心里不乐意回去，回去一大家子，又得是她照顾。她狡黠地笑了，疫情帮了我。不用照顾别人，她的自由生活又能继续了。

　　之前她想过，这辈子就想得到老头的一句道歉，但她一直没有等到。只有儿子说了，我爸打你是他不对。后来她也不想计较了，"孩子理解你就完了呗，你不用非得抠根，你必须得跟我说个对不起，没用，他生下来就那样了，你还想改变他？不可能。真的。这就是人生，人生没有那么容易的，你得把它悟透了，是不是？"

　　有时候她早上四点多就醒了，把灯打着，也不吱声，拿邻居给的弃布，开始做活。邻居们知道她生活困难，总把不用的东西送她。她拿回家先搁洗衣机弄一遍，再搁搓板上搓白了，一块一块缝了个包，还上了拉锁，给手风琴穿上，手风琴绑在小拖车上，就像个大书包。出门时，她想，自己变成了一个孩子，还得是学前班的孩子。"就不复杂，不去考虑乱七八糟的事儿，就会快乐。"

　　立春的下午，突然刮起了大风。春风奶奶拉着我出门，要为我拉一次琴。我们走出小区门口，太阳渐渐要落下了，只在大风里留着一束光。我问，您拿出二维码吗？她不愿意，"你就听吧，这就是专门给你拉的，专场演出！"

　　春风奶奶坐在高楼前的这束阳光里，手风琴搁在微微踮起脚的双膝上，眼睛看着琴键，开始演出了。她的身上突然有了一种庄严感。搁边上的两只手套被风吹走了，她不管不顾，接着拉，上身随着琴轻轻摆着，曲子也随着风越传越远。一个路过的人停了下来，她住在附近，常常见到春风奶奶，她说啊，"哪儿有阳光，哪儿就有她。"

再连线

北京的初冬，暖气快要到来的时候，我去见了春风奶奶，她看起来依然那么快乐。我将一束向日葵塞进了她的怀里。这是最适合春风奶奶的花。在她的小屋里，她把花束摆在了阳台上。比起去年第一次见到她，她的身体更好了些，她笑眯眯地，展示了她红扑扑的脸、热热的手掌和"可嫩乎了"的嘴唇。

春风奶奶还多了一份自豪。在我们的采访之后，有电视台、广播电台和一些纪录片导演来拍她，她说自己一个寻常的人，却把日子过得这样"辉煌"，在小家庭里，在曾经瞧不起她的老伴面前，她也有了话语权。

同时发生的，是一个有点残忍的现实：春风奶奶在北京的地铁口拉手风琴挣的钱，成了家里的经济来源。在东北老家，老伴生活无法自理，儿子提前退休去照顾他。她在北京，看似得到了自由，但也要负起责任。这是具体的压力。她快要80岁，头发全白了。

但她一点抱怨都没有。她常常还是会转两趟公交车，去地铁口拉琴，不全是为了能够挣钱，她希望每一个听到琴声的、步履匆匆去上班的人，都可以快乐起来，而她也得到了最好的回报，锻炼了身体，也不孤独了。

春风奶奶仍然是快乐的，她始终活在当下最真实的日子里。她很少想起过去，漫长的七十多年她所受到的伤害；她也很少去想未来，提不动手风琴该怎么办，挣不到钱怎么办。这一年多时间里，我偶尔会收到奶奶发来的视频，是她在各个地方拉手风琴。比如最近，视频的背景是一棵光秃秃的柳树，她戴着口罩和帽子，但是阳光不错，照在她的脸上、琴上，她的身体随着旋律轻轻摇摆。

那天临走的时候，春风奶奶提起了我带给她的向日葵花束，"我这一生真没人送我花"。她说，以前她可羡慕电视上的人了，举重啊，赛跑啊，得奖了就有人给献花。她唯一一次得到花，是在黑河边上，那会儿时兴唱卡拉OK，她上去唱了，有人拿了一支假花给她。但不像这一次，"这家伙一大捧"。她的语气有些轻盈，但是话语好郑重呀，她说，"我这一生没有遗憾了。"

《人物》：奶奶最近身体还好吗？腿还疼吗？

春风奶奶：全好了，腿没事了，要不说怕它着凉嘛，老早就把棉裤先捂上了。越活越健康，你看我一拉琴呢，拉完琴以后这手通红通红的。拉琴能让心血管扩张，也是个扩胸运动啥的，血液循环肯定好，血液循环好了，那脸就红扑扑的，嘴唇也是，可嫩乎了，瞅着就精神特别焕发的那种感觉。

《人物》：现在拉琴的频率是什么样的？还常练习吗？

春风奶奶：国贸那儿我快一个月没去了，我妹妹不愿意让我去，她说挺老远的，挺累的。路也不顺，得倒两遍车才能到国贸。

但是还得练。妹妹在练二胡，家里拉不了就上外边，找一个没人的地方。我有时候就在19路站点那儿，有时候就是河边上，公园里，哪儿都去。学这点东西不容易，它就不像人家那个童子功，搁多少年你再拿起来人家照样。你这个六十岁以后学的玩意，你老拉老拉，就拉得挺好，你搁一段时间再拉，这手好像有点不太听使唤。

家里没事的时候就出去练一练，有事了就干点活，收拾收拾这儿，整整那儿，做点饭，就看这个影视，演啥看啥，你说有啥正经事？白天不拉琴晚上我就跳健身操。就在家门口那儿。以前我六十来岁，能跳一个小时，现在快八十了，跳半个小时还没问题。

《人物》：奶奶最近在练什么曲子呢？

春风奶奶： 过去的那个老曲子啥的，翻来覆去地练。因为你不拉精了也不行，人家听得有那个味儿，你拉的啥都不是，等于白拉，少而精吧现在就是。反复拉的就是《喀秋莎》《莫斯科郊外的晚上》《三套车》《山楂树》《红梅花开》《伊犁河月夜》《喀什噶尔女郎》和《向斯拉夫女人告别》，这都是苏联歌。

今天我又学了一个《爱拼才会赢》，我在河边练的，那块儿没人。现在我就想把它练好了，练好了给年轻人拉，年轻人爱听。我也是告诉他们，你要想赢必须得拼，有点这个意思。

《人物》：东北老家情况如何？奶奶这两年回去得多吗？

春风奶奶： 去年回去四次，三月份你采访完我就走了。回来呢，五月份又有人来采访，采访完了我又走了，七月份也是，都是为了接受人家采访回来。你文章发了之后，央视来找我，完了以后又是广播电台，北外、北师大、辽宁大学，现在还有一个腾讯的专门做纪录片的。东西都在我那个手机里保存着呢，有时候没事了看看也挺有意思的。我也给老伴看了，他本身就内向不爱说，我估计他觉得自豪呗，觉得我老伴真了不起。

《人物》：老伴有没有高看你一眼？

春风奶奶：这回我就说，现在你想打我，你都打不着了（笑），是吧。我有的时候自己就这么想的，打我你都打不着了，咱俩分开过了（笑）。

《人物》：最近一次回去是什么时候呢？

春风奶奶：今年我就回去一次，7月末去的，8月末回来的。我不能在东北待，待时间长了上

火。搁那儿不能挣钱，我就一个劲花，到处花，回来挣上那头花。可好玩了。我家底下就是早市，卖啥的都有，什么烙饼、油条、发糕啊，东北大碴子，反正就是人民生活的这些东西。我老下去。我告诉他们了，我顶多待一个月，不能再多了，这一个月耽误我多少钱啊。回东北路费我自己出的，也给儿子花销。我儿子孝顺，把他老爸接回东北照顾。他要不接，不还是我的事？老头的工资他拿着，我要有钱我也给他点，现在儿子也没上班，也退了，孙子也没工作，我就说你们不能挣钱，我还能挣钱，我给你们挣钱，你们看着老头呗，谁让你们没本事，对吧。（笑）

《人物》：现在您成家里的经济支柱了，生活还过得去吗？

春风奶奶：我生活没问题，我出

去挣，要比我退养的多。这帮人还行，反正都是一些老人（老听众），全是过去爱听音乐的，欣赏你的，一给都不少给。这说良心话，我谁也不认识，因为我瞅的人太多了。反正你跟我说话呢，我就跟你说话。

反正生活是不成问题。我平常也没啥花销，有时候吃点药，啥都是这个给点那个给点。我跳健身操认识一个女的，光羽绒服给了我四件，一个长的三个短的，还有一个呢子半截的衣服，都给，衣服穿到死都穿不完。

我就是说，靠自己这两只手在北京，还是没问题的，只要我身体好就是没问题的。反正活得滋润、开心就比啥都重要，你说是不是？没钱了就去挣，回来就够花几天，是不是？

《人物》：这几年开始拉琴之后，您觉得自己有什么变化吗？

春风奶奶：起码精神是快乐的，这就足够了。你不得病，少得病，你身体健康，这就是资本，知道吧。你挣多少，最后你身体不好也没用，也没意思。其实我去吧，也主要就是看看这些个老人（老听众），你看我不认识他们，他们都认识我。现在就属于回报人家，一分钱不给我，我也去拉，我就这个心态。原来是奔着挣钱去，现在是奔着回报、回馈、感恩啊，现在条件好了，有钱了，谁给你的，都是大家伙给的。

很多人都说，真不好意思，我想表示表示，给我拉那么多。我说没事，我说拉着不是噪音就行，开心就行。我说你高兴吗，高兴、快乐，这就达到目的了，行了，咱这钱不钱的，不重要。钱这个东西生不带来，死带不走，咱也达到目的了，我也锻炼了，你也开心了，这何乐而不为啊，是不是，就是这样。

现在我觉得我这生活就很辉煌了，平头老百姓，能一年之内有五个采访的，又给我写成纪录片，我就感觉到无上光荣了，但是我又不能说。

《人物》：为什么不能说呢？

春风奶奶：我不想炫耀，我就觉得还是平平淡淡最好，我只是跟我妹妹说，你看我这人不起眼，一年之内四五个采访我的（笑）。我家里人都没看，但是这事我跟他们说了，他们也觉得挺高兴，妈妈还行吧，在北京没有退休金十来多年，这不挺好嘛，家里也受益。你说我要是没有这个手艺，假设我没学琴，又没有退休金，能给儿子钱吗？所以说他们也开心。

《人物》：对年轻一代的女孩子，奶奶有什么建议吗？

春风奶奶：没什么建议，因为这一代和我们那一代不一样，处的环境不一样，社会条件、家庭环境都不一样，你不能按照我们那个年代去生活。你们有你们的模式。你和你爱人你们两个人去构建一个和谐的家庭，这玩意儿是互相的。自己把自己的工作都干好呗，他是他，你是你，你干你的，他干他的，互不干扰，就完了呗。

《人物》：奶奶有想过未来的事情吗？

春风奶奶：咱现在也不愁吃，不愁穿，有地方住，还有钱花，虽然没有退休金吧，咱也能挣去，现在还能挣，挺好嘛。不能挣再说不能挣的事儿（笑），走一步说一步，咱可没有诸葛亮那两下子，孙悟空那两下子，看得那么远。

我还能拉三年琴吧。今年66，马上就67了——不对，77了，这嘴老搬家（笑），77，78了，79、80，还有两三年小时光，人到80又是一个样，我就寻思到80得什么样啊（笑），现在还没问题，这个重量我还能承受得了，到80还能不能拎动呢？要是拎不动了，我就在家门口拉。但愿我80岁还能拉琴。

这世间确实有美好的存在，但只有我们能体会能感知才能被印证，并且前提从来都是，需要自我的献出——付出深情。

向京

我依然渴望有机会去深情

女性是一束光（上）

文\杨宙
编辑\金焰

　　"生命感"或者"深情"于向京而言，是艺术敏感度的来源，是用以对抗年龄的策略，更是从80年代的理想主义时代而来的她对抗虚无的东西。

　　生命感在艺术家向京位于北京城区30公里外的工作室里无处不在。

　　庭院里栽满了茂盛的绿植，小狗们惬意地趴在四处，就连展厅里的两个雕塑——眼神温顺的白马和裸身坐在凳子上的女人，都像在这方天地里呼吸。

　　对50岁的向京来说，生命感是此刻极为重要的东西。作为中国

---

① 本文首发于2019年。——编者注

360

最具影响力的雕塑家之一，她的作品收藏于世界各地的美术馆，此前的一组作品曾拍出了当时中国雕塑拍卖史上的最高价格。但这显然不是她愿意谈论的——艺术的价值并不能以这些标准来衡量。

不像出现在时尚杂志中冷静疏远的艺术家形象，采访时向京穿着粗麻质地的宽松衣服，踩着一双球鞋，在两排沙发旁挑了个低矮的板凳就坐下了。拍摄前的化妆，除了轻轻的描眉，她也拒绝了进一步的妆容。她说起话来语速快、敞亮，也直接利落，有时能让人感到某种压力，采访中有时她会突然停下来反问，你怎么有那么多问题？

但你仍然可以从她的语气里感受到尖锐之外的善意与平和，比如每次翻看杂志时，她都会关注自己熟知的摄影与排版，认真地探讨观察到的行业现状。在工作室里，她还会操起剪刀给同事们理头发——在她看来，化妆与理发这些与造型相关的技能，对雕塑家来说不在话下。

从16岁考入中央美院附中以来，向京就在艺术方面展现出了天赋。从央美雕塑系毕业前夕，她做了一批小作品，与其他3位同学合办了展览，这在当时并不常见。艺术评论家栗宪庭看了她的作品后曾评价，"能够把丰富的情感通过类似钢琴家那样敏感的手指，直接诉诸她塑造的形象中。"

在早期的创作中，这些天赋大多体现在向京塑造的女性形象中。这些作品承载了她对于女性身份的疑问与困惑，比如在早期作品《哈欠之后》中，一个小女孩撞见了正在洗澡的母亲，一脸厌恶——那是来自她童年时期第一次进入公共澡堂时萌生的耻感。"我常常不觉得艺术能解决什么问题，但它可以让你得以面对这个问题。"向京说。

在此后很长时间里，向京常被称作女性艺术家、女性主义者。实际上，在"保持沉默"之后的"全裸"系列作品里，向京试图呈现不以男性为参照的单性世界，继而跳脱于性别之外，去探讨更普世的命题。学者戴锦华在第一次观看向京的雕塑作品时就感受到了震撼，后来为向京的作品集撰文时，戴锦华评价道，"当我们说，向京的作品是女性的、关于女性的时候，似乎忽略了向京的女性世界中不仅没有男性，而且是不以男性为先在设定及参照。"

向京身上具有某种极强的使命感——用她的话说，是一种宿命感。她的青春期成长于充满理想主义的20世纪80年代，父亲做电影理论工作，母亲在杂志社当编辑。家里有时会接待外地来的作者，很多作家常常与父母彻夜畅聊，甚至打地铺住下。父母忙，也不怎么干涉她的阅读喜好，在20世纪80年代的氛围里，还在青春期的懵懂中的她就已经读了弗洛伊德、萨特、马尔克斯等作家的作品。雕塑从来不是个热门专业，女生极少，也少有毕业生能够在日后持续从事纯雕塑创作。自身与生而来的天分、知识分子家庭给予的包容，让她得以在雕塑中驻足，观照自身、思考人性命题。

20世纪的天才、西方最伟大的哲学家之一的维特根斯坦的传记，是她一段时间里常引述的一本书，那本书的副标题是——"天才之为责任"。向京曾在文章中这样评价维特根斯坦："……他是带着使命而生的。造物给了才华，而很多现实层面的、正常的世俗需求，他仿佛永远难以获得，也许命运就是为了让他踏踏实实别多想。但是他内在那么丰沛，总要有一个能让他去表达的动力，他就能够不停地工作，只有工作才能安抚他不安的灵魂。"

这也像是对她自身的侧写。在过去的经年岁月里，她几乎每天都待在工作室里，如一个"工作狂"般穿梭于泥塑与脚手架之间，直到去年还用着老式的按键手机；为了不被光线的变化影响对雕塑的把握，她常常坚持到夕阳的最后一瞬，弱到看不见光的时刻。

或许遗憾在于，作为表达载体的当代艺术本身具有一定的观赏与理解门槛，除了早期叙事性较强的作品，那些承载向京更严肃命题和语言实验的作品往往偏向艰涩隐晦。同时，她与作品之间的困境在于，她被某些更为突出的作品主题所投射、所定义，女性主义或者性别议题在当下简单化的标签下显然更吸引眼球。她曾经抗拒这些标签，但后来她还是写下，"创作者必然是百分之百的孤独者"。

举办了创作以来最大的个展"唯不安者得安宁"（北京）和"没有人替我看到"（上海）之后，向京第一次停下了十几年如一日的工作，"无所事事"了一整年，"如果没有能说服我的动力，不能再找到那种工作的激情，我不会轻易回归雕塑媒介的创作。"

这一年她也刚好50岁了，身体在"走下坡路"。不工作的时候，她自由地看书、看电影，甚至刷起了短视频App。《人物》记者上一次采访是在北京的盛夏，向京第一次讲述了"生命感"于她的重要性："我今天所谓的开放，是因为我试图重新获得一种生命感，重新获得我对这个世界巨大的敏锐，重新再去捕捉它，去对它做出反应。

哪怕最终我什么也做不出来，我觉得重新获得这种生命感，都是非常非常重要的。”

尽管心里知道，过去那种知识化、去经验的工作习惯“是要命的，总有一天会阻滞自己”，然而长时间的休息与暂停，就如紧绷的人突然滑向了另一个极端，向京形容自己不习惯，甚至“难受得很”。这一次她花了很长时间进一步解释生命感。

她说起暂停的一年遇到的人，普通、渺小、野生的生命。她说起4月炎热的印度，在那尘土飞扬的街道上，她感到无序的社会形态下一种隐隐推动秩序的力量——“所有东西并存着，喧嚣着，生生不息。”

她还说起生命感的另一个面向：前不久去世的日本演员树木希林，临终前拒绝试图探望她的合作多年的导演是枝裕和，“你就把老婆子的事忘了吧，你要把你的时间，用在年轻人身上！我就不再和你见面了。”还有常年恶狠狠地给儿子写信讨生活费，实际上默默为儿子攒钱的北野武的母亲。“那是一种极端的、粗暴的、决绝的表达，而背后却是那么浓厚、那么饱满的情感，那就是一种深情。”

“现在这些东西对于许多人来说都是无所谓的事，有也行，没有也行，而这种精致的生活或者所谓的精致利己主义，已经变成了现在特别基本的心态。什么佛系了，什么我爱自己就够了，不付出、不受伤，我很完整很自洽很满意就好了……在这样的环境里，刚刚我们聊到的词儿——‘深情’，是非常荒诞的。”这是采访中向京少有的愤懑时刻，“生命感”或者“深情”于她而言，是艺术敏感度的来源，是用以对抗年龄的策略，更是从80年代的理想主义时代而来的她对抗虚无的东西。

采访的最后，向京聊起了刚刚去世的金庸——尽管不是金庸迷，但书中创造的那个世界给她留下了很深的印象，"那就是一个有情有义的世界，义是大义、公义、公正；情是给予，是执念。也许因为我们没有了，我们只能到武侠的世界里去找。"

当时，北京的冬天已然来临，工作室寒冷肃静，昼短夜长，很快到了天黑时刻。50岁的向京在微暗的光中说道："我和你讲的所有这些地方、这些人和故事我都会被感动，那种感动无非是说它莫名其妙地激活了我——我还渴望，我依然渴望有机会去深情。"

人物：你生于1968年，2018年刚好50岁，年龄给你带来了什么？

向京：人们说四十不惑，我40岁以后还惑得一塌糊涂，到50岁还惑呢，所以没觉得有什么特别。我觉得可能很多东西，是你在一种接受的状态里面，它不是仅仅包含着一些无奈，也包含着一种理解和宽容——你会慢慢觉得确实能够有一种更宽维度的理解与宽容。

以前很窄，人的局限性很明显，我的"S"系列里面有一个作品叫《有限的上升》，我觉得这个可以是对人性形态的描述：一方面人都试图上升，一方面你知道，仅仅是有限的上升，你会越来越强地意识到那种局限性。而这种所谓的局限性，是不可能超越的。随着年龄增长，很多东西慢慢拓宽，尽管很勉强，尽管依然充满了局限和狭窄，尽管你知道自己一天到晚不过是重复些陈词滥调，但是你确实比以前更多理解一些东西，我觉得这就是变化吧。

人物：除了在作品中去理解外，生活中你怎么面对这些东西？

向京：比方说，以前我就会简单地拒绝很多东西，或者会讨厌一些人，但我现在就会觉得，他只是不同，只是跟我不同，跟我的想法不同，他没什么错。另外也意味着你可能学习的界面会打开很多，从去年到现在，我终于可以不用天天起早贪黑地做雕塑，一天到晚在那干活干活干活了，我有了大量的时间可以看看书、看看片子。以前我绝不会看抖音这种东西，我会简单粗暴地砍掉它，现在我觉得这东西是你认知这个世界的一个界面。我发现世界上有太多的东西我完全不知道，我的拒绝是纯粹的狭隘，就有一种被打开的感觉，甚至对于很多未来的东西，会找到一种理解度和好奇心。

人物：年龄给你带来了身体上的一些变化吗？

向京：衰老啊，明显的衰老。

人物：什么时候会意识到？

向京：比方说我以前夏天永远穿吊带、小背心，我是个特怕热的瘦子，永远是小吊带，越细越好（笑）。因为干活也方便，大汗淋漓的，上海又特别热，我从年轻时到大概四十几岁都是穿小吊带。终于有一天，肩膀疼，颈椎也疼，然后就不能再老穿吊带了。

比如有一次我上一个凳子，"哐嚓"就摔下来了，其实那凳子有点滑，上面有点水，我也没踩住，摔下来。当时我的感受是气愤，对自己身体的这种不敏捷，就特别生气（笑）。我后来意识到这其实就是开始，你的身体在走下坡路。

人物：50 岁暂停下来的这一年你似乎去了好几个地方。

向京：我不是一个特别爱出去的人，以前是没时间玩儿，有"工作室依赖症"，做不到长期离开工作室不干活，这一年因为没事儿干，出去玩儿总可以了吧，就晃了晃。印度是我非常向往的地方，因为那是一个古老文明，我老是说去，这些年也没有真正地安排过。

这次我去了印度北部5个城市。印度除了那些你能预期到的比如泰姬陵等名胜古迹外，还有很多东西，太丰富了。它有很多问题其实跟中国很相似，都变成了加强版，那里的各种车满地跑、喇叭嘀嘀地摁，遍地都是和现代文明无关的问题。有些大街上尘土飞扬，猫啊，狗啊，鸡啊，猴子啊，牛啊，猪啊，乱七八糟地跟人、电摩托和汽车混在一起，一塌糊涂，无序到不可理喻的地步。

所有的东西（比起中国）都是夸张很多倍，它对你的认知有很多颠覆性的冲击，还是挺有意思的。我还没有消化掉这些东西，我只能跟你描述，它在这么混乱的、无序的社会形态里，还是有另一种隐形的、你看不到的一种秩序在推动的，一个烂摊子就这样哗哗哗地滚动——我在印度这个词就是老不停地在头脑里冒出来——生生不息，所有东西都并存着，喧嚣着，生生不息。

人物：这种对于无序的接纳是否跟你现在开放的状态有关？前不久的一个对谈中，你说过发现自己过去那种知识化的工作习惯"是要命的，总有一天会阻滞自己"。

向京： 可能吧。以往我是一个工作狂，每天就像时钟一样刻板地安排自己的时间，工作的时候要好好工作，不工作的时候好好读书怎么着，反正就是一个很自律的人。今年我没干什么，我预期自己应该是有一个放松和停顿的阶段，让自己能够好好地重新调整所有的一切吧。但真的停下来，我自身感受上是挺难受的，紧绷当然是个缺点，但是没有紧绷的人可能就会滑向另一个极端，就是会很低落。

正好有一个我认识了十几年的媒体朋友邀请我去了梅里雪山，对我来说也是非常特别的一个经历。过去我绝对不会参团，但这一次朋友安排的都是一些她采访过的当地人。比如一个在梅里雪山一带做研究的学者郭净老师，他对当地的生物、文化和民俗进行了几十年的研究，还给我们看了过去拍的一部纪录片。那个纪录片里有一个故事特别动人。曾经有一年，中日两国的登山客为了抢夺梅里雪山的首登权，商量着一起登山，结果那一次发生了特别大的灾难，死了17个人，大部分都是日本人。后来这座山就禁登了，在藏人文化里这是神山，藏人本来就相信神山是不能爬的，你爬它就是一种亵渎，以后任何人都不许再登这座山了。但是死了17个人，寻找尸体就变成了一个大麻烦，神山是不可攀登的，但它已经被尸体污染了，你又需要把这些清理掉，这就变成了一个矛盾。

最后那个村年轻的村长大扎西，找了一个理由说服自己，"我去帮神把身体清理干净。"他用这个想法去支持他寻找尸体。当时也有个日本登山者小林一起，要把那些遇难的日本人找回去。（纪录片）远远的长镜头就拍着他们拿着袋子一点点找，用了很长时间把尸体和遗物找到了。后来小林时常就会来一趟，把所有遇难的遗体都找到了。他还跟大扎西学了点藏语，结下了挺深的感情，还组织日本的遇难者家属来梅里感谢这些藏人，瞻仰神山——理解这个亲人为此丧命的地方。（这里面有）那种人世间最质朴、最朴素的感情，在我们城市生活里面很多都已经不存在了。因为宗教，生死观不同，你不听他们讲述，你无法知道文化差异背后的东西，很强大，会击破你一些固有的东西。我们后来一路见了几个当地的藏人，特别打动我的是，他们身上有一种特别原始的生命力，他们活得特别本质，你会有种感受，人就应该是那个样子。

人物：这些人是你过往工作狂式的生活里从未遇到过的。

向京：他们给我的启发恰恰是非知识化的，我觉得这就是生命感，很强很鲜明的那种生命感，因为我觉得太多的生命是没有生命感的了。那天我翻了一本书，里面一个人讲到个概念，我们大多数人对于死亡有一种恐惧，但死这件事还挺正面的，因为这是每个人必须要面对的命题。但还有一个东西更可怕，就是"灭"。他说很多生命死的权利被剥夺了，生命是一条灭亡之路，你看不到任何鲜明的生命迹象，他在那种日常的磨损中消耗掉了，很多生命其实都是在正常的损耗当中慢慢熄灭，意味着这是一个不建构的生命。

　　我们在梅里有天晚上一起喝酒，一个女孩分享了她的爱情故事，很离奇，像杜拉斯的小说。说离奇是因为现在人很难去遇到对你经年不忘的人，遇到了也会不相信。故事不讲了，当时我很感动，和旅行时人比较放松有关，也和内心里一直想的问题有关。这世间确实有美好的存在，但只有我们能体会能感知才能被印证，并且前提从来都是，需要自我的献出 —— 付出深情。